"我国基础教育未来发展新特征研究"系列
之二"追梦者的探索：读懂学校的变革性实践"系列论丛

裴娣娜　主编

卓尔不群，大器天下

——四川省成都七中育才学校课程建设与学校发展研究

何伦忠　等◎著

教育科学出版社
·北京·

国家社会科学基金教育学重大（点）课题
"我国基础教育未来发展新特征研究"成果

论 丛 总 序

基于学校课程建设的实践探索
——中国基础教育学校个性化发展之路

随着我国社会现代发展进程的推进，中国基础教育改革进入实质性的根本转型时期，处在一个走自主创新道路的关键转折点，目标是建构中国气派的基础教育未来发展的实践形态。 要实现这一目标，必须走出传统范式，寻求新的解释系统，真正切入理论的原点和实践的原点，重新认识面向未来的中国基础教育改革与发展的若干基本问题，唯有如此，才能真正构建立于世界之林的 21 世纪中国基础教育改革与发展的当代形态，并实现理论创新和方法创新。

"追梦者的探索：读懂学校的变革性实践" 研究论丛，是国家社会科学基金教育学重大(点)课题 "我国基础教育未来发展新特征研究" 的成果之一。 此课题研究成果共包括三个系列的研究论著，其他两个系列是："基础教育区域性主体功能区发展战略" 研究论丛和 "学习力与学科课程建设" 研究论丛。 在课题研究过程中，由 15 所高等师范院校、16 个区域性教育行政部门、100 所中小学，组成跨学科、跨学校、理论工作者与实践工作者相结合的优势互补的科研群体，为揭示我国基础教育改革与发展的内在机制及其当代形态，经过近五年的艰苦探索，构建了中国基础教育发展的 "三力模型"。 这三个系列正是依据 "三力模型" 中的决策力、领导力和学习力分专题研究成果的集结，是我国教育工作者对基础教育未来发展所做的理性思考。

本论丛作为课题研究成果的第二系列，以学校领导力与学校个性化发展为中心议题，集中反映了项目成员校通过课程建设实现学校个性化办学方面的实践探索。论丛中的每一本研究报告翔实地记录了项目成员校走过的课程改革发展之路，呈现了每个学校独特的办学特色。这些学校的办学理念、课程改革的思路和举措，是经过时间积淀和实践检验的，是带有原创性且具有中国本土气息的生动丰富的创造。我们试图通过这一系列来自中小学实践探索的研究报告，为进一步探讨学校改革发展实践模式或理论模型的建构奠定坚实的基础。因此，我们将研究定位于"读懂学校的变革性实践"。

一、项目研究的重点及内容

学校领导力作为学校改革与创新的内在要素，是通过目标和价值系统、育人模式系统、制度与管理系统和资源系统等学校办学的核心要素展现的。其中课程是学校育人系统的核心，课程建设和实施水平体现着学校人才培养质量和办学特色，是学校实现培养目标的基本途径和根本保证。基于课程居于当前国家教育现代化发展核心地位的现实，我们的研究以校长课程领导力以及学校课程顶层设计为中心议题，以促进学校个性化发展为目标，尝试站在学校领导力高度对近五年课程改革的进程及初步认识进行反思总结。因此，本论丛有着独特的时空定位，即限定在学校领导力背景下学校课程的改革与发展。

我们以专题研究的问题为主线，构建本论丛中各书写作的框架。论丛从历史、现实和未来三个视角把握总体，专题研究报告内容框架基本由以下几个核心要点组成：（1）学校现代发展面临的矛盾、问题与困惑；（2）学校办学理念与培养目标；（3）学校课程的顶层设计；（4）学科课程群的构建及内容选择；（5）课堂教学改革，以及精品课程的建设；（6）课程建设的制度与管理；（7）课程资源的开发及应用；（8）课程领导力与教师的课程创生。在此基础上结合各校实际写出各自的研究重点、风采与特色。如何通过课程建设实现学校的个性化发展，这是根本立论点，也是各个研究报告撰写的重点和难点。

二、项目研究的共识与思考

我们以课程顶层设计与学校个性化发展为研究中心议题，依托北京市、四川省成都市、河南省郑州市、四川省阿坝藏族羌族自治州理县以及浙江省的项目成员单位及项目校的改革实践，在理论探讨和实践指导两方面获得了诸多认识成果。

（一）对课程领导力概念内涵的剖析

校长课程领导力，指按照一定的办学定位、培养目标进行学校课程开发建设，实现全面提升学校教育质量的能力，是一个校级团队决策、引领、组织学校的课程实践，从而实现培养人、发展人和学校发展目标的能力。 校长课程领导力是一种沟通、协调、凝聚的能力，又表现为敏锐地发现问题、诊断问题并及时解决问题的能力，同时表现为驾驭、调节权力因素和非权力因素的能力。

（二）现代学校课程观的内涵及课程设计的基本原则

通过研究，我们揭示了"以人为本""多元文化""自主选择"是学校课程改革发展的三个核心价值，是统领学校课程改革的三个基本观念；提出了重基础、高质量，多样化、有特色，分层次、可选择的课程设计基本原则，强调从本校实际出发，体现基础性、实践性、选择性、整合性和时代性。 我们认为，学校课程设计方案质量水平的标准根本在于能否体现学校办学鲜明的个性化发展特征，体现高发展性、高学术性、高选择性和高开放性特点。

（三）形成学校课程整体构建的六要素基本模式

这六要素指：学校发展理念及培养目标；学校课程结构体系；学科课程建设与课程内容的调整；课堂教学改革的思路和举措；课程建设的制度和管理（学分制、选课制、走班制、弹性学时制、评价制……）；课程的政策与条件保障。 与之相应，我们提出了构建高质量学校课程体系的标准。

（四）建构学校课程结构体系的基本思路和策略

依据学校培养目标，通过课程顶层设计，对各种类型的课程进行整合，建构纵横结合、便于学生自主选择学习的立体开放课程结构体系，按照以下思路组成课程结构体系的基本框架。

纵向上，将国家规定的课程进行整合后，形成几大课程领域。

横向上，按照学生学习水平分为三个层次：面向全体学生的基础类课程；面向部分学生的分层拓展类课程；面向个别学生的研究、特长类课程（高中阶段还应考虑专业方向）。

体现整合、选择、开放和减法，是这一课程结构体系的特色。

（五）课程实施的高位思路和明晰举措

我们将学科课程建设及知识内容的调整、课堂教学改革，以及建设适合学生自主选择学习的教育资源基地和学习资源系统作为课程实施的重点。 通过知识模块重组、内容合并与增删，以及学科群的搭建，分层推进，形成学科系列并找到每门课存在的生命力，提高教学质量。 通过课堂教学改革研究域的再界定和实践探索，形成各校有特色的课堂教学改革思路和举措，同时形成教师教学风格和特色。

（六）体现学生自主选择、自我负责的课程建设的制度与管理

重新认识学校课程建设各种制度的价值功能，将其从学校办学的制度保障提升为课程建设的重要内容，从利用制度来规训、制约，转向立足学生，为学生自主选择和自主学习搭建平台。 这是近年来随课程改革的深化发展而开拓的一个新的研究领域。 目前争论的主要问题有：学分制的实施是真学分还是假学分问题；各教育年段课程开设与考试关系问题；对以"班"为核心要素的传统教学组织形式的挑战问题等。

本论丛的撰写是一个大工程，不仅推动了学校对自我办学理念举措的

反思，而且为基础教育未来发展、学科课程理论的建设提供了丰富坚实的思想资源。 研究具有开拓意义，研究成果具有原创性。

三、论丛撰写的特色

本论丛的问世前后历时五年，是一个不断探索、不断思考的过程。

我们认识到，要保证本论丛近三十本研究报告的质量，重要的问题是如何对丰富生动的实践研究成果进行梳理和升华，而不是材料的堆积和罗列。 这就需要处理好整理继承与超越发展、理论的概括提升与实际问题的阐述解释、共性与个性、科学化与规范化等关系。 我们要求每一个研究报告的撰写，努力体现以下特点：立论点高，代表改革前沿；有新视角，尽可能将事实经验进行理性思考和提升；重点突出，特色鲜明，立足现实，内容翔实丰富；具有规范性和可读性。

随着国家教育改革的深化推进，学校作为办学主体，面临前所未有的生存和发展的压力。 变革的时代要求学校通过变革进行根本性的转型。本论丛的出版，实际上是为我国学校教育的改革发展提供了一个交流、探讨的平台，为我国中小学教育家型的校长们提供了一个发展和展示自我的平台。

各研究报告的撰写，体现了以下特色。

（1）创新性。 呈现了各校进行课程改革的高位战略思想，呈现了各校改革实践中的创新亮点。

（2）草根性。 每一部学校研究报告均由各校独立完成，没有一丝一毫的文化包装，均是经过了一个艰难的反复修改提升的过程，是用"心"写出来的，是学校领导和老师们的智慧创造。

（3）个性特色。 各校的研究报告力显学校发展的差异性和个性。 我们认为，教育改革与创新需要宽容和理解，没有差异性就没有丰富性，而研究结论是否合理，实践是最终的检验，所以我们对校长们的独特看法持包容态度，尽量给各位校长创设自主发挥的空间。

值本论丛出版之际，感谢每位校长的敬业和执着、尽责和付出。 感谢顾明远先生领衔的专家团队，陪伴我们走过了五年的风风雨雨，倾全力给予我们关心、指导和帮助。 感谢全国教育科学规划领导小组批准立项和给予指导。

　　本论丛的出版得到了教育科学出版社李东总编辑的真切关注和大力支持，孙袁华、刘灿、刘明堂三位主任付出了巨大的辛劳，各册责任编辑尽心尽力，对书稿从内容到形式都提出了弥足珍贵的意见，谨在此致以诚挚敬意和谢意！

项目首席　裴娣娜

2015 年 10 月 10 日于求是书屋

为未来培养人

"卓尔不群，大器天下"是成都七中育才学校（简称七中育才）的学校精神。 七中育才秉承"重德育才，面向未来，最优发展"的办学理念，秉承"志存高远，追求卓越"的办学宗旨，以"素质教育的实验校、优质教育的示范校"为办学目标，面向未来，着力培养"健康、高雅、聪慧、大气"的优秀初中生。

面向未来：信息技术支持下的教育创新

教育要面向未来，就是要面向以知识经济迅速发展和科技进步为显著特征的 21 世纪。以信息技术和生物技术为代表的知识经济时代的到来，使人们所掌握的知识以每五至七年衰减一半的速度老化。 终身学习成为必须，也成为可能。 信息技术在过去二十年中有力地促进了中国教育事业的发展。 现代信息技术极大地拓展了教育的时空界限，改变着教与学的关系。 目前多媒体技术和网络技术已经使教育思想、观念、模式、方法、手段等发生了巨大变化。 先进的信息技术使教育资源共享的原则得以贯彻，因材施教真正成为可能。

在这样的时代背景下，学生的学习正在被深深地影响和改变。 新课程改革（简称新课改）要求大力推进信息技术在教学过程中的普遍应用，促进信息技术与学科整合，逐步实现教学内容的呈现方式、学生的学习方式、教师的教学方式和师生的互动方式的变革，充分发挥信息技术的优势。

为探索和改变信息化背景下学生的学习方式，七中育才在前期"多媒体网络班"的基础上，于2012年开设了"云教育实验班"，2013年又开设了"未来教育创新实验班"。 我们希望通过数字化的一对一教学，构建一个交互性强、不受时空限制、利用人工智能使师生实现良好互动并提供解决方案的新型教育模式，构建一个基于"前端云端、后端物联"的未来课堂，希望借助课堂多点互动系统，将不同地区的学习者、教学者和专家聚集到一个虚拟学习空间，进行互动和交流。 未来课堂有力地扩展了现实课堂的学习资源，给学生创造了一个互动空间，既注重了学生个性发展，又形成了良好的交流氛围，优化了课堂教学效果。

教育改革：以课程建设为核心的学校整体改进

课程在学校教育教学中具有核心地位，一方面学校需要通过课程这个载体全面贯彻落实国家的教育方针，另一方面需要用课程统领实施素质教育的全过程，再者，学校更需要依靠课程促进学生的全面发展与个性发展。 以课程建设为核心的学校整体改进是学校实现"内涵发展，品质提升"的核心战略的策略。

通过近几年的教学实践，我们确立了在"卓尔不群，大器天下"的学校核心价值滋养下的"多元建构、自主选择"的课程理念。 努力进行结构化的课程顶层设计，进一步优化培养方式，纵深推进国家课程校本化，通过学科基础课程、学科拓展课程和综合实践课程等，整合资源，构建灵动多样的课程组群，满足学生整体发展、主体发展、个体发展的需求，体现"深度教学、品质课堂"。

七中育才建构了"三大类别""五大模块"的课程体系。 "三大类别"是指学科基础课程、学科拓展课程、综合实践课程，"五大模块"是指人文素养、科学精神、身心素质、实践能力、潜能与认知发展等五个方面的课程。 在此课程体系下，学校形成了两条实施路径。

第一条路径是构建具有学校特色的各学科课程体系——国家课程校本化。 首先，学科基础课程突出整合，对国家课程进行重组、再造，构建了主题化、模块化、序列化的课程体系。 其次，学科拓展课程突出拓展，采取纵向深入、横向拓展的方式进行布局。 学科拓展课程总共涉及约 80 门课程，覆盖了五大领域。另外，严格按照课程计划、网上选课、课程评价进行课程管理。最后，综合实践课程突出活动，按照学科序列、年段序列、社团序列、节庆序列、学校特色序列进行布局。我们认为，"文化—课程—课堂"是学校内涵发展的必由之路，而"文化养校"、课程建设、课堂教学改革是学校发展、质量保障、品质提升的路径选择。

第二条实施路径是锻造具有学校特色和品质且与课程相呼应的课堂——"深度教学、品质课堂"。深度教学的内涵是指立足学习过程，抓住学科本质，触及学生心灵深处，促进学生持续地发现和理解并建构知识、经验、能力、意义的教与学活动。而"学科本质"体现为表层的符号形式，中层的方法、逻辑与根据，深层的思想、价值与意义。"触及学生心灵深处"是指在学生心灵的深处应出现兴趣的引发处、情感的共鸣处、思维的迸发处。对于"持续地发现与理解"应从五个维度出发：经验、概念、方法、思想和价值。深度教学的基本行为模式包括了一个核心即思维，一个特征即自主，以及三个行为即发现、理解和运用。深度教学的直接结果就是生成了高品质的课堂。

学生发展：全面成长下的个性发展

全面发展和个性发展，都是学生成长发展的价值目标，体现着以人为本的科学发展观的价值取向。全面发展和个性发展相辅相成，把两者紧密结合起来，学生的成长发展才会健康协调，片面强调其中任何一方都不适宜。人的全面发展，最根本的是人的各种素质潜能的充分发挥，即劳动能力、创造能力的发展，同时也包括人的志趣爱好、才情品格等方面的丰富和完满，而后者大多属于个性范围。由此可见，个性发展是全面发展的题中应有之义，全面发展就寓于个性发展之中，离开个性发展，就谈不上全面发展。每个人的全面发展，建立在自身个性发展的基础之上；整个社会的全面发展，又以每个人的全面发展和个性发展为前提。

为促进学生的全面发展与个性发展，七中育才形成了以学生发展为本，关注个性、体现多元的"基础课程与拓展课程相结合，必修课程与选修课程相结合，显性课程与隐性课程相结合"的课程文化，构建起"多元构建、自主选择"的课程体系，包括"三大类别""五大模块"。

"学科基础课程""学科拓展课程""综合实践课程"三个类别涵盖了学生的课内延伸、课外兴趣和各类动手操作、综合活动等方面，这些类别让学生在"人文素养""科学精神""身心素质""实践能力""潜能与认知发展"这五个领域的能力上都有了充分的发展。正是因为有这样完备的课程体系、丰富的课程内容，学生的选择范围才能得到充分的拓宽，学生自主选择的权利才能得以充分的体现。如果说"选择"是让学生个性得到充分发展的话，那么"丰富"和"多元"就是这个"选择"的前提。

学校责任：主动、积极地面向未来

成都七中是一所世界知名、全国著名的中学，是教育部重点建设的全国示范性高中样板学校之一。一直以来，七中育才坚持以成都七中为自己的"智力大背景"，从办学思想到学校管理、从课堂教学到德育活动、从教师队伍建设到教育科研，依托七中，借鉴七中，在学习七中的同时，面向未来，与时俱进，进行了卓有成效的再创造。

2007 年，我们风雨起程，继承成都七中的"三体"（着眼整体发展，立足个体成才，充分发挥学生主体作用）教育思想，提出了"努力将七中育才学校办成教学有特点、学生有特长、办学有特色的在成都市有重要影响的一流学校，积极进行教育教学改革和办学体制改革的实验校，辐射改革成果的示范校"的宏伟目标。

2008 年，为贯彻成都市"教育均衡化"的战略思想，七中育才由"公办民助"回归"公办"，面对资金和生源等其他诸多教育资源缩减的变化，尤其是生源严重"两极分化"，七中育才再一次站到了改革的风口浪尖上。很快，我们便确立了"文化养校""品质课堂"的发展战略。

近几年，学校提出了"内涵发展、品质提升"的战略追求，坚持狠抓教育教学质量持续提高不动摇、坚持狠抓教师队伍发展不动摇、坚持狠抓学校文化建设不动摇。我们秉持"重德育才，面向未来，最优发展"的办学理念，明确了建设"全国一流的示范性学校"的目标，我们聚焦于"学术性、高质量、个别化"三个办学核心词，高度关注学业性质量、发展性质量和生命性质量。

然而，在实践中我们仍存在诸多的困难和疑惑：

一是面对日益严重的"两极化"生源，如何有效地进行分层教学；

二是如何通过学校校本课程建设，更好地满足学生多方面的兴趣、爱好和特长发展；

三是如何建立和健全学生"一对一"的学业计划和成长规划；

四是如何真正实现"课堂翻转"和"一对一"数字化教学；

五是如何通过"家长学校"给予家长指导，从而为学生成长创造更有利的家庭教育环境；

六是如何克服教师发展"高原期"带来的教师职业倦怠等。

我们希望通过展示我们的发展探索，提供一面镜子，以资借鉴；我们更希望通过展示我们的困惑疑难，以激起更多人的思考，找到解决问题的办法。

何伦忠

2015 年 6 月 28 日

目　　录

Contents

领跑路上的又一次探索

没有一个时代像今天这样面临与经历着日新月异的变革。

没有一个时代像今天这样呼唤着教育改革与创新的春天。

从学生实际出发，立足教育科研，围绕新课程改革，聚焦课堂教学，不断优化教学方法和教学手段，更新教育理念和教学策略，是学校长远发展的根本路径。

"志存高远，追求卓越"的精神激励着七中育才不断自我超越。七中育才站在教育改革发展的前沿，一路探索，一路实践，不断加快着发展的脚步，朝着专业化发展的方向迈进。

当下，学校发展面临重大课题——探索未来教育新特征，以便在"教育均衡"等诸多挑战之下，继续创新七中育才发展之路，为课程改革提供新的范本。当我们从源头探究，从着力于"转变学科教材理解方式"的研究过渡到"转变学科教材理解方式的深度教学"阶段后，我们又应该以怎样的改革来解决学生的创新与实践的难题？我们应该如何在新的历史环境下追求适宜学生最优发展的教育？

生本课堂的探索让我们再一次看到了育才人不懈的追求。苏霍姆林斯基说："如果你想让老师的劳动能够给老师一些乐趣，使天天上课不致变成一种单调乏味的义务，那你就应当引导每一位教师走上从事一些研究的这条幸福的道路上来。"

其实，七中育才教育集团中的每一个教育人都在思考和行动着，不断探索着最适宜学生成长、最适宜教师提升、最适宜学校发展的路径。于是，有了反思，有了收获。

七中育才在"生本课堂"的道路上所做的尝试和研究，折射出育才人睿智的思考，凝聚着育才人不懈的探索，更洋溢着育才人执着的追求。

播种于斯，收获于斯，奉献于斯。

教海无涯，学无止境；跬步至千里，耕耘香满园。七中育才必定会走出未来教育的新道路。

[第一章]

学校办学历史回溯

十八年的风雨历程，七中育才一路走来，从薄弱校到名校，在举步维艰的困境中大胆开拓出一条光明大道。历史记录着育才人艰苦创业、努力拼搏的足迹，书写着育才人斗志昂扬、锐意创新的激情，展示着育才人血汗凝结、灿烂辉煌的成就，饱含着育才人对教育事业的无限崇敬和热爱。

　　"志存高远，追求卓越"的精神激励着七中育才不断自我超越，站在教育改革发展的前沿，不断加快发展的脚步。当下，学校发展面临重大课题——探索未来教育新特征，以便在教育均衡等诸多挑战之下，继续创新七中育才发展之路，为课程改革提供新的范本。

一、学校的创立

成都七中育才学校的前身是 1957 年开办的一所市属普通学校。校名几度变更，最初为成都市第 35 中学（简称成都 35 中），1959 年划到成都市东城区文教局，更名为成都市金泉街中学，1962 年又回归成都市教育局，恢复原名——成都市第 35 中学。一直到 1986 年 5 月，学校增设了职业高中班——汽车驾驶与修理专业班，成都市教育委员会正式下达批文，学校由原成都 35 中改名为成都市锦城职业中学，但与成都 35 中并存。

成都 35 中在相当长的一段时间一直存在着"一小三差"的问题——校园面积小，教学设施差、生源差、校风差。主管成都教育的成都市人民政府原副市长吴平国同志曾经说："过去一进 35 中校门，看见一排烂汽车，后面是一片烂自行车停在一个烂操场上。"这就是改制前成都 35 中留给人们的印象。

走进新的世纪，走进新的时代，为了应对新世纪的挑战，为了适应新时代的节拍，为了满足广大人民群众希望孩子接受优质教育的强烈愿望，为了适应成都现代教育发展的新形势，成都教育的决策者们下达了《关于改造和对口扶持薄弱学校成都 35 中的意见》，决定以成都优质教育的代表之一——成都七中为依托，成都七中与成都 35 中联合举办成都七中育才学校。至此，学校改制为"公办民助"，同时更名为四川省成都七中育才学校，校长由成都七中副校长担任。

学校创办时，是由成都市教育委员会直接领导的进行办学体制改革的试点学校，其实验的主要内容为：依托成都七中，探索符合我国国情的义务教育阶段的发展规律，重点研究普及九年义务教育后如何发挥重点学校的实验性和示范性，利用标准化办学、规范化管理的措施提高普通中学的办学水平，缩小校际间的办学水平差异，在普及的基础上实现义务教育质量的全面提高，从而提高我市办学的整体水平和办学效益。

二、学校发展的几个阶段

经过十八年的努力奋斗，学校走过了一个又一个重要时期，已经走上了良性循环的轨道。

（一）起步发展阶段（1997—2000 年）

起步、移植、校本化改造——奠定七中育才办学模式的基础。

鉴于该阶段要尽快完成对学校发展低起点与追求高标准之间大落差的调整，该时期学校文化建设的着力点在于：一是实现与成都七中"三体"教育思想的一脉相承——奠定学校办学的高起点；二是进行严格的制度文化建设——实现新学校的有序运转。学校对必修课、选修课、活动课的课程设置，对教育研讨会制度、教研组集体备课制度等制度与机制的建设，对学生排球活动月、艺术节、科技活动月等丰富多彩的教育活动的设计等皆源自对成都七中办学模式与学校文化的移植与嫁接。

（二）稳健发展阶段（2000—2004 年）

坚持、完善、校本化完成——形成七中育才办学基本模式。

经历了对第一届学生成长的探索与实践，学校对发展有了相对成熟的思考。该时期学校文化建设的着力点在于：一是坚持"三体"教育思想的指导，不断推进校本化；二是坚持严格的制度管理，促进制度更加完善。该时期学校进一步明确了对学生近期目标与远期目标的共同追求，对学生全面素质的提高有了更深刻的认识和系统的思考，大大促进了对新课程精神、理念以及课堂实践的自觉与准确认识，保障了新课程实施的主动与从容。

（三）优化发展阶段（2004 年起）

继承、丰富、优化发展——不断增强学校可持续发展的后劲。

2004 年以来，学校的教育品牌已经在成都市树立起来，学校进入优化发展阶段。该时期学校文化建设的着力点在于：一是继承"三体"思想精髓，光大学校优良传统；二是建设现代学校先进文化。这个时期，学校办学既要面对再提升、再突破的挑战，也要面对学校积极自觉追求科学发展与全国素质教育艰难推进大格局的挑战。该时期学校发展的首要任务是以学校文化建设来实现发展的突破。经过讨论梳理、明晰完善，学校文化建设的文本化内容逐步清晰。

（四）调整过渡阶段（2006—2009 年）

回归、过渡、重新起航——学校发展走向新时期。

2006 年，按照新的《中华人民共和国义务教育法》的相关规定，随着成都市中学教育格局的调整，成都七中育才学校划到成都市锦江区，改由锦江区教育局领导。回归区属，学校实现平稳过渡。

2008 年，学校与锦江区三圣分校、学道分校结成教育联盟，七中育才教育链成功建成。通过精神共同体、学习共同体、课改共同体的建设，三所学校共同提升教育教学质量。

2009 年 9 月，学校在成都市教育局和锦江区教育局的直接指导下转为"公办"。

（五）品质发展阶段（2009 年起）

生源变革、新校区建立——学校办学和品牌内涵的拓展进入新时期。

建校之初，学校招生主要面向成都市六城区范围。随着办学水平和育人质量的不断提高，学校成为成都市乃至四川省各界社会人士广泛认可的"优质教育资源学校"。不少学生都以能到七中育才学习为荣，很多家长都渴望将子女送到七中育才接受教育。就建校前十年而言，学校生源质量逐年提高，成都市上百所小学的毕业生先后成为七中育才一届又一届的新生。

但从 2006 年 9 月开始，"义务教育免试就近入学，试行学区制和九年一贯对口招生"政策的实施，学校招生考试录取生源调整为计算机派位录取为主，并逐年缩减自主招生比例，学校生源结构出现较大改变。这是对学校办学和品牌内涵发展提出的挑战。

2011 年 9 月，学校发展迎来又一高峰，在区委区政府、区教育局的领导和关注下，新校区正式成立运行。

如今，为充分发挥成都七中育才学校示范、引领和辐射作用，助推教育高位均衡发展，提升锦江教育公共服务水平，按照锦江区委"一校三区"集团发展的工作要求，学校于 2015 年 9 月整合组建了四川省成都七中育才学校教育集团。学校分为三个校区——成都七中育才学校水井坊校区、成都七中育才学校汇源校区、成都七中育才学校银杏校区，在校学生4600余人。学校办学和品牌内涵的拓展进入新时期。

三、学校的办学传统

七中育才继承了名校成都七中的优良传统，坚持"重德育才，面向未来，最优发展"的办学理念，坚持"卓尔不群，大器天下"的学校精神，真正做到了"在优中求优、为教育之先、于同中立异、分社会之责"。

（一）"优"：在优中求优

作为以成都七中为依托成立的学校，七中育才在高起点的基础上，追求着更优的发展。

1. 高起点

七中育才建校之初，吴丽校长与成都七中戴高龄校长反复交流、碰撞，初步提炼出了学校的办学思想——"重德育才，面向未来"。同时，吴丽校长带领学校班子，明确提出七中育才在办学过程中，要坚持遵循邓小平同志"三个面向"的指导思想，学习并借鉴成都七中的"三体"办学思想——"着眼整体发展，立足个体成才，充分发挥学生主体作用"。

2002年8月，刘国伟担任七中育才学校校长以后，在坚持吴丽校长提出的办学思路的基础上，进一步明晰了七中育才的发展思路。

2004年8月，以张军校长为代表的领导班子，通过学习各种文献，学习各类先进学校成长的历程，总结自身办学的成功经验，研究新世纪对教育、对人才的要求，面对新世纪的呼唤，大大地拓展了原有的办学思想"重德育才，面向未来"的内涵与外延，明确地提出了"以成都七中'三体'教育思想为指导，秉承'启迪有方'的优良传统，为师生发展拓展广阔空间，追求最适宜学生的教育"这一全新的办学理念。所追求的"最适宜"的教育，包含两个最基本的要素：一是优秀的、优质的教育；二是丰富的、富于选择的教育。经过十年的积淀，尤其是经过近几年的积极努力，这两个要素深深地浸润在七中育才的文化之中。

由此，七中育才在全面秉承成都七中"三体"教育思想的同时，吸收现代教育思想，融汇自身办学实际的思想与实践的结晶，不断地探索具有时代特色与符合七中育才学校实际的办学思想，起点高，跨过"经验育才"的阶段，直接从"制度育才"起步，很快成长到"文化育才"的时期。

2014年3月，七中育才新一届学校领导班子产生，何伦忠校长到任。面对名校持续高位引领的艰巨挑战，何伦忠校长迅速熟悉学校情况，会同全校教职工制订了学校发展新三年规划，定下了继续走"文化养校"之路，用"重德育才，面向未来，最优发展"的办学理念为师生发展拓展最广阔的实践空间，赋予学校独有的品质与内涵，实现办学效益的最大化。

2. 重改革

在"重德育才，面向未来，最优发展"的办学理念指引下，"卓尔不群，大器天下"的七中育才人正在用激情演绎着"文化养校"之路，追求着"管理精细、事业精进、生命精彩"。

十八年间，学校课堂教学研究和改革从未停步，学生的活动年年创新，教师发展方式越来越多样……学校发展所迈出的每一步，无不反映了育才人创新发展的勇气与追求卓越的精气神。不断创新发展的追求已然成为学校发展的文化符号，不断激励着学校克服发展困难，实现着对每一个时期的跨越，而创新的品质已经沉淀在每一个育才人的血液里。

学校锐意进取，不断提升中学品质。2010年9月，学校三年发展规划有了新的目标与发展追求。围绕建设"全国一流的示范性学校"的发展目标，七中育才聚焦"学术性、高质量、个性化"三个关键词，努力将自身建设成为思想殿堂、文化沃土、学术高地、个性家园。2014年9月，学校进入了发展新的三年，面对高位突破、高位发展的任务和挑战，学校以改革者的勇气，继续坚持"文化养校"基本思路不动摇、绿色质量发展不动摇、聚力于学校教师专业发展不动摇，积极发挥全校教职员工的主体作用，在"共同创造、共同承担、共同分享"的团队文化中，以"促进学生个性化学习与发展的育才模式"为核心目标，为师生发展拓展广阔空间，在各项工作中既以人为本又遵循规律，促进办学品质持续提升，不懈追求全国领先的"素质教育的实验校、优质教育的示范校"的发展目标，着力建设学校高地、学科高地和教师高地，实现新时期新境界的发展跨越。

（二）"先"：为教育之先

十多年以来，学校积极探索，进行了一系列的实验和改革，在办学理念指导下，形成了"健康、高雅、聪慧、大气"的学生文化，为学生提供充分锻炼、充分展示、充分发展、充分享受的平台。学校积极实践，在以下四个方面着力，有力地推进了学校素质教育的进程。

1. 教育理念争先闻

在多年的发展中，学校关注教育新话题，打开教育新视界，逐渐涵养起教育国际化的胸襟。

今天的七中育才成为了开放接纳的学园——这里，数十位脑科学专家、云教育技术专家、教育学者传播着最前沿的信息；这里，数十位各行业的科学家走进每个教室为孩子们开启热爱科学、关注生活的大门；这里，上万同人在省"课博会"、市素质教育现场会的舞台上，共话教育大事、共享育人情怀；这里，汇聚了教育的阳光，尽显育才人吐故纳新的视野与胸襟。今天的七中育才也成了学子们个性彰显的乐园——探究合作的发现课堂、"万紫千红"的多元选择课程、"万物生光辉"的德育体系，为每一个育才学子提供了综合素质涵泳的天地、个性快乐彰显的舞台。

七中育才营造浓厚文化氛围，酝酿饱满文化气韵，在这里我们培养具有民族情怀、世界胸襟、国际技能的世界公民。我们着力建设开放和悦的课堂，开发中西合璧的课程，创设多向优质的交流路径，引进多元互补的国际教育资源……如七中育才特色校本课程之一的环球系列课程，从英国权威教育机构 ASDAN（英国素质教育发展认证中心）引进的素质拓展课程，作为成都市与法国友好城市蒙彼利埃市教育合作项目的"拉伯雷课堂"，七中育才教师在美国执教的"孔子课堂"，与友好姊妹学校泰国农业大学附中进行的定期交流互访机制……这一切昭示着育才人正在朝着教育国际化的方向昂首前进！

2. 教学改革步步先

课堂是国家课程实施的主渠道，是学生成长的主渠道。课堂是离教师专业发展最近的点，课堂教学改革更是学校课程改革的核心。多年来，七中育才以新课程标准（简称新课标）的实施为契机，积极聚焦课堂教学改革，不仅助推着课堂教学质量的提升，也助推着学校教师专业素质的提高。

七中育才课堂教学改革的基本指导思想是回到课堂教学的原点。课堂教学是以学生和教师共同的生命成长作为出发点与归宿的，课堂教学的核心价值在于师生共同的生命成长。课堂上，只有教师、学生共同合理"在位"，而非学生"学"或者教师"教"的"越位"或者"缺位"，才能使课堂真正呈现出和谐之美，让师生共同分享生命的成长。

为激扬师生共同的生命活力，七中育才以每年学术年会为平台，探讨课堂改革的前沿话题，展示课堂改革的最新成果。还在学校蹒跚学步的时候，还在建校不足四个月的时候，育才人就精心设计并举办了第一届有关课堂改革的"教育研讨会"。

十八年发展历程，十八届教育研讨会。每届研讨会都围绕教学改革确定主题。2002 年的"学习新理念，了解新课程"，2003 年的"走进新课程，实施新课标"，2004 年的"优化教学设计，促进学生主动发展"，2005 年的"建立现代教育理念，完善新课标实施"，2006 年的"实施新课程——学科课堂教学渗透德育的策略研究"，2007 年和 2008 年的"课堂教学有效性研究"，2009 年的"深化课型研究，让生命在课堂中绽放"，2010 年的"深化课堂教学微格研究，构建七中育才生本课堂"，2011 年的"当代学习科学与课堂教学创新"，2012 年的"内涵特色发展，聚焦课程课堂"，2013 年的"深度教学、品质课堂"，2014 年的"深度融合、深度教学"，2015 年的"深度教学、深度融合之构建以互动为主要特征的课堂教学形态"。

十八年坚持不懈的教学改革，十八年坚持不懈的教育科研，在七中育才形成了一种强大的"磁场"。教师们自觉地在这个"磁场"中锤炼师能，铸造师魂，强化自己的事业心，培育自己的自信心，提升自己的教育艺术，使自己成长为受学生喜爱、家长欢迎、同行认同、领导肯定的"会教学、会科研、会生活"的新型教师。

无论是吴丽校长、刘国伟校长、张军校长，还是何伦忠校长，都把开好每一年的教育研讨会作为学校发展的一件大事来抓。一方面，校长亲自挂帅，亲自动笔写作论文，亲自主持会议并作主题报告；另一方面，学校发动全校教职员工积极参与，为教师们的著文、献课创造有利的条件，从而使每一届教育研讨会都能保持在一个较高的水平上。每年的教育研讨会是展示学校办学思想与办学追求，展示教师的教育智慧与才华，展示学校教学研究和教育科研水平最好的舞台。通过教师们的积极参与，大家得到了很好的锻炼，受到了多彩的教育，有力地推动了教师们的专业化成长，有效地向社会各界展示了七中育才光辉的形象。

七中育才的教育研讨会经过十八年的经营，影响力明显扩大，从第一届纯粹的校内行为，发展为吸引越来越多的教育界同行参与的社会活动，变成了成都市、四川省初中教育界的教育盛会。

3. 育人为教育之先

在办学实践中，我们坚持德育为先，明确了"健康、高雅、聪慧、大气"的学生文化。在培育之时，我们追求"学生学业优质、综合发展优质、教师团队优质、学校学风优质、学校办学特色鲜明"的优质教育的境界。为此，我们秉持"让生命精彩"的德育理念，确立了"打好公民素养的基础底色，增添卓尔不群的个性亮色"的德育目标。

我们把七中育才德育的价值理解为：为学生发展"增色"。"增色"分为两条主线：一是为学生发展打好健康的"底色"，二是为学生的发展增添个性化的"亮色"。打好"底色"就是打好学生做人的基础，让其明白做人的最基本的道理；而为学生的发展增添个性化的"亮色"的主要方式，则是给予每个学生更多机会，搭建更大的舞台，创造更个性化的空间，尽可能地挖掘其潜力才能，充分发挥每个学生的兴趣爱好，为他们综合素养及个人才能的发展增添"亮色"。

近几年，学校一直在大力开展以系列专题教育活动为载体的德育自主实践活动，在构建学生自主发展体系方面不倦求索、不断创新。在实践中，我们坚持参与全员化、教育活动化、活动主题化、主题序列化、序列特色化的"五化"原则，让每一个孩子的生命绽放精彩，呈现出丰富灵动的样态。如"劳动与生命"课程、"四学会"活动、孝敬教育"六个一"活动、"我当三天家"活动、"七中育才形象大使"评选活动、"七中育才少年科学院小院士"评选活动等，为学生提供了充分的锻炼、展示的平台，极大地满足了学生全面发展的需要，深受育才学子的欢迎。在七年级"四学会"活动中，孩子们烟熏火燎地动手野炊，体验自由与快乐；在富有挑战的攀岩中感受合作的默契，享受成功的喜悦。在八年级引人入胜的"文史探究"活动中，孩子们在文学的海洋里努力求索，在历史的天空中自由翱翔。此外，学校的各级学生组织（校团委、校少先队大队部、学生会、学生科协、学生社团等）也活跃在学校的各个领域。晨曦文学社的孩子们一起酝酿文学之梦；学生电视台成为孩子们犀利地评述时事、报道新闻的舞台；戏剧社让孩子们唱出七中育才独有的蜀韵今声；管乐团孩子们的演奏漂洋过海，传到了大洋彼岸的悉尼、维也纳……学生在社团中自主管理、自主发展，丰富的活动为他们提供了心灵的甘泉、精神的养料。今天，精彩纷呈的德育活动已成为七中育才的一道亮丽风景，不仅丰富了校园文化，而且对学生的自主发展与自我完善产生了深远影响。

（三）"特"：于同中立异

学校文化滋养学校发展，用先进的特色文化作引领，提升学校的品牌。七中育才从建校的那一刻起，就一直坚持这一办学思路。

中学教育具有促进个体发展并为高一级学校输送各类合格新生以及为国家建设培养劳动后备力量的任务。这仅是普遍性、一般性的价值追求。为体现对现代学校个性化发展的追求，七中育才将办学理念确定为"重德育才，面向未来，最优发展"，不断追求初中教育价值新高度，确定了建设全国一流示范学校的目标。为此，我们聚焦学校"团队文化、卓越文化、管理文化"的内涵发展、品质提升，对学校、课程、学科等方面的发展全面设计、精心实施，全校师生激情演绎"管理精细、事业精进、生命精彩"的学校发展之路。

1. 团队管理凝练发展力量

七中育才不仅对成都七中的办学理念、办学模式、文化传统进行传承与发展、开拓与创新，而且在教师团队建设方面通过成都七中教师的专业指引，走向专业成长之路。

在成都七中的支持下，七中育才备课组建设、七中育才班科教师集体建设、七中育才教研组建设、七中育才班主任团队建设等在学校常态运转中持续优化，伴随着学校课程改革、课堂教学改革的不断深入，"育才人""团体仗"成了学校教师镌刻入血脉的气节。通过教育教学实践，七中育才教师依靠团的力量实现实践智慧、实践能力的快速成长。

应该说，七中育才教师团队专业视野的扩展、教学水平的提升，一方面来自于学校制度的精心呵护，另一方面则依赖于完善的激励机制让教师焕发出最大的创造潜能与自主发展的激情。学校在形成"共同创造、共同承担、共同分享"的管理价值取向和学校文化建设上狠下功夫，加大培训力度，促进教师解放。教师的精神品质、人文情怀、眼界修养以及成功感和幸福感等获得极大的改变，有力地保障了学校教育教学质量的持续提升。

2. 卓越文化彰显生命精彩

教育的终极追求指向人的幸福。所以，学校"最优发展"文化着力于让学校成为师生收获幸福的地方。这是学校追求卓越文化高度的体现。

具体说来，"最优发展"文化的实践路径就是为师生发展拓展广阔空间，实施最适宜学生的教育。"课堂自主学习，课程自由选择，德育自我反思，教师自觉成长"的教学环境，催生了"志存高远，追求卓越"的育才人"卓尔不群，大器天下"的胸怀。在"文化养校"的办学之路上，育才学子享受学习、选择发展、快乐成长，育才教师勤奋工作、享受成功、精彩生活。

其中"适宜"包含两个最基本的要素：一是优秀的、优质的，二是丰富的、富于选择的。七中育才对学生发展空间的拓展主要体现在以下四个方面。其一，挖掘课堂潜力，最大限度地激活课堂的生命活力。其二，改革课程模式，开阔学生求知视野，丰富学生求知路径。其三，开展丰富多彩的活动，让学生在多彩的实践活动中求知成长。其四，进行多元评价，促使学生自我认识并获得成长的动力。

（四）"担"：分社会之责

任何一所学校，不管是公立的，还是私立的，都是一个社会组织，理应履行关注民生发展、服务万千学子的社会义务，承担培养学生掌握作为一个社会成员所必须具备的态度、知识、技能这一社会责任。七中育才在"担"社会之责方面贡献着自己最大的力量。

1. 链动锦江，品质教育

优质教育链建设是锦江区推进城乡教育统筹和区域教育现代化进程中的一条重要举措。它是一种以优质学校为链头，进行名校和弱校、名校和新校联合的独立法人合作模式。作为锦江教育的重要一员，七中育才实现了对锦江教育发展大局从适应到贡献的转型。

2008 年 5 月 6 日，七中育才学道分校、七中育才三圣分校挂牌，七中育才学校优质教育链建设正式启动。我们作为链头学校，强调输出品牌、输出理念、输出干部和教师，进行优质示范，也强调链点学校融合文化、融合管理、发展特色、丰富品牌，实现自主发展。优质教育链的建设，使得学校间共荣共进、共赢共享，在优质均衡中进入学校现代化建设发展新时期。

2009 年，中央电视台《新闻调查》栏目对我们的链动发展方式进行了深入报道。2008、2011 年《人民教育》先后以"让学校成为收获幸福的地方"和"不要降低灵魂飞翔的高度"为题报道了育才师生在践行"文化养校"之路上的"精""气""神"。

2012 年 8 月，为进一步体现市委市政府关于扩大优质教育资源、深化"名校下乡"的战略精神，推动"锦金教育互动发展联盟"工作，成都七中育才学校金堂分校应运而生，优质教育资源的对外辐射进入新的时期。

2. 携手东方闻道，助力教育均衡

2005 年 9 月，在成都市教育局支持下，七中育才与东方闻道网校合作，开始实施初中阶段的全日制远程录播教学。

七中育才全日制远程录播教学目前有 212 所远端学校，录播班级总数1178 个，协同教学教师 4000 余人，同步学习学生 7 万余人。

七中育才全日制远程录播教学的特点：以"四个同步"为教学实现模式，即"同时备课、同步授课、同步作业、同步考试"；"四位一体"为教学组织模式，即"授课教师、把关教师、远端教师、技术教师"；"四位协同"为远端协同模式，即各地教师根据本地学生实际，对七中育才的课堂实录进行"增、删、停、补"的四种教学配合策略。

七中育才优质的录播教学大幅度提升了远端学校学生的学业成绩，特别是学生的汉语和英语的表达能力得到极大地加强。远端学校之一甘孜州康定中学自 2009 年第一届录播班参加中考以来，每一年都产生州中考第一名，网班学生成绩连续五年蝉联州中考第一名，2014 年有 5 人进入州前十名。全日制录播教学的跟岗研修使远端教师成长迅速，很多青年教师因为有了录播教学的帮助在短期内成长为学校骨干教师。同时，远端学校引进了七中育才先进的办学思想和理念，极大提高了学校管理水平。

全日制远程教学有效实现了教育的均衡发展，促进了欠发达地区大量学生回流，解决了当地学生上好学校的问题，对维护边疆、民族地区的繁荣稳定起到了非常积极的作用。

2010 年，七中育才申报的"教师网上跟岗研修网班助推教育均衡"项目荣获教育部基础教育课程改革教学研究成果一等奖。

2012 年 9 月 5 日，中央政治局委员、国务院副总理刘延东在全国教育信息化工作电视电话会上对"四个统一、合作多赢"的全日制远程教学均衡模式给予了高度认同，她指出："逐步实现教学点数字教育资源全覆盖，并以县为单位逐步开设同步课堂，比如，四川探索城乡学校利用网络'同时备课、同时授课、同时作业、同时考试'。"

2013 年 11 月 26 日，教育部副部长杜占元在亚太地区教育信息化高层专家会议上向亚太地区 27 个国家的企业代表、专家和行业精英介绍了网校与民族地区、欠发达地区共享优质教育资源的成功案例。

十多年的发展之路使我们深感名校的使命，以名校的襟怀反哺社会，在促进教育均衡发展、助推城乡教育一体化中实现着育才人"卓尔不群，大器天下"的教育理想。

四、学校的办学特色及成效

"办出各自的特色"是现代学校的共同追求，也是现代学校打造品牌的必由之路。七中育才遵循办学传统，用特色来增强学校的核心竞争力，大力开展学校内部管理体制改革、课堂教学改革、教育科学研究、学生自主发展探索等工作，已经初步构建起科学、规范、精细的教育教学管理平台，教师队伍强烈的团队意识、敬业奉献精神已成为支持学校走向成功的重要因素。学校教育教学质量蒸蒸日上，为一批批学子的健康成长和学校的可持续发展奠定了坚实基础。

（一）重课程设置

推进课程改革，是七中育才办学的重要追求。学校严格按照教育部颁布的标准，开足开齐了必修课程，并在教学管理中重点抓好备课、上课、作业批改和个体辅导等四个环节，同时学校进行了必选课、任选课、活动课的建设。

1. 优化课程体系

在课程建设方面，我们继续秉持"优化、完善课程体系，帮助教师树立课程理念和意识；提升课程能力，形成育才特色课程"的工作目标，优化、完善课程体系中的"三大类别"（学科基础课程、学科拓展课程、综合实践课程），在课程功能上体现层次性，优化、完善课程体系中的"五大模块"（人文素养、科学精神、身心素质、实践能力、潜能与认知发展），在课程内容上适当区分领域与科目，整合资源，形成学科课程组群，满足学生整体发展、主体发展、个性发展的需求。我们依据学情，开齐开足国家规定的所有课程，做实国家课程，进一步优化校本课程，去掉不受学生欢迎的课程，增设新的课程（如美术特长生创作辅导课程等），尽力做到凸显课程价值，真正实现课程设置帮助学生"享受学习，选择发展，快乐成长"。

三大类别	五大模块
● 学科基础课程 ● 学科拓展课程 ● 综合实践课程	● 人文素养 ● 科学精神 ● 身心素质 ● 实践能力 ● 潜能与认知发展

图 1-1　七中育才课程设置

2. 丰富课程内容

为了使不同发展层次、不同发展方向的学生在其就近发展区域得到充足的"阳光和养分"，获得充分发展，学校规定中学一级职称以上教师必须承担至少一门活动课或选修课。学校开设了 80 余门选修课和活动课，给学生自主选课自由，实行分层教学、分类指导，并给予学校正规课时。数学、物理、化学、计算机开设知识拓展班，英语开设拓展班、每日英语班、口语班；为培养学生兴趣，增强学生实践能力，开设有美文鉴赏、语文与生活、图形计算器、人与自然等选修课；同时，还开设了培养学生特长的管乐、排球、田径、美术、艺术体操、棋类等活动课。多种类型的选修课和活动课的开展，使学生特长得到了充分的发挥、学生潜能得到了充分发掘，形成了独具特色的课程结构体系。学生在历年省、市各类学科竞赛和科技创新、艺术比赛中均取得了优异成绩。

（二）强教学管理

从建校初期开始，严格的、全面的教学管理制度保障了学校教学各环节处于有序、高效的运转状态，学校管理呈现出主动、自觉的特点。

1. 建立分工明确、责任到位、相互配合、运转灵活的管理机构

为保障学校优质教学平台的打造，学校建立了明晰的教学管理体系：校长—分管校长—教务处—教研组长（年级组长）—备课组长—科任教师。每一角色都有相应的职责要求。学校班主任队伍则在协调学科教师工作及培植班级优良学风方面作出贡献。各职能部门各司其职、相互配合，形成立体的教学管理网络。而教研组长、年级组长、备课组长、班主任等作为学校建设的骨干队伍，在晋职晋级、评优评先、培训锻炼等方面享有优先权。

2. 形成"管、导、激"相结合的教学管理体系

学校教学质量的根本在于上好每一节课，把好每一节课的质量关，让每一个学生通过课堂学习获得最扎实的知识积淀。为此，学校大力加强教学管理体系的建设。

（1）加强教学过程管理

第一，教学制度健全、规范。为加强课堂教学质量，提高课堂效益，学校制定了与之相匹配的系列制度，如"课堂管理规定""教学常规管理规定""教师课堂常规""学生课堂常规""备课常规""作业辅导常规""听课评课制度"及"学生评课评价标准"等。学校还形成了"集体备课制""青年教师听课制""教师献课制"等制度。目前，《成都七中育才学校教师成长手册》《成都七中育才学校章程》等正在作进一步的完善。

第二，教学督察常态、专业。为全面掌控课堂教学情况，除了按要求填写《教学日志》外，学校还制订了《教学调查评价表》，开展定期与不定期的督察工作。①教学管理职能部门加强督察。目前，学校已形成学校校长、分管校长、教务处、各教研组具体负责，年级分管干部及年级组长分工负责指导和督促教学工作的工作格局。所有学校行政干部分工负责下到各教研组，学校每学期给每位行政干部下达听课任务，立足常规课堂教学，检查教学常规，进行课后单独评课（交换意见）。②教学质量督导小组进驻课堂，充分发挥督和导的作用。学校成立了由学科带头人、教研组长等组成的教学质量督导小组，其随意选取教师的常规课堂教学进行听课，按月定期开展情况汇总、交流，及时给学校管理机构提供教学信息，推动课堂教学质量的提高。③聘请专家指导课堂教学。学校每学期有目的地请各学科教研员到校听课指导，进行诊断，给学校教师教学工作提供宝贵意见。④及时进行信息收集和反馈。教学管理职能部门面向全体学生调查任课教师的教学情况，把调查情况汇总后反馈给教师本人，为学校教学管理决策提供重要依据；同时，建立了不定期抽查制度和定期巡视制度，及时发现问题并作出调整。

第三，集体备课优质、高效。每周至少一次的集体备课实行"三定、三备、四统一"的管理制度。各备课组还开展不同层次、不同阶段的专题研究，实行教师备课资源共享，在共享的过程之中又不失教师个性和特长的发挥；同时，发挥集体的优势，把集体的智慧融入每个人的课堂教学中，用集体力量把好每节课的质量关。

第四，实践锻炼充分、有力。每学期每位教师至少实行一次"转转会"（教研组内每一位教师轮流上公开课），旨在通过课堂教学实践活动开展集体备课。青年教师（35岁以下）赛课必须经过严格的个人和集体的备课、上课、集体（教研组全体教师）评课，使青年教师在过程之中受到"夹磨"，促进其教学水平和专业水平的提高。公开课是35岁以上的教师展示自己教育教学水平的课堂教学，是教师开展课堂教学研究的又一种重要方式。

（2）建立督导教学机制

第一，建立督导教学制度。学校的教学督导主要通过"导师制""备课组长负责制""教学质量督导小组督导制""三类专家指导制"（成都七中骨干教师、省市区教研员、其他教育专家）等制度加以保障。各类"导师"既协助指导学科的教学改革，又引领教师的专业发展，在促进学校教师的成长方面充分体现其价值。

第二，全面开辟其他"导教"渠道。学校专门设立研修室，组织各类培训，开辟交流渠道，保障教学改革特别是课程改革实践的源头活水。如学校建立了青年教师管理机制和奖励机制，定期和不定期邀请有关专家和有经验的教师介绍教学经验，让青年教师快速成长。我们要求每一位青年教师必须制订三年规划，并且在每一学期针对规划进行总结和调整。在培训方式上，我们既有教育专家的理论讲座，又有老教师的经验介绍，也有青年教师的相互交流（如"课堂5分钟"实录剪辑的自评与反思），还有青年教师的技能竞赛等。对于工作突出、适应能力较强的青年教师给予相应的表彰和鼓励（如"教学新星"的评选）。对于中青年教师，我们还成立了中青年教师骨干班，采用"以研促培，任务驱动"的方法，采用个人自学、专家引领、团体学习和个人反思相结合的方式，促使中青年教师尽快成为业务骨干。我们敞开大门欢迎兄弟学校到校交流，同时我们又大量派出骨干教师外出学习。

（三）育人文氛围

为了在充满活力的更高境界的管理平台上实现对更优质教学的追求，我们在建立严格的管理制度的前提下努力营造富有人文气息的教学管理氛围，以多元、多样的激励来充分地激活师生自我完善与发展的内驱力。其中对教学管理方面的实践具体表现在以下方面。

1. 建设具有激励特质的制度文化，为严格的教学管理注入人文活力

制度是公正、公平、有序和高效的保障，但烦琐苛刻的管理难以有效地激发人的激情、智慧和创造力，反而可能遏制人的个性。正是基于这样的认识，在教学管理的具体实践中，七中育才形成了激励特质的制度文化，其中的一个重要特点就是倡导正面引导、以奖代罚、奖多罚少，为严格的教学管理注入人文活力。比如在教师的教案管理中，我们变生硬的定期检查制度为定期检查与教师本人主动展示相结合的管理制度等。

2. 构建教职员工全员参与教学管理的平台，最大限度激发凝聚力和向心力

学校不断强化"共同创造、共同承担、共同分享"的管理思想，在成就学校与学校成员间共同价值与共同利益，实现二者共同成长方面下功夫。比如重大决策的出台（如《学校三年教学管理奖励办法》《教学能手、教学新星的评选奖励办法》《导师制结对管理及奖励办法》）以及学校文化建设等方面，学校充分调动教职员工的参与热情，在共同的智慧平台上促成认同、达成共识。

3. 坚持开展活跃的教育教学科研和教学研讨，不断促进教师以灵动的、深刻的思想、理念指导教学实践

第一，学校研修室负责教育教学科研具体工作，形成一年一度的教育教学研讨会制度，通过学校对教师教育教学科研的积极引领，保持教师旺盛的教学科研及改革热情。

第二，学校教务处、教研组负责组织学科教学研讨，通过活跃的教育教学科研和教学研讨，使教学实践成为激扬智慧的实践、充满激情与创造的实践。

第三，建设教师锻炼展示的成长平台，如鼓励教师外出讲学，努力为教师争取赛课机会等。近几年，中青年骨干教师中承担过省市献课、录像课、示范课、专题讲座的就有100多人次，在国家、省、市赛课和说课比赛中每年都有近10位教师获得一等奖。2007年，学校建立教师发展学苑。该学苑由教育百草苑、教育科研苑、网络空间苑、人文阳光苑四大学苑组成，由教师自主管理，采用学分制评价方法，并通过《育才苑》刊物为教师成长搭建充分锻炼、充分交流、充分展示、充分发展的平台。作为教师们沐浴人性光辉的家园，阐释教育真谛的学园，彰显精彩生命的乐园，教师发展学苑的建成标志着学校的教师队伍建设走上了良性循环的快车道。投注心力于教育的育才教师，不仅彩绘着学生的人生，也彩绘着自己的教育人生。

（四）抓校本研修

2007年9月《成都七中育才学校教师发展指南》正式推出，它表达了学校对教师团队建设基本品貌的追求——"勤奋工作，享受成功，精彩生活"，精彩的工作与生活相得益彰。学校应该是师生共同经历生命成长的场所，而教师是学校发展的关键，是今天七中育才勃发出发展活力的可持续推动力；同时，学校要为教师服务，要为教师的成长保驾护航，要成为教师的精神家园，确保教师们能收获事业与生活的精彩。特别是，我们期盼教师不仅仅是一个有着丰富学科知识的教书匠，而应该是一个有着丰厚人文内涵，一个举手投足间浸透着文化芳香，一个能在课堂上游刃有余、开合自如、挥洒灵动、让人如沐春风的人，是一个能通过自己优良的人格魅力去感染学生的教育者。为此，学校强化制度建设，精心精细地呵护教师在课堂教学和班主任工作上获得的专业成长。

1. 抓学习，建立学习型师资队伍

学校将教师培训纳入正轨，培养教师的学习自觉性，鼓励教师积极参加各类培训，提升自身素质。近几年来，育才教师均接受过继续教育。学校有 20 人参加了在职研究生学习，有 8 人已取得研究生学历。学校有 17 名教师参加并完成了省市级骨干教师培训。

2. 抓培训，建立专业型师资队伍

学校还积极创设培训条件，拓宽教师培训渠道。通过"走出去、请进来"的方式，让学校领导和教师们接受外部的信息，感受外面的世界，认识到自己的问题。通过举办讲座、观看录像、听观摩课等形式，提高教师的专业素质。我们有计划地组织学校领导、教师外出参观学习、听课培训，两年来学校领导、教师有近 200 人次到外地学习或参加培训。参加培训的教师回校后对同科教师进行二级培训。学校还邀请教研室领导到学校来诊断、指导教科研工作。

3. 抓教研，建立研究型师资队伍

学校通过强化校本培训、校本教研、课堂教学比赛以及评选教学能手等活动，加强对教师的培养和提高，进一步促进教师专业化发展。通过对教师信息技术的培训，促进其利用多媒体进行教学和信息化备课，提高其使用现代教育技术的水平。

4. 抓课题，建立创新型师资队伍

课题研究是校本教研的深层延伸，是教学研究中实质性的互动与交流，对提高教师业务水平起着专业引领的作用。近几年来，学校申报区级课题 18 项，市级课题 3 项，省级课题 2 项。广大教师的教育教学水平在参与课题研究的过程中得到了提升。近几年来，先后有 300 余篇教师撰写的论文获奖，其中 50 余篇在省级及省级以上刊物发表，200 余篇在市级及市级以上刊物发表。

（五）显办学成效

在成都七中的引领下，在各级党委政府的大力支持下，育才人励精图治、奋发有为，办学效益获得显著提升。学生的学科竞赛、艺体成绩、创造发明、学业成绩都领先于全市各初中学校，学校的影响力日益扩大。近年来，学校围绕"全国素质教育的实验校、优质教育的示范校"的办学定位，确立"努力培养身心健康、基础扎实、具有科学精神和人文素养、富于个性特长的可持续发展的优秀毕业生"的培养目标，在科学发展观的指导下，抒写七中育才发展的教育鸿篇。

在办学实践中，我们明确了学校"卓尔不群，大器天下"的办学诉求，升华了"敬业合作、德高艺精"的教师文化和"健康、高雅、聪慧、大气"的学生文化。在"共同创造、共同承担、共同分享"的团队管理文化培育之时，追求"学生学业优质、综合发展优质、教师团队优质、学校学风优质、学校办学特色鲜明"的优质教育的境界，"生命课堂""发现学习""选择课程""多元评价""自主德育"等学校文化特色日益凸显。

学校教师灵动发展，优秀教师团队的发展水平与规模具有高原之势，全校师生发展呈现出生动活泼的局面，充分体现出"为全省构筑起了初中教育价值新高度"的态势。自办学以来，七中育才先后荣获全国初中教育改革创新示范校、全国"十二五"规划教育云课题应用示范校、全国教育信息化示范学校、四川省文明单位、四川省校风示范校、四川省依法治校示范校、四川省基础教育课程改革先进单位、四川省示范家长学校、四川省心理健康教育研究基地学校、四川省艺术特色学校、四川省阳光体育示范校、成都市校风示范校、成都市科技教育示范校、成都市体育传统项目学校、成都市优秀教师发展基地校等数十项荣誉称号。

［第二章］

学校育人模式创新的顶层定位

在新的发展形势下，社会、家庭对学校教育的要求越来越高。一方面，学校需要在育人模式、教育理念上有较大的转变；另一方面，教师的教学水平、教育观念需要改变、提升，从而更好地符合现代教育理念。与此同时，随着教育均衡的深入推进，班级内部的学生分化越来越大，如何实现有效的教学，如何进行个性化的教育和管理，这些问题都不可避免地摆在了每个育才人的面前。在整个复杂的教育环境下，育才人依然坚守着"绝不降低灵魂飞翔的高度"的教育信念，希望所有的孩子都能够实现最优发展，所有的教师都能够在自己的岗位上实现自己的价值诉求。即使教育现状不够理想，育才人也要勇敢地追求理想中的教育。为此，学校从顶层设计开始，就在现有的基础上，立下了高水准的育人模式。

一、发展愿景：素质教育的实验校与优质教育的示范校

育才人一直坚信，我们的教育应该始终围绕素质教育这个目标来进行，这应该是一个着眼于人综合发展、长远发展的角度，一切教育教学活动都应该围绕培养人、发展人来进行。从学校具体的操作层面来看，我们的优质教育既应该体现在课程设置的多样性上，也应该体现在高效深度的课堂教学上，更要体现在全员参与的丰富的学生活动中。同时，我们也在思考：如果向着更高目标进发，让学校成为素质教育的实验校，让我们能为学生的综合素质奠定更好基础的教育该是一种怎样的形态？在素质教育目标的引领下，尊重学生的个体发展，我们还可以在课程设置、教学方式、活动设计上有怎样的改进？为此，学校提出了现阶段的发展愿景——成为区域内优质教育的示范校，并在此基础上进一步探索素质教育的实践路径。

（一）素质教育的价值诉求

素质教育与应试教育在国内已经争论得沸沸扬扬，如何保证有着升学压力的初中教育能够有效实施素质教育，而不至于最终陷入应试教育的囹圄？与传统的将素质教育和应试教育视为对立概念的观点相反，杨江南在《教学反思：高分与素质并重的学习方法》一书中指出：素质教育的真正障碍不在于考试的存在，而在于师资、文化与人们对素质教育的认识；素质教育能够应付好考试，而且会比单纯的应试教育做得更好，因为它能通过综合素质的提高来从长远的角度提高考试成绩。因此，关于素质教育的某些担忧也许并不成立。素质教育，是我国基础教育界面对新世纪和新时代的挑战作出的强有力的应答。七中育才从建校的那一天起，就一直坚持实施素质教育，从内容、方式、方法、途径等方面，全方位地探索素质教育的真谛。

在育才人看来，素质教育就是以学生为本，全面关注学生健康成长的教育。以学生为本，就是以学生的需要为本，以学生的发展为本，一切为了每一个学生的发展。

一方面，学生最基础的需要是生命安全的需要。学生在学校里的生命

安全是学生拥有的最大的权利（非法律角度的认识），学校要给予学生安全的条件和保障。

另一方面，学生最核心、最关键的需要是发展的需要，学校里学生发展的权利是基于生命安全之上的最大权利。为了帮助学生以最好的积累求得最好的发展，学校主要从以下三个方面进行了思考：一是促成学生获得良好的知识积累；二是为学生拓展出足够的发展空间；三是开展丰富的教育活动，让学生的发展有一个切实可靠的载体。

（二）优质教育的目标和定位

七中育才对于人才培养的目标是为培养高层次创新人才全面打好素质基础，主要为七中等重点高中输送具有个性特长的"德、智、体"全面发展的优秀学生，为他们进入高中的学习奠定坚实的基础，并为他们终身发展奠定良好的素质基础。

这一目标的实现将以下面三个方面的突破为标志。

1. 学生素质的全面提高

一是全体学生在创新精神、实践能力和思想品德等方面明显提高。学生水平的提高不仅仅表现在知识层面的获得上，更应该体现在学习能力、实践能力的提升上。我们希望学生呈现出来的状态是灵动的、充满探究和好奇心的，是乐于并勇于参与实践活动的，是永远对新事物有着浓郁兴趣的；同时，他们有着良好的纪律意识、公德意识。知识、能力和道德素养并重，多方面共同培养，这才是我们心目中的素质教育理念。

二是探索高素质创新型人才在中学阶段的成长规律，加大实施素质教育的力度。从教育过程来看，在追求素质教育的过程中，学校和教师都应该从中摸索并找寻到学生成长的教育规律，并结合育才文化形成教育特色。

三是使不同发展方向、不同发展层次的学生都得到最适合自身的发展（包括学困生），使他们的潜能得到充分开掘，特长得到最好施展。尊重个性，让每一个学生都成长，应该是优质教育追求的终极目标。

2. 教师素质和水平的大幅提高

一方面，一流的学校需要一流的师资是不争的事实；另一方面，办学成功的标志不仅是学生的优秀，更是教师自身获得发展和自我价值的实现。

在教师队伍建设中，我们期待能有如下突破：一是建成有梯度的学科带头人和中青年骨干教师队伍；二是教师的师德修养与思想水平有更进一步的提高；三是形成教师自我激励、自我更新和自我发展机制。

总之，我们期待教师在积累经验的基础上，能进行理性思考，成为教育科研的带头人；我们希望在学校文化滋养和高位平台上，教师在教育教学方面都有成体系的思想输出；我们更希望教师队伍逐渐形成一种匠人精神，把"致广大，尽精微"的理念体现在工作的方方面面。

3. 学校管理体制与机制的整体优化

在学校的各方面管理中，我们希望各项制度更加严谨，各板块、各部门的配合更加有序。在常规流程顺利进行的前提下，管理方法和水平进一步提高，并在此基础上不断改进和完善，使现有的各项管理制度和体系朝着系统化的方向演变。我们以现代学校制度的形成为目标，让学校处于整个管理系统的中心，让学校的育人目标制约和决定管理的走向。

（三）相应的行动

为了实现上述的价值追求，我们主要从以下三个方面采取行动。

一是进行课堂深度教学研究。我们相信，学生学习的主阵地就是课堂，教师能充分体现自身教学水平的阵地也是课堂。因此，提高课堂教学效益、减轻学生课后的学习负担是学校进行教育教学活动的基础和核心。只有深入研究课堂教学，切实提高教学质量，才可能为学生的进一步发展留下广阔的时间和空间；只有让课堂实现深度教学，才可能促进学生知识的建构，进而让学生的思维富有深度。这才是真正的素质教育的重要目标和追求。

二是开展丰富多彩的能实现全员参与、同时也能实现个性展示的德育活动。学生的发展不仅仅是思维、智力上的发展，还需要在合作交流、感恩关爱等方面全面成长。而这一系列习惯的养成和性格的形成都离不开活动体验、实践感知。同时，我们在各种课程和活动的设置上，注重学生参与的选择性和各方面资源的整合性，从而确保德育活动的有效性、持续性和高位性。

三是关注教师团队建设，努力为教师的个体发展创设良好的团队氛围，为教师的专业成长铺就一条高水平的道路。

具体而言，我们的主要做法如下。

1. 进行有人文性的教育教学管理

基于严格的制度与规范，七中育才的教育教学管理呈现出有序、高效的特点。因这有着对师生共同享受成长的人本境界的追求，学校在教育教学管理过程中，充分地激发了师生的智慧和激情，让他们沐浴在人文的光辉里。在这里，以教师名字命名的班级和教师的精彩语言随处可见；在这里，教师们有充分的发言权，教代会的决议能真正地体现出民主管理；在这里，教师总能出现在学生的各类活动中，或做评委，或做发言人，时刻被放在最受尊重的位置上；在这里，各种教师组织和参与的社团活动轰轰烈烈地开展，教师们充分感受到了大家庭的温暖。

2. 开展有研究味的教研

七中育才在建校之初，就把教育教学研究当作提高教师教育素质、改变学校面貌、提升学校办学质量的基本途径。开展专题教研，进行专题教研下的各种公开课，教研组会议、备课组会议或者评课都成了专题研讨会。学校每学期都会提前制订专题计划，推动教研工作。每一次专题研讨，除了研究小组内部人员进行发言和讨论外，也会邀请与专题研究相关的"外援"参与讨论。这种内外结合的专题教研方式由制度加以固化，形成了有七中育才特色的专题研讨会，使得教研充满了研究味，更把教学推向了深度发展。

3. 进行有针对性的教改科研

以教研促教改，以教改促质量提高，全员参与，人人反思，是七中育才教育教学改革的基本方式和重要特征。特别是新课程实施以后，围绕新课标，七中育才教师勇于实践，在教师的教学设计、学生的学习方式、教学的"三维"目标等方面进行了深入持续的研究与思考，并从观念到教学行为进行了有效的调整。

4. 完成有科学性的教学准备

提高教学质量与效益，其起点在于教学准备的科学与充分。集体备课、教案检查、教学督导等办法，有效地提高了七中育才教师的教学准备水平；而入学教育、学法指导、预习和复习习惯的培养等，则从观念到行为为七中育才学生提供了充分的学习保障。这两大教学准备的完成，确保了七中育才教学活动赢在起点并始终在高水准的平台上展开。

5. 形成有基础性的课堂教学流程

严格的教学过程管理，充实的教学准备过程，多样的导学教授办法，深刻的教改反思，活跃的教育科研，使七中育才课堂教学的基本策略——"立足课堂，赢得质量"有了得以实现的基础条件。语文教研组的"导—读—品—延"、数学教研组的"学—究—讲—用"、物理教研组的"问—究—析—用"等教学流程的提炼，使得教师尤其是新入职教师能够尽快熟悉七中育才基础性的课堂教学流程。

6. 打造有自律性的教师队伍

教师队伍是学校发展、学生成长的关键。严格的制度、人性的管理、发展的平台，使得七中育才教师在学习与工作中更加自主、自律，教师普遍具有很强的自觉性、积极性与创造性。经过近十年的探索，七中育才优秀的教师团队已经基本形成了"敬业合作、德高艺精"的教师文化。教师文化与"健康、高雅、智慧、大气"的学生文化一起构成了一幅鲜活的校园师生图，彰显出学校发展的勃勃生机。

7. 开展有导向性的德育活动

在七中育才学生高效的学习生活中，学校德育工作充分发挥着保驾护航的作用。这一作用主要表现为：其一，以励志为先，引导学生树立正确的价值观、人生观；其二，指导学生培养健康人格，特别是教会学生积极正确地迈好青春期的第一步，并进行学习心理辅导等；其三，培养学生良好的学习习惯和生活习惯；其四，给予学生学习方法指导，帮助学生掌握学习的基本策略。七中育才序列化德育活动的开展，体验、实践类德育活动的设计等，都有效地促进了学生的成长。

8. 进行有选择性的课外活动

七中育才在强化学生基础学习的同时，还加大力度建设富于个性与活力的学校课程。经过十年的努力，50 余门的选修课、活动课以及学校的艺术活动、科创活动、体育活动、读书活动、实践活动等，为学生的选择发展提供了广阔空间，具有不同禀赋、不同兴趣特长的学生在学校里获得了充分的、富于个性的、张扬智慧的发展。

9. 打造有参与性的家长团队

家长是学校教育最重要的同盟军。在七中育才学生的学习生活和成长过程中，家长的作用主要表现在引导学生解决好成长的烦恼，与学校一起培养学生良好的生活习惯、行为习惯、学习习惯等方面，这是解决好学生健康成长中自主学习、个性化学习的关键。七中育才通过精细的工作，使得大多数家长积极主动地参与到教育过程中，而这正是七中育才能够持续保持高水平的教育教学质量的一个重要因素。

二、办学理念：重德育才，面向未来，最优发展

"重德育才，面向未来，最优发展"是七中育才的办学理念，是我们办学的基本思想和核心价值观，也是学校可持续发展的精神支柱。七中育才的办学思想并不是一朝一夕形成的，而是经历了一个逐步探索与明晰的过程。

（一）办学理念的形成

七中育才的发展，大致经历了"经验育才""制度育才""文化育才"三个时期。

在经验育才期，学校基本照搬成都七中的思想、理念，坚持"三体"教育思想，即"整体基础性教育""个体化教育"和"主体性教育"，还没有形成具有育才特色的理念和文化。

在制度育才期，七中育才在前一时期的基础上总结梳理出符合育才校情和价值追求的制度体系。这一时期，学校出台了关乎学校方方面面发展的制度，包括行政篇、教学篇、教育篇、后勤篇、安全篇、科研及教师篇。健全的制度，不仅让正在形成的教职工团队明确了做事的流程和基本准则，也让大家在办学方面逐渐统一了思想认识。价值追求的统一为后来的学校文化建设打下了坚实的基础。

在文化育才期，七中育才重新审视自己的学校文化体系，坚定了"文化养校"的办学思路，使学校的文化体系更完善、价值追求更明确。学校在这一阶段明确提出了"重德育才，面向未来，最优发展"的办学理念，"卓尔不群，大器天下"的办学诉求，"素质教育的实验校、优质教育的

示范校"的办学目标，"健康、高雅、聪慧、大气"的学生文化以及"志存高远，追求卓越"的校训。

（二）办学思想的详细解析

七中育才的办学思想立足于中华优秀传统文化，注重与时俱进，其具体内容如下。

1. 重德育才：契合 "立德树人" 的要求和培养 "人" 的教育胸襟

育才人，首先要德才兼备。学校教育德为首，人才培养德为先。"德"具体表现为"爱己""爱人""爱国"诸方面。

（1）"爱己"包括"知耻之德""明礼之德""诚信之德"三个方面

知耻之德——所谓"知耻"，就是指有羞耻感，也就是知道羞愧和荣辱。这是一个正常人所具有的最基本的道德感之一。孟子说："羞恶之心，义之端也。"（《孟子·公孙丑上》）人人知耻，则正义流行；人人无耻，则邪恶大行其道。康有为也曾说："人之有所不为，皆赖有耻之心。"这也就是说，凡为善之心，皆起自人的正确的荣辱观念；凡为恶之念，皆起自人羞耻感的丧失。如果一个人具有正确的荣辱观，知善知恶、知是知非、知荣知耻，就会有所为、有所不为。

明礼之德——所谓"明礼"，就是指有恭敬感，也就是懂得基本的礼节、礼貌、礼仪。中华民族自古以来就十分注重"明礼之德"，有着"礼仪之邦"的美称。孟子道："爱人者，人恒爱之；敬人者，人恒敬之。"（《孟子·离娄章句下》）明礼能使一个人变得更高尚，能使一个国家变得更强盛。

诚信之德——所谓"诚信"，就是指有信用感，也就是在为人处世中坚持实事求是，讲求信用、信义与信誉。千百年来，人们讲求诚信，推崇诚信。"信则人任焉"（《论语·子路篇第十三》），"自古皆有死，民无信不立"（《论语·颜渊》）。古代的圣贤哲人都把诚信作为一项崇高的美德加以颂扬。丧失诚信乃至良心的社会，只能是一个毫无希望的群体，它的未来是不堪设想的。一个具有诚信的人，必定是一个心灵高贵的人，是一个胸怀宽广的人。

（2）"爱人"包括"孝敬之德""仁爱之德""礼让之德"三个方面

孝敬之德——所谓"孝敬"，就是有孝心，也就是在家孝敬父母，在外尊敬老人。"百善孝为先"，"人之行莫大于孝"。（《孝经》）孝，小而言之，可以修身齐家；大而言之，可以安邦定国。作为21世纪的现代人，应当努力让中华民族敬老养老的优良传统在我们每个人身上发扬光大。

仁爱之德——所谓"仁爱"，就是指有爱心，也就是在家敬爱父母、友爱兄弟，在外敬爱老人、友爱同伴。在中华传统美德之中，"仁"作为"五常"之首，是中华民族最重要的道德范畴。育才人所主张的"仁爱"，是以血缘亲情为基础，由近及远，推向众人，推向人类，推向宇宙万物，其核心就是"爱人"。

礼让之德——所谓"礼让"，就是指有克制力和自制力，也就是在与人相处时，从内心讲，能够克制自己的情绪愿欲，发展爱人如己和自甘退让的胸怀情感；从外在讲，能够自觉地从行为活动、仪容姿态各方面注意节制、谦让。礼让是一种文明行为，是人与人之间相处必须共同遵守的一种行为规范，也是自古以来处理和调节人们之间关系的一个重要原则，是社会走向和谐最为重要的润滑剂。

（3）"爱国"包括"勇敢之德""忠诚之德""责任之德"三个方面

勇敢之德——所谓勇敢，就是指人们在面对危险和困难时，所表现出来的一种无所畏惧的行为品质，即在危险和困难面前表现的胆气。勇敢是一种英雄之气。没有勇敢品质的人，不敢冲破世俗和传统习惯，不敢为天下先，不会有惊人之举，不会作出惊天动地的事业，不会具有创新意识和创新精神。

忠诚之德——忠诚不仅是一种品德，更是一种能力，而且是其他所有能力的统帅与核心。缺乏忠诚，其他的能力就失去了用武之地。忠诚，意味着把自我与他人当成命运共同体，为他人的利益尽心尽力，当自我利益与他人利益发生冲突时，心甘情愿承受牺牲，抗拒诱惑，顶住压力。忠诚，意味着一个人需要超越自身的需要，用行动为自己所关心的人或组织适时地、尽心尽力地作出正确的事情。忠诚，是人生高贵的品质，是一个人成功的前提和赢得他人信任的保证。

责任之德——所谓责任，是指一个人分内应当做的事情，或者说没有做好分内应当做的事情，因而应当承担的不利后果或强制性义务。责任无时不有，无时不在。生命一经诞生，就必然要担负起某种责任。责任是一种约束，是一种压力。敢于承担责任，能够尽到责任，是一个生命的自豪和骄傲。是否敢于负责任，能否切实地负起责任，也是对一个人能力和品质的考验。从某种角度说，一个人肩负的责任越重，他的人生价值和意义越大。

2. 面向未来：指向 "培养未来的人" "为未来培养人" 的教育视野

教育，要面向未来，要为未来作准备。关于"面向未来"的内涵理解：一是面向学生可持续发展的未来，培养学生的生存力、学习力和发展力；二是面向未来社会的人才需求，为未来培养人才。

一方面，我们立足"培养未来的人"。今天的学习肯定不是为了解决今天具体的事情，而是为未来的人生、发展和幸福作准备。未来是什么？未来需要我们具备哪些意识和品质？在未来社会里面，终身发展最核心的素养和能力是什么？结合科学技术、经济和人文价值观的发展，七中育才提出学校教育的目标与核心是帮助学生适应未来、幸福生活，把握未来、勇于担当。其重点是培养学生的五种意识——健康意识、民主意识、法制意识、效率意识、责任意识。其关键是形成学生的五种能力——正确认识自我的能力，选择的能力，沟通展示的能力，实践创新的能力，审美能力。"面向学生可持续发展的未来"已作为学校的办学思想融入学校文化之中，并渗透于教育教学的方方面面。

另一方面，我们探索"为未来培养人"。我们的教育要着眼于学生长远发展和社会文明进步的需要，为学生的终身发展奠定良好的基础，为经济社会发展培养大量高素质劳动者和大批高水平优秀人才。从知识更新换代的速度来看，学校教育不可能教给学生所有未来所需的知识，但我们能做的是培养学生的学习能力、创新能力和健康人格。

3. 最优发展：让学生成为最优秀的自己

七中育才追求"办适宜学生最优发展的教育"，让学生成为最优秀的自己，具体措施如下。

其一，构建全方位的课程体系，设置不同类型的活动课、选修课，最大限度地激活课堂的生命活力，使学生在多元化的课堂中拓展自己的视野、选择自己的爱好。

其二，开展丰富多彩的全员化活动，让学生在多彩的实践活动中求知成长，让学生通过活动促进自我认识并获得成长的动力。

其三，为不同层次的学生搭建分层教学体系。除了为有特长的学生搭建高端的专题课堂，提供各种展示平台，也为薄弱学生提供"扶手"，通过课堂的一对一互动模式、课前课后的微课制作以及分层练习的方式，使他们成为最优秀的自己。

其四，进行多元评价，让不同类型、不同层次的学生都能找到自己的位置。操行分评定班委设置达到100%，每年上半学期的"单项奖"覆盖面达到了80%以上，每年下半学期的"卓越学子"也让一半以上的学生获得了充分的肯定。

七中育才所追求的"办适宜学生最优发展的教育"，包含两个基本的要素：一是优秀的、优质的教育，二是丰富的、富于选择的教育。经过十年的积淀，尤其是经过近几年的积极努力，这两个要素深深地浸润在七中育才的文化之中。

三、培养目标：卓尔不群的育才学子

素质教育的一个核心理念就是"以人为本"。我们理解的"以人为本"就是应该承认学生的多样性，尊重学生的个性。因此，在梳理七中育才办学思想时，学校选择的关键词是"适宜学生""最优发展"，于是培养一批"健康、高雅、聪慧、大气"的育才学子也就成了七中育才的学生培养目标。具体来说，我们希望学生能够具有"追求卓越、涵养个性、勇于担当"的健全个性，希望他们"卓越""不群""大器"。

（一）"卓越"：追求优异，成为最优秀的自己

学生的优秀并不是单纯意义上的学业优异，我们更加坚信，世界之所以丰富，就在于每个生命都不同。因此，"尊重个体发展"是我们教育的重要理念。在这个基础上，我们倡导学生向自己的就近发展区努力，成为最优秀的自己。学生最核心、最关键的需要是发展的需要，学校里学生发展的权利是基于生命安全之上的最大权利。为了帮助学生以最好的积累求得最好的发展，学校主要从以下三方面进行了思考：一是促成学生获得良好的知识积累；二是为学生拓展足够的发展空间；三是开展丰富的教育活动，让学生的发展有一个切实可靠的载体。

（二）"不群"：富有个性，成为最独特的自己

我们认为，人的生命特性主要包含两方面内容：第一，强调生命的整体性，它既包含物质化的生物特性，也包含思想、情感、精神等非物质化特性，生命因整体的存在而显得珍贵、独特、灵动、鲜活；第二，强调人的个性，它带有主体特有的遗传背景、成长背景、生活体验与感悟的特点，带有主体不同阶段成长之需求的特点，所以生命因差异、丰富而更加美丽。教育对人的生命特性的尊重才能让生命个体焕发出最独特的光彩。

基于上述理念，我们力图给予学生选择的机会和权利，让学生在选择中去成就一个独特的自我。我们开设多样的选修课，提供丰富的清单，让学生选择；我们建立各类社团，让学生在课余进行兴趣的培养；我们还在各类活动中设置选择的机会，让学生按照自己的意愿进行自我的修复和培养；在进行评价时，我们也采取选择的方式，设置各种奖项，让学生自行申报。选择，意味着尊重个性；选择，意味着让学生可以成为独特的自己。

（三）"大器"：勇于担当，成为负责任的自己

教育的最终目的是实现自我教育。我们相信"教育是一切知识都遗忘之后还留下来的东西"，所以七中育才一直致力于学生习惯的培养和性格的塑造，就是期待着在塑造自我的过程中，能够培养起学生对自我的责任，进而形成对他人、对集体、对社会的责任感。

在培养学生的过程中，七中育才一贯重视过程、重视对学生习惯的培养。我们相信，通过对学习和生活行为的指导、规范，学生才可能真正形成良好的习惯，才能拥有对自己行为负责的基本能力；我们也相信，完备的学生个体过程性评价，才可能让他们逐渐具备认识自我和他人的能力，进而对自己行为有负责的意识。同时，在培养学生行为习惯的过程中，我们不仅让学生形成对自我负责的意识，也让他们感受到管理好自己、遵守规则也是对集体负责。对学生参与集体活动的评价就是在正面引导和强化学生对集体负责的意识和行为。

四、办学方略：面向未来，自主创生，文化育人，整体推进

人类已进入知识经济和信息时代。我们应该准确把握时代对人才的需要，探讨其对人的素质的要求以及对教育培养目标的影响，积极思考新形势下的办学理念及治校方略。

（一）面向未来

七中育才以"面向未来"的发展眼光，自主创生，更新办学理念，调整办学方略，树立高远目标，明确集体愿景，以文化育人，进行整体推进，进而形成了价值追求的张力。

1. 面向未来的社会

以信息技术和生物技术为代表的知识经济时代的到来，使人们所掌握的知识以每五至七年衰减一半的速度老化。终身学习成为必须，也成为可能。现代信息技术使人们的求知欲在任何时候都能够得到满足，创造激情都能够得到充分发挥。健康的网络成为知识的海洋、创造的舞台、友谊的桥梁，人们的学习、工作和生活变得无比丰富多彩。现代信息技术也将带来一场教育革命。

信息技术在过去二十年中有力地促进了中国教育事业的发展。信息技术日新月异的高速发展必将引起教育的深刻变革。信息技术日渐成熟，对人类的生产、生活乃至思维、学习方式等产生了巨大影响，为教育改革注入了新的活力，使得教育思想、观念、模式、方法、手段等发生了很大变化，极大地拓展了教育时空的界限，改变着教与学的关系，空前地提高了人们学习的兴趣、效率和能动性。多媒体教学、网络教学、远程教育、虚拟大学等应运而生。先进的信息技术使教育资源共享的原则得以贯彻，人们听取世界高水平教授课程的要求得以满足，学习选择的自由度大大提高。因材施教真正成为可能，学术交流空前繁荣，合作研究在全球范围内展开，信息摄取无比便捷，工作效率的提高令人难以置信。信息技术和信息处理能力是未来人才必须具备的核心能力。

2. 面向未来的人

《国家中长期教育改革和发展规划纲要（2010—2020 年)》强调，实

施素质教育是教育改革发展的战略主题，总的要求是德育为先、能力为重、全面发展。面对新形势、新挑战，什么是决定个人和民族未来发展的核心能力？纵观历史，面向未来，三种核心能力赫然写在时代的路标上——创新能力、国际竞争能力、终身学习能力。

（1）创新能力

当下，人类进入了一个新时代——知识经济时代，知识经济的本质是创新驱动，靠的是创新思想转化为创新技术，创新技术转化为创新产品，创新产品创造消费。创新经济与传统经济的最大不同是它创造了一个与实体世界完全不同的世界——虚拟世界。这个与实体世界相对应的虚拟世界，仍在不断扩张，不断丰富，对人类生活的影响越来越广泛、越来越深入，魔幻般并更加深刻地改变着世界的面貌。

虚拟世界是一个无中生有的世界，是一个靠想象力创造出来的世界，在这个世界里，你的想象力有多远，你的世界就有多大。想象力、创造力，归根结底，是人的创新能力。

改革开放之后，中国用最短的时间消化吸收了世界上已有的先进技术，实现了后发优势、跨域发展。可是现在能够模仿的技术已经消化吸收得差不多了，我们已经与强手几乎在同一起跑线上。要想保持发展，就必须实现从制造大国向创造大国转变，就必须培养大批创新人才，就必须整体提高国民创新素质。

（2）国际竞争能力

2010 年，我国经济总量跃居世界第二，同时我国已经从引资大国逐步成长为投资大国；2014 年，我国的对外投资首次超过了引进外资，实现了历史新跨越。但是我们还不能乐观的是，我国的投资效益大大低于我国的引资效益，我们的国际竞争能力还不够强。目前世界上有近千个重要的国际组织，联合国、世界贸易组织、世界卫生组织、国际货币基金组织、世界银行……这些组织在国际生活中发挥着重要作用，但是我国在这些组织中的人员比例和岗位数量与我国的地位还很不相称。我们的生产用品、生活用品以及部分服务产品远销海外的各个角落，但是文化产品却难以走出国门，我们买进三十部著作版权只能卖出一部著作版权，海外大片基本主导了我们的电影市场。现在中国是世界最大的留学生派出国，留学生人数占世界留学生人数的十分之一，但却是一个留学目的国里的小国，吸引外国的留学生数量只占世界留学生数量的百分之一，而且来我国求学的大都不是显要学科。究其原因，皆是我们对国际法律还不够精通，对国际游戏规则还不够了解，对国际话语的掌握还不够娴熟，说到底是国际人才匮乏，根本是国际竞争能力培养不足。

（3）终身学习能力

自从互联网时代到来以后，人类的知识和信息以几何级数增长，现在一年当中产生的信息量比人类文明五千年产生的信息量的总和还要多。一个人在学校期间学习的东西再多，也无法满足走上社会以后的变化需要。

个人和社会发展的经验都告诉我们，个人成功的原因大都是相同的，不成功的原因各有各的不同，能否继续学习、终身学习是他们的明显区别。一个人从学校毕业后如果不能保持学习的意识、学习的热情和学习的习惯，那他一定不会有很好的发展。不管什么工种和行业，如果他不再学习，不再更新自己的知识和技术，都不可避免地遭到淘汰。每个在不同岗位上或多或少取得成就的人，一定都是坚持不断学习、不断获取新的知识和技术、不断锻炼自己新的能力的人。互联网时代之前，人类是系统地学习知识、积累知识、回忆知识，当面对实际问题时，调动自己所有的知识解决问题；进入互联网时代之后，知识、技术发展变化太快，当我们碰到新的问题时，即使调动我们所学的所有知识也无法应对新的问题、新的需要，只有即时学习、即时运用，才能解决问题。今天，学习能力比什么都重要。

能力是一种意识，比如对改革创新、对国际竞争、对终身学习的重要性和可能性的认识；能力是一种态度，是一种主观上的愿望、情感上的体验、积极尝试的倾向；能力是一种方法，是对技巧、渠道、策略的掌握。能力的增长依靠个人的努力和实践，更依靠社会观念的更新、良好制度的建设和社会氛围的形成。

3. 面向未来的教育

教育要面向未来，就是要面向以知识经济迅速发展和科技进步为显著特征的 21 世纪。21 世纪是知识与创新的世纪，教育要适应新世纪发展的要求，必须开创教育事业发展的新局面。一是教育应与世界范围内科学技术发展的未来趋势相适应，二是教育应培养适应未来社会需要的人才，三是探讨教育本身的变革趋势。七中育才从实际情况出发，不断挖掘自身潜力，着力打造面向未来的教育。

（1）深化教育改革

对七中育才而言，深化教育改革的主要工作是推进课堂教学的改革。课堂是学生学习的主要阵地，也是面向全体学生进行教育教学的最重要的阵地，只有抓住了课堂，实现课堂的改革，才能在整体层面上培养有创新精神的学生，才能实施"面向未来"的教育。

目前，七中育才深化课堂教学改革的主要做法是打造深度教学的品质课堂。让教学回归本真，让课堂给学生提供更多的自主学习、个性化学习的时间和空间。面向未来，需要在深化课堂改革中，让教学指向学科思想方法理解、学科核心能力培养，教学过程呈现高阶的思维训练的设计，让学生学到的不仅是知识，更能完成在能力、经验上的建构，实现生成的学习过程。为了达到这个目的，全体育才人对课堂的深度教学进行深入思考，理解什么是深度教学，理解什么是深度教学的特质以及我们为什么要进行深化的课堂教学改革，还需要育才人在上述基础上进行深入的实践，在解读好课标、教材的基础上，对学习内容进行整合，同时积极构建新的教和学的课堂模式，进而整合好教学过程。

（2）推进素质教育

七中育才目前在素质教育方面取得了一定的成绩，但是要培养"面向未来"的学生，还需要进一步深化目前的素质教育成果，继续深入推进课程改革，具体来说我们还需要在以下几个方面努力。

一是丰富和完善活动课、选修课体系。我们现在已经建立起了"学科拓展课程、人文艺术课程、体育艺术课程、劳动技术课程"等几大体系的活动课、选修课。就长远来看，要培养出能够"面向未来"的人才，我们还应该增加课程的种类，让学生的选择更加丰富。同时，还应该注意提升课程本身的品质，让学生拓宽视野，进一步提升对学习本身的兴趣。只有激发学生内在的学习动力，呵护他们的兴趣和好奇心，才能让终身学习能力的形成成为可能。

二是进一步扩展学生学习的空间。要深入推进素质教育，让学生具备国际竞争能力，就应该增加各种实践活动。这一目标仅仅在校园内是不可能完成的，需要我们教育者扩展学生的学习空间，充分利用各种资源让学生走出学校，到企业、博物馆、社区、自然中去，在实践中开展学习。

三是增加自主参与、自主设计的学生活动。在丰富课程体系、设计学生活动时，我们还应该考虑到学生的自主参与。学生自己设计方案、自己组织活动本身就是一个重要的学习过程，只有充分给予学生空间，才可能激发他们的创造力，同时予以一定的引导，才可能使其获得做事的能力和方法。

（3）创新教育方法

21 世纪是知识与创新的世纪，教育要适应新世纪发展的要求，必须创新教育方法，让教育教学适应未来。

七中育才一贯坚持"以学生为本、尊重个性发展"的教育理念。要实现真正意义上的大面积的个性化教学和个性化学习，就必须改革现有的教育教学方式，摸索创造出新的教育教学方法。要达到这个目的，我们必须真正了解并掌握学生的差异，只有在了解差异的基础上，才可能进行个性化的教学设计、课堂教学和个性化的课后辅导。从目前看，我们可以借助于学习单的设计，来增加适应学生学习水平的教学元素；我们还可以借助于现代教学技术，利用平板电脑，实现课堂的实时反馈和及时交互，让教师对学生的个性化答题有明确的掌握；我们还可以利用云平台，给不同需要的学生推送多样化的学习材料。正如刘延东副总理在第二次全国信息化工作电视台会议上所说："依托信息技术营造信息化教学环境，推动教学理念、方式和内容改革，创新人才培养模式，促进因材施教、个性化培养。"

此外，我们真正还需要做的是，改革课堂的授课理念和教学方法，强化互动，让交流、碰撞成为课堂的主线，进而让学生的情感、思维、体验和评价能力真正得到有效提升。

（二）自主创生

创新是一个民族发展不竭的动力。教育创新是指以新的教育理念、教育理想为引导，通过对教育体制、组织管理、教学方法、教育内容、教育技术等的革新，有效地促进教育公平，提升教育品质，改善教育治理的创造性活动。

七中育才将创造与生成理念贯穿学校教育教学的方方面面。通过几年的努力，我们欣喜地发现，学校正走向深度教学，学校品质课堂正展现出无穷魅力。具体表现在学生身上：语言表达阳光自信、实践能力逐步提升、思维空间走向纵深、知识视野日益扩大。学校品质课堂教学改革取得初步成效，在社会上形成了较大的影响力。

1. 创新课程体系："多元构建，自主选择"

七中育才目前的课程体系分为"三大类别""五大模块"。"学科基础课程""学科拓展课程""综合实践课程"三类课程让学生的"人文素养""科学精神""身心素质""实践能力""潜能与认知发展"五方面能力有了充分的发展。完备的课程体系，丰富的课程内容，使得学生的选择范围得到充分拓宽，让学生的自主选择权得以充分体现。如果说"选择"是让学生个性得到充分发展的话，那么"丰富"和"多元"就是这个"选择"的前提。

2. 创新课堂教学："深度教学，品质课堂"

我们理解的"深度教学"是对教学本真的一种回归，是一种立足学习过程、抓住学科本质、促进学生建构的教学活动。这种深度的教学活动，能够有效地解决学习主体缺乏参与体验、学习内容缺乏有机整合、学习目标缺乏高阶思维、学习过程缺乏建构生成的问题。我们希望通过任务问题化、活动生活化，使教和学的过程更丰富、更有关联、更能体现反思和整合。在具体的实践中，深度教学主要包含以下几个方面内容。

（1）深度解读教材，整合学习内容

我们认为，教材是教学内容的核心和基础，深度解读课标、深度解读教材是我们进行深度教学的前提。深度解读教材后，我们才有可能依据学生现有的水平对学习内容进行重新整合和建构。

（2）整合学习过程，强化学习支持

在整合内容的基础上，我们通过整合学习过程来构建学科教学的基本模式，形成本学科的课堂结构和流程，体现学科教学的基本要求、核心要素和关键环节。

（3）聚焦学习任务，落实核心过程

为了解决课堂教学问题，我们通过落实教学中的一系列核心过程来聚焦学习任务。核心过程应该体现出高阶思维训练的设计，能够在知识、能力、方法等方面体现学习的建构和生成。

具体说来，我们在课堂教学前，在尊重学生差异的基础上，以微课和学习单为载体，强调自主预习；接着，通过课堂上的有效互动，让学生的观点充分地交流、碰撞，使学生的情感、思维得以有效的锻炼；最后通过课后的概括、反思，让学生的学习有一个再生成的过程，让他们可以在总结反思中积蓄能量、发展自我。

3. 明确德育理念：厚"底色"，显"亮色"

基于学校文化理念和学生培养目标，基于学校德育实践历史传承，基于不同年段学生的特点，学校确立了"万物生光辉——让生命精彩"的德育基本理念，形成了"主题德育课程实践体悟、各学科德育渗透、文化制度浸润"的德育途径。学校从打好公民素养的基础底色和增添卓尔不群的个性亮色两方面着手，为学生增添生命成长的力量，成就学生幸福人生。

"打好公民素养的基础底色"是着眼于对学生规则意识、良好习惯的培养，让他们在这个过程中身心能够健康成长、人格能够得到塑造、情感能够得以涵养。我们通过"规则教育""健康教育""法制教育""感恩教育""安全教育""劳动服务与生命生活教育"等系列课程来培养学生的基本公民素养，让他们真正能够在走出校园后有做人的准则和底线。这一系列课程旨在让学校育人从基础着手，关注学生规则、习惯、情感、价值观的培养，让学生学会做人、学会学习，建立良好的自我观念和正确的价值观。

"增添卓尔不群的个性亮色"更多的是指关注学生能力和特长的发展，注重学生人文素养、科学精神、个性特长的培养。我们通过设置"人生规划""特长培养""能力提升""人文素养"等课程，让学生的实践能力、管理能力、创新能力得以发展。

（三）文化育人

学校在"文化认同、文化融入、文化呈现"上下功夫，加大对学校文化的宣传力度，让每一个育才人都深入理解学校文化的内涵，认同学校文化的价值追求，在此基础上主动地融入学校发展之中，积极地践行学校文化，并在教育教学中呈现出学校文化的特色。

1. 精神文化，凝聚人心

学校文化的核心在于学校的价值追求与行为方式，学校文化是学校发展的核心竞争力。群体的价值追求和行为方式逐渐形成了学校精神，而学校精神构成了七中育才的灵魂。

经过前十七年时间的探索与实践，学校精神已经显出雏形。七中育才师生共有的学校精神更多的是"严谨治学、追求卓越、不断超越"。这份精神随着时间的推移，不仅在一年年进入七中育才的年轻教师身上得以传承，更在每一个师生身上得以沉淀。育才人用自己的行动不断地丰富着这份精神的内涵，拓展着这份精神的外延。学校精神，已经成了七中育才文化的一个重要核心。

2. 课程文化，涵养身心

七中育才形成了"以学生发展为本，关注个性、体现多元的基础课程与拓展课程相结合，必修课程与选修课程相结合，显性课程与隐性课程相结合"的课程文化，构建起"多元构建，自主选择"的课程体系，聚焦课堂质量提升。这样的课程体系涵盖课内延伸、课外兴趣和各类动手操作、综合活动等各方面，滋养学生在"人文素养""科学精神""身心素质""实践能力""潜能与认知发展"等多方面的发展与提升。

3. 发展文化，振奋人心

在学校文化的构成中，不断超越自我、不断向前发展是很重要的一部分。育才人一直在不断地追求超越和发展，才使得整个学校的教育教学处于领先地位。

学校在成立之初，提出的口号是"只争第一"。这个口号使得七中育才在创业初期处于了领先地位。之后，全校教职员工开始思考"我们的起点在哪儿，我们应该培养什么样的人"，进而把学校的价值追求用"卓尔不群，大器天下"表达了出来。这是育才人第一次有了对目标和方向感的整体认识。也从这个时期开始，七中育才教育教学从以前的追求结果转变到关注过程的轨道上来。之后，学校又经历了几次改革背景下的变化，育才人又提出了"不要降低灵魂飞翔的高度"的口号，逐渐从对外的"追求卓越"变成了自我反省反思后的"自我超越"。

"发展"的特质不仅体现在七中育才文化的内涵变化和丰厚中，也体现在学校的教育教学中。教学中，从初期的追求教学成绩，到中期的关注课堂效率，到现在的关注互动课堂，追求大思维空间和情感体验；教育中，从初期的追求获奖多少，到中期的关注"全员参与"，到现在的"尊重差异""引领示范"。这些变化无一不是在体现着育才人对优质教育的深入解读。

"发展"成了七中育才文化中"超越自我"的一个代名词，体现了育才人追求卓越的精神追求，更是学校文化中不可或缺的要素。

（四）整体推进

学校发展是一个系统工程，需要整体规划、整体实施，要整合学校、家庭、社会等各方面的资源。学校各项工作亦是一个整体，是一个复杂的系统工程，需要得到方方面面的配合，只有重整体、顾全局、抓核心，才能保证既有效率又有效益，既有侧重又有提升。

1. 学校教育工作： 讲 "整体" 重 "教学"

在教学方面，我们注重"整体"主要表现在以下几个方面。首先，学校的工作是一个整体，但是最核心的是教学，因此在整体安排的基础上，以教学为重心。其次，在教学中，我们注重全学科推进，各学科均衡发展。为此，学校整体协调各学科的时间分配比例，定期进行教学检测，把对所有学科教师的培训放在同等重要的地位，倡导并形成了全校上下认同的"全面发展"理念。此外，在教学中，我们还强调整体的谋划。学科教学中，我们倡导先确定学段目标、学期目标，再确定单元目标、新课目标。我们认为，只有进行整体构建，才会使"精彩每一堂课"转向"整体把握学科"，这样学科的特质、思想、方法与结构才可能在整体谋划中得以凸显。"整体"还体现在关注教育的连续性。我们关注学生，不仅仅是初中三年，在教育教学上，我们着眼于学生的整体发展，在关心学生小学阶段的成长情况的同时，更关注在初中三年如何为他高中阶段的成长乃至未来发展奠定基础。

2. 学校管理文化： 讲 "整体" 重 "整合"

在学校管理体系中，我们更是以"整体"为基本思想，注重对各项工作的整合。

首先，学校注重团队整体发展。我们相信"没有完美的个人，只有完美的团队"。因此，无论是对年级考核还是对教研组、备课组的建设，都强调整体，强调团队合作。我们鼓励教师个性发展，但是必须建立在团队整体发展的前提下。不仅如此，在搭建团队时，我们更多考虑多方面因素的结合，力求在教学风格、教师特长和个性等方面做到有机整合。我们管理工作中的"整体"，更体现在对教育教学工作的协调安排上，不仅是时间的整体安排（全校各年级组、各教研组、各备课组在学年大事确定后，协调安排各项教育教学活动），更是活动内容的整合。有了整体策划，才可能体现教学科研中有学生活动的身影，学生活动中体现着教学和科研的思想，也才可能真正完成教学和教育的有机融合。不仅如此，学校整体管理思想还体现在整合各方面资源为学校教育教学工作服务上。我们整合社区资源，让社区开放附近博物馆，提供社区的各种实践活动机会，让学生有参观机会，有接触社会的体验；我们整合家长资源，开设"家长讲坛"，邀请市内各行业的专家为学生讲课。这些整合让学生成了最大的受益者。

管理工作中的整体思想还体现在对所有工作的提前精细谋划和安排中。正因为在"整体"思维下整合了学校的各项工作，学校教育教学才显得不急不躁，全校师生才可以在一个合适的"温度"下从容成长。

3. 教师队伍建设： 讲 "整体" 重 "自由"

教师的成长状态直接决定着学生的发展程度和学校的教育质量。教师首先是人，然后才是教师，教学工作不是教师生活的全部。

让教师在专业和生活两方面得到全面的发展，这样的成长才会更趋于良性和完美。如何才能让教师在工作的过程中释放自己、成就自己？如何才能让教师在快节奏的工作中保持良好的心态，从容地幸福成长？这是摆在每一所学校、每一个教育管理者面前的难题。教师实现全面发展，最重要的是建构起一种专业的生活方式，而在七中育才，建构这种生活方式的载体就是教师发展学苑，这是一个为教师建造的自由生长的"大花园"。

成都七中育才学校是一所年轻的改制学校，刚改制后学校教师结构比较复杂，有改制前原学校的优秀教师，有成都七中派来执教的教师，还有新引进的教师。为了满足不同教师成长的需求，2007 年，学校成立了教师发展学苑，并设置教育百草苑、教育科研苑、网络空间苑、人文阳光苑四个分苑。

教师发展学苑采用学分制对教师的参与情况进行评价，学分分为必修学分和选修学分，参与和完成不同的活动可以获得不同的学分。为了实现动态管理，学校将教师分成七类，不同类型的教师应完成的学分各不相同。此外，学苑还为每位教师建立了业务档案。教师每参加和完成学苑的一项活动，可以填写积分卡，登记建档。学苑每学期举行一次积分评比。学分完成情况将纳入教师的目标考核，作为评先、晋级等的依据。

教师发展学苑开展的活动并不固定，活动根据教师的发展需求以及学校工作的实际需要不断地动态生成。这里所谓的动态生成是指根据课程的变化、教育对象的变换、社会的发展以及教师的态度、价值观、信念、知识技能和种种行为表现对活动及时进行调整、修订。

教师的专业发展影响和决定着学校的发展。教师发展学苑希望最终能满足三个方面的需要：满足学生发展对教师的需要，满足教师本人职业生涯发展的需要，满足一个学校教师队伍建设对教师的需要。我们尽力将教师发展学苑打造成为学校教师专业发展的促进者、倡导者和引领者。

4. 学生素质提升： 讲 "全面" 重 "个性"

为满足不同层次、不同兴趣爱好的学生个性特长发展的需要，近些年来，我们开设了国学经典诵读、探索生命、地域文化、唐风宋韵、体育舞蹈、电脑制作、信息奥林匹克、数字实验、管乐团、书香流韵、蜀戏冠天下、拉伯雷法语课、太极拳、看法说法、物理学拓展活动、历史也疯狂、广告设计、育才讲坛、趣味科技活动等约80门个性特长课程，并严格按照课程计划、网上选课、课程评价进行课程管理。

此外，我们还按照学科序列、年段序列、社团序列、节庆序列、学校特色序列等开展了大量综合实践课程。例如，"四学会"集中教育活动，让学生走出课堂，走向社会；"孝敬六个一""我当三天家"等活动，弘扬了中华民族传统的孝敬之德；学校的礼仪队以及"文明礼仪'唱'出来"实践活动，再现了泱泱大国礼仪之邦的风采；礼仪示范、劳动服务、执勤管理等值周班传统活动培养了学生的自我管理、自我教育、自我服务、自我约束能力，充分激发了学生道德完善的主体意识；"教室美化设计大赛""班徽班旗设计大赛""校园美容师""我为老师画张像""唱给同学的歌""青春之歌"系列活动、"文明礼仪之星评选""校园形象大使评选""个体素质单项奖""评选第二课堂优秀学生"等主题教育活动增加了学生自我发展的主人翁意识和责任感；女生国旗班、军训、艺术节、运动会、心理健康宣传周、科技活动月、学生艺术才能展示、学生自办的艺术鉴赏以及文学社、排球队、管乐团、心语社、舞蹈团、合唱团、艺术体操队、棋社等更是勾画出了学校一道道美丽的风景，成为不少学生初中生活难忘的记忆。

[第三章]

学校课程建设的整体设计

课程，作为基础教育的核心工程，是教育制度和教育思想的具体表现，是保证教育质量的重要措施，是实现教育目标的基本途径。教育现代化，核心问题是课程改革问题。以课程改革为核心内容的学校教育创新是目前世界各国基础教育改革中的一个具有战略意义的重要问题。如何变革现有的学校课程体制，培养具有创新意识和实践能力的高素质人才，是世界各国共同关注的问题。七中育才在学校课程建设方面以国家课程和地方课程为依托，结合学校自身特点，走出了一条课程整合的发展之路。

一、学校课程建设的发展历程

课程建设是近年来学校教育重点研究的一个问题，七中育才在这个过程中做了大量的实践和研究工作。学校在课程建设上主要经历了三个阶段，即独树一帜的国家课程践行阶段、积极活跃的特色课程开发阶段和理性沉潜的整合课程设计阶段。

（一）独树一帜的国家课程践行阶段

国家课程是学校的核心课程，是根本课程。保质、保量地开足、开齐国家课程是一个学校毋庸置疑的责任。国家课程是指国家规定的义务教育阶段的课程，我们将其划分为学科课程和综合实践活动课程两大类。学科课程是指国家规定的语文、数学等课程；综合实践活动课程包括社区服务与生活实践等内容，其内容与学科课程和校本课程有交叉重合的地方。我们对综合实践活动课程以融合的方式来设计和实施，教学中打破课程界限，进行统一安排。我们将这两类课程作为基础课程来实施，其目的是适应基础教育的奠基性要求，指向学生的基本素质和基础学力。

（二）积极活跃的特色课程开发阶段

在课堂教学改革之前，学校严格按国家课程计划和课程标准进行教学，高举国家课程这面大旗，不断地优化课程设置。当新课改的春风吹遍祖国大地的时候，我们发现，原来的课程设置已远远不能满足学生发展的要求，也不适应当前形势的发展。知识爆炸的时代已经来临，学校的教育变革、课程的设置应与时俱进，这样才能适应学生和社会的发展要求。为此，学校从选择性和研究性课程、区域性课程、校本特色课程这三个大的方面入手，积极开发具有育才特色的学校课程。

（三）理性沉潜的整合课程设计阶段

基于学校的课程建设是深化新课程改革的需要，是丰富学校课程体系的一种方式。学校从实际情况出发，依据自身的条件、性质、特点以及学生发展的需要，拓展学校课程，凸显学校特色。但是，究竟如何建设学校课程，使得学校课程与国家课程、地方课程及校本课程有机融合，并超越国家课程、地方课程与校本课程？鉴于对此问题的思考，学校围绕办学目标，以整合的思路设计了学校课程。我们在国家课程的基础上，通过对学科内、学科间的知识进行整合，开发出众多精品课程，让学生在知识的海洋里遨游、选择、发展。我们采取的具体措施有：统整课程不同层级；践行课程实施创生取向；合力建设学校课程。

二、学校课程建设的总体思路

义务教育的价值是什么？初中生应该具备哪些素质？我们能给予学生怎样的教育？基于对这些问题的思考，我们对学校课程进行了规划和设计。

（一）学校课程建设的理论与现实依据

学校课程建设不是凭空想象的，而是在充分认识和解析学校的育人理念、培养目标、文化特质以及国家和地方的政策指向的基础上整体规划设计而成的。因此，在构想七中育才课程建设的总体思路时，我们首先分析学校课程建设的政策依据和现实情况，力争做到有理有据。

1. 政策依据

（1）国家课程政策

目前，国家课程政策主要体现在以下几个文件中：《国务院关于基础教育改革与发展的决定》（2001）以及教育部颁布的《基础教育课程改革纲要（试行）》（2001）、《义务教育课程设置实验方案》（2001）、《关于全面深化课程改革 落实立德树人根本任务的意见》（2014）。经过深入解读，我们认为国家层面关于课程建设的重点内容如下。

①明确课程实施的目标。

《基础教育课程改革纲要（试行）》强调："改变课程实施过于强调接受学习、死记硬背、机械训练的现状，倡导学生主动参与、乐于探究、勤于动手，培养学生搜集和处理信息的能力、获取新知识的能力、分析和解决问题的能力以及交流与合作的能力。"这对课程设置提出了总的要求。

②注重能力培养。

《基础教育课程改革纲要（试行）》指出："改变课程内容'难、繁、偏、旧'和过于注重书本知识的现状，加强课程内容与学生生活以及现代社会和科技发展的联系，关注学生的学习兴趣和经验，精选终身学习必备的基础知识和技能。"这说明课程计划的编制要努力寻找知识教授和能力培养的最佳平衡点。

③课程设置应体现"三维"目标。

《基础教育课程改革纲要（试行）》提出，国家课程标准"应体现国家对不同阶段的学生在知识与技能、过程与方法、情感态度与价值观等方面的基本要求，规定各门课程的性质、目标、内容框架，提出教学和评价建议"。这一条款明确了课程设置应体现"三维"目标而非单纯的知识目标。"三维"目标反映的是一个问题的三个方面，而关注"过程"是"三维"目标对课程计划编制最有益的启示。

④课程结构体现均衡性、综合性和选择性。

《基础教育课程改革纲要（试行）》对于课程结构做了如下要求："改变课程结构过于强调学科本位、科目过多和缺乏整合的现状，整体设置九年一贯的课程门类和课时比例，并设置综合课程，以适应不同地区和学生发展的需求，体现课程结构的均衡性、综合性和选择性……初中阶段设置分科与综合相结合的课程，主要包括思想品德、语文、数学、外语、科学（或物理、化学、生物）、历史与社会（或历史、地理）、体育与健康、艺术（或音乐、美术）以及综合实践活动。积极倡导各地选择综合课程。学校应努力创造条件开设选修课程。在义务教育阶段的语文、艺术、美术课中要加强写字教学。"这项政策规定课程结构要向均衡性、综合性和选择性转变。"均衡性"既是指学生在各个学科的学习精力分配的均衡，又是指用以评价学生学业成就的考核科目比重均衡；"综合性"强调重视学科知识、社会生活和学生经验的整合，改变课程结构过于强调学科本位、缺乏整合的现象，提出设置综合课程；"选择性"强调学校应根据本校实际，适应学生个性化需求，开设特色学校课程，增强课程对学校和学生的适应性，努力办出特色，为每个学生提供适合的教育。

⑤实行国家、地方、学校三级管理。

《基础教育课程改革纲要（试行）》明确规定："改变课程管理过于集

中的状况，实行国家、地方、学校三级课程管理。"义务教育阶段各类课程所占比例：国家课程占 80%～84%，其余课程占 16%～20%（含地方课程和综合实践活动）。这就要求学校在对国家课程开齐、开足、开好的前提下，充分把握校情，制订符合本校学生发展需求的校本课程计划。

（2）地方课程政策

四川省和成都市在充分落实国家各项课程政策的基础上，根据自己的地区特色和发展需要，积极开展课程改革。四川省和成都市都在国家政策的背景下制定出了高标准的课程政策，包括《四川省义务教育课程设置方案（试行）》（2006）、《四川省义务教育阶段地方课程实施方案（试行）》（2006）、《四川省义务教育地方课程实施方案（修订）》（2009）、《四川省义务教育课程设置方案（2015 年修订）》《四川省义务教育地方课程方案（2015 年修订）》《四川省义务教育地方课程指导纲要（2015 年版）》以及《成都市义务教育课程设置方案（修订稿）》（2010）。我们重点关注了地方课程政策的以下几个方面。

①德育先行、能力为重、全面发展的课程目标。

《四川省义务教育课程设置方案（2015 年修订）》和《成都市义务教育课程设置方案（修订稿）》提出的课程目标可以解读为以下几个方面：一是强调社会主义核心价值观的培育与践行；二是重视爱国主义、集体主义、民族精神、国际视野等的形成，强化创新精神和实践能力的培养，注重社会责任感、法制意识、生态文明意识、法律意识等的培养；三是突出科学文化素养、健康身心、审美情趣等的培养。

②多元化的课程计划。

《成都市义务教育课程设置方案（修订稿）》呈现出按分科设置的课程计划、按综合设置的课程计划以及按分科和综合相结合设置的课程计划。

③细致详尽的课程要求。

《四川省义务教育地方课程指导纲要（2015 年版）》明确了在全省义务教育学校开设"生命·生态·安全""家庭·社会·法治"和"可爱的四川"三门地方课程，提出采用主题教育的方式实施，以生命、生态、安全为主线，有机整合生命教育、生态文明教育（含节约教育）、安全教育、健康教育（含禁毒教育及预防艾滋病教育）、心理健康教育、劳动教育、法制教育（含廉洁教育）、优秀传统文化教育（含礼仪教育）、民族团结教育、国防教育等专题教育内容，并对一至九年级的课程设置提出了详尽的建议，包括教材编写、课程资源开发、教学和教学评价等。

2. 现实依据

（1）人才培养目标

如果把一个学校比作一棵树，那么，教育的大环境是土壤，学校文化是根基，学校的课程则是主干，课堂是由课程生出的枝丫。课程挺立了，学校才能挺立，而课程的挺立离不开作为根基的学校文化的滋养。

学校文化是一个综合性的概念，其核心是学校所秉持的核心价值与办学精神。七中育才整体打造了一种卓越文化，而"卓尔不群，大器天下"是这种学校文化的核心。在这样的文化土壤上，学校确立了人才培养目标——培养"健康、高雅、聪慧、大气"的人。以这样的人才培养目标为引领，学校确立了"多元建构，自主选择"的课程理念，并在此基础上确立了学校课程建设的目标：①彰显"以人为本，多元选择"的课程理念，体现"卓尔不群，大器天下"的学校精神；②进行结构化的课程顶层设计；③整合资源，构建灵动多样的课程组群，满足学生整体发展、主体发展、个体发展的需求。

（2）学校办学目标

学校课程建设还要以学校办学目标为依据，能够实现"办适宜学生最优发展的教育"的初衷。七中育才的课程建设遵循了素质教育课程建设的原则，如可持续发展的原则、终身教育的原则、目标导向性原则、科学与人文相结合的原则、爱国主义和国际意识相结合的原则、适应性与超越性相结合的原则、统一性与多样性相结合的原则。（白月桥，1999）课程建设的具体要求如下。

①突出课程的基础性和选择性特征。

第一，强化基础性，做实学科基础课程。国家课程校本化就是将国家统一的课程进行有校本特色的再造重组，而"强化基础性，做实学科基础课程"其实就是将国家课程校本化。为此，我们做了以下工作：一是构建具有学校特色的各学科课程体系，二是锻造具有学校特色和品质且与课程相呼应的课堂。

第二，突出选择性，丰富学科拓展课程。现代课程理论认为，课程有四要素：教材（内容）、教师、学生、环境。学校要发挥环境育人、文化育人的功能；同时，课程的设置要适应学校的品位与发展。国家课程只能满足整体性、基础性的需求，一个有品质、有品格、有品位的学校绝不可能只满足于国家课程的设置。七中育才要"办适宜学生最优发展的教育"，就必须要有适应这种品位的具有选择性的学科拓展课程，如此才能体现"适宜"，满足"最优发展"。较为优秀的教师资源是七中育才的课程宝库，为课程的"选择性"提供了前提。目前，七中育才每位教师都能独立承担或合力承担一门选修课。

②着眼实践性，拓展综合实践课程。

七中育才着力于"办适宜学生最优发展的教育"。我们对学生的"最优发展"的理解：最优发展不仅表现在学业成绩上，更表现在做人、做事上；不仅表现在在校学习的三年，更浸润在他走出校园的未来几十年。所以，我们的课程不仅要有关照整体的基础课程，关照个体的拓展课程，更要有关照主体终身发展的实践课程。陶行知先生特别重视"教学做合一"，"做"是实践，更是生命的成长与发展。

因此，七中育才的综合实践课程追求常态化，这种常态表现为内容上有深度和厚度，时间上可持续以及行为上可传承。

（二）学校课程建设的价值追求

基于学校的课程建设要体现学校教育民主开放的课程决策，要从学校的现实出发，以人为本，对学校的课程进行整体规划、实施、评价与改进。学校课程体系要通过不断地调整和完善，使国家课程、地方课程与校本课程得以整合，以便满足学生发展的需要，实现办学目标。

1. 实现办学目标

基于学校的课程建设要以学校为载体，围绕办学目标来实施。学校的办学目标是基于学校的具体特点、性质与资源提出来的，是校长和教师共同努力的方向，是学校课程建设的出发点和归宿。课程建设是一个不断发展的过程，它离不开学校办学目标的指引，如课程目标的设计、课程标准的制定、教学方式与方法的选择、教材的编制等。

基于学校的课程建设就是要通过对国家课程、地方课程在学校层面创造性地实施，弥补国家课程与地方课程的不足，促进国家课程与地方课程的融合，满足学生的整体需求，实现学校的办学目标。

2. 促进课程融合

国家课程与地方课程是国家、地方规定的课程，具有宏观性、整体性特点，不能考虑到每所学校的实际状况，更不能满足学生的差异性需求；校本课程虽然满足了部分学生的需求，但是没有与国家课程和地方课程进行有机融合，缺少基础课程的支撑。基于学校的课程建设，就是要参照国家和地方的课程要求，立足于学生的发展需要，对学校课程改编、调整和创生，使得三类课程不断地融合与统一。它是对学校课程的整体建构，不仅包括国家课程、地方课程在学校层面的创造性实施，还包括校本课程的开发。基于学校的课程建设将从学校的实际出发，促进国家课程、地方课程与校本课程有机融合，并且超越国家课程、地方课程的束缚，实现课程的立体化发展。

3. 提升教学水平

基于学校的课程建设还在于提升教师的专业发展水平，提高教学质量。学校课程建设包括课程内容建设、教材建设、师资队伍建设等方面，通过这几方面的建设，更好地实现教师的专业发展，提升教师的教学水平。教师作为课程的决策者、开发者、实施者与评价者，在从事教学活动时，应全面了解课程内容，适当调整教材内容或顺序，对教材进行二次开发，创造性地对其进行深度加工。教师在教学过程中起着主导作用，对教材进行创造性加工的同时也促进自身的专业发展。在课程建设过程中，教师充分发挥他们建设者与执行者的角色，努力尝试构建适合学生发展的课程。基于学校的课程建设是加强教师课程意识的手段，有利于提升教师的课程开发能力与执行能力，进而提升教师的教学水平。

4. 张扬学生个性

从孔子的"因材施教"到现在我们提倡的"尊重和满足学生的独特性以及差异性"，都体现了对学生个性发展的重视。一方面，不同的地区由于环境、资源的不同，学生的性格、爱好会有所不同；另一方面，即使在同一所学校，学生的兴趣也有差异。基于学校的课程建设就是基于这种差异性为"具体"的学生构建"多彩"的课程，让学生根据自己的兴趣选择不同的课程，以张扬自己的个性。

（三）学校课程建设的总体规划

如图3-1所示，七中育才的课程建设总体构想是以学校文化为核心，辐射出综合实践课程、学科拓展课程和学科基础课程这三类课程，再以深度教学和品质课堂为手段，展现出学校所特有的文化和课程理念。简单地说，就是以"文化养校"为内在核心圈层，以三类课程为中间载体圈层，以课堂教学为外在表现圈层，三圈齐动，联动实施。

图3-1　课程建设总体规划图

值得一提的是，在打造具有学校特色和品质且与课程相呼应的课堂方面，学校基于"课程的变化、教学理念的变化必然带来课堂形态的改变"这一理念，秉持"'教什么''怎样教''学什么''怎么学'等问题都必将在具体的学科课堂上得到回答"的信念，选择了走深度教学这条路。如果说学科基础课程体系的构建更多地回答"教什么"和"学什么"的问题，那么课堂形态的改变就应该更多地解决"怎样教"和"怎样学"的问题。

一是"怎样教"的问题。"怎样教"指向教的环节、流程、方式等。在"怎样教"这个问题上，我们认为，只有解决好以下两个问题才能实现深度教学。

一方面，深度研究学生是深度教学的前提。深度研究学生包括尊重学生和研究学生。尊重学生是对学生已有经验的尊重，对学生个性化理解的尊重，对学生差异的尊重，对学生潜力的尊重，对学生学习权利的尊重等；研究学生包括对学生能力、习惯等的研究，但更重要且易被忽略的是研究学生的思维方式。

另一方面，深度互动是深度教学的关键。互动的本质就是行为主体的交流、碰撞、提升，互动的内容包括情感的互动、思维的互动、方法的互动、经验的互动、评价的互动等，而不仅仅是知识的互动，不仅仅是一问一答的互动。

二是"怎样学"的问题。"怎样学"指向学的方式。我们认为，教源于学，而学源于趣，学贵有疑。因此，在解决"怎样学"的问题上，我们紧紧围绕"趣"和"疑"，激发学生学习的内驱力，从而使学习真正发生。目前，我们做了以下几种尝试。

其一，基于"1+X"学科问题群的发现教学。转变学科教材理解方式——基于"1+X"学科问题群的发现教学，其核心问题（主任务）"1"来自于学生的疑问，这就避免了以往课堂上"学生为老师的问题填空"的尴尬，使学生成了学习的主人。

其二，"翻转课堂"。部分学科、部分班级尝试"翻转课堂"，学生自学—教师导学—学生再学，将无准备的教与学变成有准备、有疑问、有针对性的教与学；部分班级实践"一对一数字教学"，不仅关注整体，更关注个体。

其三，小组合作学习。小组合作学习改变以往"师—生"单向交流的方式，"学群""学伴""学友"拓宽了学生的思维空间和交流渠道。

总之，在课堂形态的构建上，我们努力体现深度教学的以下几个要素（特点）：①深度教学目标——为建构知识并获得"意义"而学习；②深度教学内容——让学生学到更有价值的知识；③深度教学过程——向纵深和整体推进；④深度教学方式——把学生自身的内源性力量（内驱力）激发出来；⑤深度教学评价——建立超越各学科深度教学的评价要点（标准）。

基于学校的课程建设，从学校的实际情况出发，适应了学生多样化发展的需要，为学生个性特长的形成提供了舞台。此外，基于学校的课程建设注重学生的学习习惯，课程内容与社会生活相联系，让课程回归学生的生活。

三、学校课程的基本结构

在学校课程建设之初，七中育才就对课程本身的结构特征、价值功能、内容体系、实施路径进行了认真解读和分析，特别是课程对于学生的培养、教师素质的提升、校园文化的打造、学校品牌的形成等方面。在遵循国家、地方、学校三级课程管理的前提下，在学校育人目标和办学理念的指引下，七中育才建立了"三大类别""五大模块"的课程结构。"三大类别"是指学科基础课程、学科拓展课程、综合实践课程，"五大模块"是指人文素养、科学精神、身心素质、实践能力、潜能与认知发展。

（一）学校课程结构模型

如图3-2所示，学校的课程结构设计整体呈一个顶端未封闭的圆锥体。横坐标从内容维度上将课程分为学科基础课程、学科拓展课程和综合实践课程；纵坐标从水平维度上将课程分为经验水平、理解水平和创造水平。学生对三类课程的掌握水平是不断盘旋上升的，由于学生的潜力无穷无尽，课程结构模型没有封顶，这也体现了七中育才"办适宜学生最优发展的教育"的理念。

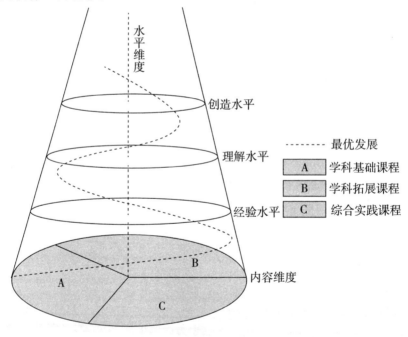

图3-2 学校课程结构模型

1. 学科基础课程

在学校课程整体框架下，各学科对基础课程体系进行了积极探索与实践。为进一步响应新课程改革，充实学校的基础课程，在课程内容上，七中育才在原有课程基础上增加了活动课和选修课。构建基础课程体系的方式主要有：内容的整合重组（语文学科的阅读教学、英语）、模块化整合（数学、艺术）或根据目标对内容进行序列化再造（语文学科的作文教学）。实施基础课程体系的方式有：行政班与非行政班结合、大小课结合、长短课结合等。表 3 – 1 和表 3 – 2 呈现的是七中育才在新课程实施前后课表的变化。

表 3 – 1　七中育才全日制课程表（新课程实施前的课表）

学科	星期一	星期二	星期三	星期四	星期五
班会	1				
语文	1	2	1	1	1
数学	1	1	1	1	2
英语	1	1	2	1	1
物理	1		1		1
化学		1	1	1	
政治		1		1	
历史	1		1		
地理		1			1
生物					
体育	1			1	
音乐		1			
美术			1		
信息技术				1	

表 3 – 2　七中育才全日制课程表（新课程实施后的课表）

学科	星期一	星期二	星期三	星期四	星期五
班会	1				
语文	1	2	1	1	1
数学	1	1	1	1	2
英语	1	1	2	1	1

续表

学科	星期一	星期二	星期三	星期四	星期五
物理	1	1		1	
化学		1	1	1	
政治		1		1	
历史	1		1		
地理		1			1
生物					
体育	1	1	1	1	1
音乐		1			
美术			1		
信息技术				1	
活动课和选修课			1		1

2. 学科拓展课程

校本课程与学科课程之间存在着呼应和互动的关系，只有妥善处理好校本课程与学科课程之间的关系，促进二者之间有机整合，才能提高教学的整体效应，促进师生的发展。学科拓展课程的功能定位主要体现在以下三个方面：一是落实学校育人目标，体现管理者的办学思想，促进教师教学改革和学生学习拓展；二是提高教师对课程结构的整体认识，提升教师的课程设计能力，帮助教师创新教学手段、完善教学方式、积累并迁移教学经验、拓展专业知识；三是学生通过学习学科拓展课程，学会自主选择与自我规划，丰富学习阅历，激发学习情感，提升综合学习能力。

我们借鉴大学的必修课与选修课相结合的课程制度，开设了大量课程供学生选择。我们积极参与区域内的课程开发研究，依托区域优势，形成了创新能力培养课程、劳动技术课程、心理健康教育课程等，但这些课程仍满足不了学生的需求。七中育才又开发出了校本课程约80门，如探索生命、看法说法、育才讲坛、家长讲坛、历史也疯狂、英美直通车、"环球"系列课程、趣味心理学、拉伯雷法语课、趣味科技活动、3D制作及3D打印、走遍世界、生活中的经济学常识、国学经典诵读等，并且每周为学生开设选修课和活动课两次。这样一来，整个校园沸腾了，学生选课的积极性极大提高，就连家长也参与到了选课中。

3. 综合实践课程

2001 年 6 月教育部颁发的《基础教育课程改革纲要（试行）》明确规定："从小学至高中设置综合实践活动并作为必修课程。其内容主要包括：信息技术教育、研究性学习、社区服务与社会实践以及劳动与技术教育。强调学生通过实践，增强探究和创新意识，学习科学研究的方法，发展综合运用知识的能力。增进学校与社会的密切联系，培养学生的社会责任感……"由此，在我国基础教育课程体系中，诞生了一种新的课程——综合实践活动课程。综合实践活动课程一开始就承载着"发展实践能力、知识的综合运用能力和创新能力"的使命。按专家的解释，"综合实践活动课程是一种基于学生的直接经验、密切联系学生自身生活和社会生活、体现对知识的综合运用的课程形态"（张华，2001）。显然，综合实践活动课程不同于传统的学科课程，也有别于以往实施的活动课程，因而，它的出现，打破了学科课程"一统天下"的局面，也给多年来因"高分低能"等问题而备受指责的基础教育带来了一线希望。

为积极响应国家课程改革的号召，更为整合资源，形成学科课程组群，满足学生整体发展、主体发展、个性发展的需求，学校开设了一系列综合实践活动课程，如国学系列之唐风、I can do it 英特尔创意秀、精工制作、让绿色充满大地、看世界环球系列、神机妙算、数字实验、女工针艺等。这些课程为学生提供了满足个性发展的条件，成为七中育才独特的教育风景。

（二）学校课程宏观设置

七中育才的课程设置从"三大类别"（学科基础课程、学科拓展课程、综合实践课程）、"五大模块"（人文素养、科学精神、身心素质、实践能力、潜能与认知发展）的课程结构切入，根据每个课程领域的培养目标和对象的不同，设置了常规课程和特色课程，在面向全体学生的国家课程的基础上，形成了针对不同群体的特色课程和学科拓展课程，注重了整体与部分相结合，关注了学生的个体差异，协调了不同学生的发展需求。（见表 3 - 3）

表3-3　七中育才课程宏观设置表

课程分类	课程模块（领域）	课程设置		培养目标	培养对象
		常规课程	特色课程		
学科基础课程	人文学科	语文、英语、历史、政治	语文单元整合阅读课	广泛培养学生的人文素养	全体学生
	自然学科	数学、物理、化学、信息、地理、生物	学生自创实验、班级"自留地"	广泛培养学生的科学素养	
	艺术学科	音乐、美术	版画、古典音乐欣赏	广泛培养学生的艺术素养	
	健康生活	体育、心理健康教育	健美操、烹饪课	广泛锻炼学生的身体素质	
学科拓展课程	人文素养	国学经典诵读、朗读之美、历史也疯狂、地域文化	"书香流韵"区本课程、徐说历史、拉伯雷法语课、家长讲坛	有针对性地培养某些学生某方面的人文素养	有兴趣的学生
	科学素养	神机妙算、电脑制作、趣味物理实验、探索生命	关爱月熊、数字实验	有针对性地培养某些学生某方面的科学素养	
	艺术修养	礼仪修养、平面广告设计、美术与书法、戏剧表演	管乐、合唱	有针对性地培养某些学生某方面的艺术素养	
	健康体质	篮球、乒乓球、田径、环球美食、心理健康	排球、艺术体操、趣味心理学	有针对性地提高某些学生某方面的身体素质	

续表

课程分类	课程模块（领域）	课程设置		培养目标	培养对象
		常规课程	特色课程		
综合实践课程	潜能开发	高斯数学、走遍美国、空模海模、无线电测向、信息技术超前课程	I can do it 英特尔创意秀、智慧大比拼	从多方面满足学有潜力、学有余力、学有特长的学生未来发展与全面发展的需求	有特长或有潜力的学生
	人文与艺术	学生电视台、艺术节、晨曦文学社、英语播音与艺术、英美电影沙龙、文史探究、人文成都、校园歌舞节	女子合唱、民乐、川剧、我的第一本书		
	社会与生活	入学课程、毕业课程、我爱旅行、国际礼仪、心语社、女工针艺、学生志愿者	"四学会"课程、义集义卖会、"我当三天家"		全体学生
	健康生活	心理卫生、国防军事教育、春游	球类运动		

四、特色课程的选点与布局

教育的功能在于发现、成全、引导。教育的理想境界是个性化教育，特色课程的开发就是为了使教育教学更能接近因材施教的个性化教育的理想境界。七中育才特色课程的选点与布局主要考虑了以下几个因素。一是培养目标。培养目标是课程选点与布局时考虑的第一因素。二是学生选择。课程是服务学生、发展学生的。理想的课程设置应该给学生"选择"的机会与平台，同时教学生"会选择"。所以，特色课程在选点与布局上要考虑学生的群体特征、群体需求。三是资源整合。课程资源包括课程实施者——教师资源、课程参与者——学生资源以及与之相关的家长资源，也包括现有的课程内容——教材资源等。有效整合、利用这些资源会使课程建设事半功倍。七中育才特色课程主要有三大类——学科取向类、生活取向类以及学生取向类。

（一）学科取向类

学科取向类的特色课程主要是以国家开设的基础学科为载体，进行有意识的拓展。下面以语文学科的序列化写作课程以及模块化的艺术课程为例，介绍一下学科取向类的特色课程。

1. 语文学科的序列化写作课程

（1）选点缘由

①《义务教育语文课程标准（2011 年版）》（以下简称《语文课标》）对写作教学提出了较高要求。语文课标对语文学科课程性质的定位是：工具性与人文性相统一。作文最能集中体现工具性和人文性。《语文课标》中"课程目标与内容"部分的第 2、3、4、6、7、8 条都与写作素养及能力有关。在分学段目标的表述中，对初中生写作能力的表述占了 10 条。这些表述涉及写作目的、写作内驱力、写作素材、写作习惯和对不同层次的写作能力的要求等，如根据中心选材、谋篇布局、详略安排、不同文体的写作、作文修改等。语文课标对每学年的作文写作次数做了规定：作文写作每学年一般不少于 14 次，其他练笔不少于 1 万字。

②初中语文写作教学既重要又有难度，具体问题如下。

从课程层面看，写作教学目标笼统，没有细化。七至九年级虽然有写作教学阶段目标，但对于三年的作文教学而言，过于笼统，没有明确的学期、学年写作教学目标，更谈不上单元写作教学目标了。

从教材层面看，写作训练无序，没有计划。主题式单元化阅读教材编写带来的泛写作，使写作训练的系统性、渐进性严重缺失。主题式单元化教材的重点在于把清晰的行为及教学目标分为较小的步骤，让学生在较短时间内深入学习一个单元，借此引发学生积极参与学习，使他们能调整自己的学习步伐，并鼓励教师提供及时回馈，及时巩固学生所学。虽然单元化教材使教与学的过程更独立、更灵活，但也带来一些问题：一方面，教师容易割裂不同单元的知识、概念及能力要求，包括学生的写作能力；另一方面，以"综合性学习"带动写作教学的教材编排带来了无写作知识、无写作技巧、无文体要求、无阶段作文侧重点要求，甚至没有写作习惯的要求等问题。各单元、各年段只解决了写什么的问题，没有解决按写作的规律指导学生怎样写，尤其是怎样有序地写的问题。

从学生层面看，学生怕写作文。究其原因有两个方面：一是写作训练内容脱离学生生活体验和认知水平实际；二是写作训练的形式单一，学生缺乏从积累素材到选材、剪裁、构思，到主题提炼，再到局部修饰、加工，最后到整体语言润色的具体体验。

从教师层面看，教师怕教作文，烦改作文。面对这样的现状，我们认为，要提高学生的写作水平，教师必须遵循写作教学的基本规律，突破教材编排带来的作文教学的局限，以开发作文教学课型为载体，构建有层次性、操作性和序列化的作文教学体系。

（2）目标聚焦

①探索作文序列化教学的类型。

②探索作文序列化教学的策略与方法，从而为改变空泛、随意的作文教学找到依据。

③探索、形成七中育才语文学科特色。

（3）内容选取

在摸索出初中生写作能力结构的基础上，确定了写作课程的内容。初中生写作能力结构：五个维度，三个水平层级，一个核心贯之。（见图3-3）

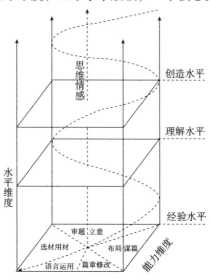

图3-3 初中生写作能力结构

①建立以写作目标为核心的序列。第一，从写作能力的角度为初中作文教学分学段设立标准，使七、八、九年级形成一个学段间的序列。七年级侧重于语言表达的完整、通畅、具体、生动；八年级侧重于布局谋篇及多种表达方式的运用；九年级侧重于审题立意及文章的修改。这个序列遵循了学生的心理特点、思维水平、生活积累、写作能力发展的规律，形成了一个完整的序列。第二，将每个学段的教学目标进行分解，兼顾单元阅读教学主题，形成学段内部的序列。第三，以专题指导的方式设计每一个教学目标的教学时间、教学内容及教学方法，形成课堂教学的序列。

②建立以作文专题指导为核心的序列。学校按年级设置了不同的作文题，学生针对某一专题进行系统、完整的练习。这些专题之间相互联系，形成了一个有机的整体。下面是两个案例。

七年级写作指导课导学序列。第一讲：让人物"活"起来——怎样进行人物的外貌、神态描写；第二讲：让人物"动"起来——人物动作描写指导；第三讲：言为心声——人物的语言描写训练；第四讲：让心灵说话——人物描写之心理描写；第五讲：怎样在叙述中运用环境描写来表现人物；第六讲：人物综合描写指导；第七讲：多种描写方法在记叙中的综合运用；第八讲：如何把事件写得具体生动。

八年级写作指导课导学序列。第一讲：莫让文题遮慧眼；第二讲：围绕主题选择典型材料；第三讲：如何恰当使用插叙；第四讲：让你文采斐然；第五讲：怎样将作文的详略安排得恰到好处；第六讲：谈结构，论"纵横"；第七讲：环境描写，烘托气氛；第八讲：场面描写，再现精彩生活。

③建立以教学策略为核心的序列。以"学"为核心的作文课序列——课前：预习备学；课中：引入激学—任务趋学—合作研学—写作践学；课后：反思延学。

④建立以校本教材为核心的序列。语文教研组的老师们编写了《初中语文深度教学系列丛书》，填补了写作校本教材的空白。例如：师用版《初中作文序列导学》主要从能力训练点的选择、写作方法、例文的选用等方面来指导教师进行作文教学；生用版《初中作文序列导学》主要从自学用书、作品集（成长的足迹）、仿写范例等角度来编写。

⑤建立以作文教学资源及方法为核心的序列。（见图 3 - 4）

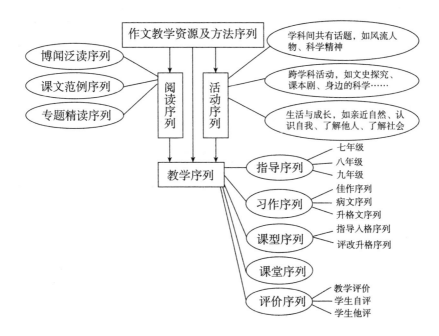

图3-4 作文教学资源及方法序列

（4）评价方案

评价是促进教育教学不断前进的动力。评价能弥补不足，进而找到优化教学的路径。为此，学校研制了《成都七中育才学校语文深度教学之作文课评价表》，此表以教学内容、教学过程和学生发展为评价项目，每个项目形成各自的评价标准并被赋予一定的分数。

2. 美术学科——课程内容模块化

七中育才在美术课程的构建过程中，选择了"课程内容模块化"这个点，积极探索"走班选课模块化"的课程新模式。

（1）选点缘由

课程是学校实现育人目标的载体。通过课程改革，学校整合现有的教育资源，保证学科的深度教学，使得"办适宜学生最优发展的教育"落到实处。七中育才的学校精神"卓尔不群，大器天下"和课程理念"以人为本，多元选择"就是为了促进学生整体、全面地发展。而美术课程以提高学生的艺术综合素养为目标，它是完善学生人格的必要课程。我们实施的美术课程走班选课模块化教学就是基于七中育才的办学理念、育人目标，基于学校深度融合、深度教学的课程改革实践。同时，为了更好地加强艺术教育教学工作，使学校的艺术教育再上一个新的台阶，进一步充实和完善学校课程改革，七中育才立足美术学科教学与实践，走出了一条走班选课的特色艺术教育之路。

（2）目标聚焦及内容选取

艺术教育力求在美术课程的教学中落实学生的整体素质提升，努力培养与提高学生多方面的艺术水平，使其具备一定的综合审美能力。因为学生对美术的兴趣与需求在客观上存在着差异，所以美术课程必须尊重学生的个性差异，为其不同的发展需求提供更多的选择空间，以支持每一个学生提高美术兴趣和发展美术特长。因此，在课程设置方面，学校根据国家颁布的《义务教育美术课程标准（2011年版）》的要求，将课程标准中四个学习领域设置为必修课程和选修课程两个大类，必修课程推出"美术鉴赏"和"基础造型"两个模块课程，而选修课程推出"有板有眼"版画、"剪下生花"剪纸、"笔墨情趣"中国画以及"字娱自乐"书法四个系列的模块课程。（见图3-5）学生根据不同模块的学习内容和授课教师，相对自主地选择适合自己且十分感兴趣的美术课程。学生通过较长时间地探究性学习，能够在全面提高艺术修养和素质的前提下，更多、更深入地了解美术、学习美术，在掌握基本的美术技能的同时，不断深入地发展自己的美术特长。

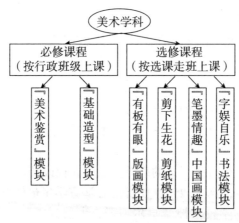

图3-5　美术课程设置

（3）实施方式

针对模块化的美术课程，学校开展了自主选修的美术课程模块化选课活动并印发了美术课程选课单。选课单中有美术课程模块、课程内容、课程目标、课程安排及授课人的具体信息，学生可根据自身的需求，自主选择课程模块。在选修课程实施方面，学校安排两个班合班选课，进行走班上课。自主选课和走班上课使得学生可以在一定程度上真正从自身兴趣和愿望出发选择学习内容，从而使学习内驱力不足的问题迎刃而解。两个班的学生合班选择四个学习模块，也使得教学人数相对下降，让小班化教学成了现实。每个教师承担的是自己擅长的模块课程，因而可以进一步提高和发挥自身的专业能力并形成特色的美术课程校本教材。美术课程教学中内容与课时的矛盾问题，因为美术、音乐课时连排形成长短课教学而得以很好的解决。由于教师专业指导的到位，美术课堂教学效果有了质的变化。

（二）生活取向类

生活取向类的特色课程以与学生日常生活息息相关的食品和生活为主题，模拟生活与生产中的一些真实情境和实验过程，将劳动和生活常识贯穿其中，让学生在动手操作和动脑思考的过程中运用所学知识，同时增强健康意识和科学素养，为未来的生活和工作提供科学的视角和选择的依据。学校选取此类课程的出发点在于，只有与生活紧密相连的课程内容才会赢得学生的认同、激发学生的兴趣、丰富学生的视野、引发学生的思考，才会赋予教学以旺盛的生命力。学校开设的生活取向类课程主要有"劳动服务与生命生活教育"课程、厨艺课以及"蜀戏冠天下"课程。

1."劳动服务与生命生活教育"课程

（1）目标聚焦

①劳动服务。通过值周，让学生体会劳动的辛苦，体会取得劳动成果的成就感，培养学生珍惜劳动成果和服务社会的意识。

②学习实践。生命生活教育长短课聚焦学生个人生活和社会生活的基本技能，用生活实践维持学生生命力和幸福力的增长。

③管理建设。值周学生通过学习理解、主动执行各项管理任务，内化主人翁意识；全体学生通过接受各项标准化管理，强化规则意识，共同形成珍惜所拥有的资源、爱护共同环境的意识，进而逐步形成变革与建设的意识和能力。

（2）内容选取（见表3－4）

表3－4　课程内容安排

时　　间	课程内容
上午7：35—7：50	管理课程——班级教室检查
上午10：20—10：40	管理课程——课间操检查、班级教室检查
上午11：40—12：00	实践体验课程——生命关护课程
下午12：25—1：00	管理课程——午间管理、劳动服务
下午4：30—4：50	管理课程——课间操检查、班级教室检查
周一第八、九节课	实践体验课程——厨艺课

（3）课程特点

①长短课结合。周期一周，长课——厨艺课两课时，短课——实践体验课20分钟。生命生活教育课程由长课和短课构成，每个班在担任值周班的一周中参加学习。课程内容主要包括两个部分。第一部分为生活技能部分。学校将每周一下午3：50—5：40设置为一节长课，主要用于学生们的厨艺课程实践。第二部分为生命关护部分。此部分分为三节短课，班级成员分批参加。课程内容聚焦在"自救自护技能教育""灾害危机应急处理""心理健康体验"三个方面。

②重体验实践。"自救自护技能教育"主要由医务室老师教授包括"心肺复苏"在内的自救技巧。"灾害危机应急处理"由教育处老师教授基本的危机处理措施，例如，如何面对自然灾害的突然降临、如何防止及处理踩踏事件等。"心理健康体验"由心理老师带领学生在"心理成长中心"进行心理训练，在活动过程中去实践、去感受。

③多量化评价。考评值周生时，按照其是否达到参加实践项目的次数来评价；考评班级时，按照教室检查量化指标进行评价。

2. 幸福生活的技巧——厨艺课

（1）课程目标

虽已是初中的孩子，却还有相当一部分孩子连燃气灶都不会用，十几岁的年纪，不会做饭，这并非编造，而是现实生活中常见的现象。独生子女时代，越来越多的孩子在家庭中扮演着"四体不勤、五谷不分"的"小皇帝"角色。为了转变这一现象，让学生在动脑的基础上多动手，多掌握一门生活技能，学校购买了厨房专用设备，针对七年级的学生开设了厨艺课，教学生们学会适应生活，并且深入了解中国的饮食文化。学校聘请了专业的厨师来教学生烹制具有四川特色的美食。

（2）课程内容

菜肴：学会制作回锅肉、宫保鸡丁、鱼香肉丝中的任意一到两种；面食：学会包饺子和馄饨。

（3）课程安排及评价

每个班一学期上两次厨艺课。第一次是理论观摩课，学生们首先了解川菜的文化，然后听取专业厨师讲授菜肴的烹饪技巧；第二次是学生们在厨艺教室里动手实践，让师傅、父母、任课老师来品尝和打分，给自己的劳动成果作出评价。

3.　"蜀戏冠天下"　课程

（1）课程指导思想

艺术教育是实施德育的重要途径，它对于人良好性格的培养和塑造具有不可忽视的力量。要充分发挥艺术在素质教育过程中的作用，以美启迪学生心灵，最大限度地开发学生的潜能，培养其全面素质，促进其个性发展。

（2）课程设置理念

戏剧是文学创作的四种体裁之一。话剧是戏剧的一种形式，它以对话为主。九年级的教材有意识地将经典的话剧纳入教学篇目，旨在引导学生了解这样一种文学样式。选修课作为必修课的拓展和延伸，在学生常识性地了解话剧的基础上，有必要将剧本创作和话剧表演作为主要的课程内容，以校本课程的方式，针对有意愿的学生，指导其将兴趣转化为能力和特长。

（3）课程设置特色

①摸索与建立新的教学模式。以观影、分析、讲授、讨论、实践、互评等多种教学方式，拓展学生的视野，增强学生对戏剧艺术的兴趣，培养学生欣赏、表演、设计、分析、团队协作等方面的能力。

②追求有创造力、生命力以及真正属于中国人的现代戏剧。引导学生欣赏、对比中外优秀戏剧（如音乐剧、歌剧、戏曲、曲艺、话剧等），使学生加深对中国戏剧的认识，从而增强其对中国传统文化的理解。

（4）课程目标聚焦

①了解戏剧的历史和特点。

②掌握戏剧创作的基本方法。

③学习话剧表演。

④比较探究，深入理解话剧特点。

⑤自主创作，学习剧本创作。

⑥实践演练，学习话剧表演。

⑦感悟话剧的艺术魅力。

⑧形成话剧创作和表演的兴趣。

（5）课程内容安排（见表3-5）

表3-5 课程内容安排

周 次	内 容	课时安排
1～2	介绍话剧历史、特点，领略话剧魅力	2
3～4	比较学习剧本的创作方式（改写教材经典篇目）	2
5～6	深入学习话剧剧本创作（自主创作）	2
7～8	点评、总结话剧创作的优秀经验（成果展示）	2
9～10	了解话剧表演方式（观看话剧）	2
11～12	模仿话剧表演（经典再现）	2
13～14	自主话剧表演（学生作品）	2
15～16	汇报表演（优秀学生作品）	2

（6）课程考评方式

①学生模仿一部经典话剧进行表演。

②学生自主创作一部话剧进行表演。

（三）学生取向类

为积极响应学校一贯主张的"文化养校"以及"育人为本"理念，满足学生的兴趣和需要，学校开设了"趣味心理学"课程以及"舞蹈与艺术体操"课程。

1."趣味心理学"课程

（1）课程开发背景

随着时代的发展，心理健康已经被越来越多的人关注与重视。对于中学生群体，其心理问题的普遍性与典型性也日渐凸显。根据全国中小学生心理健康状况普查数据，有12%左右的中学生有着不同程度的心理困扰，如抑郁、封闭、焦虑、脆弱、逆反、猜疑、恐惧、懒惰、冷漠等。这些都是学生健康人生底色中不应有的元素。基于这样的现状，在"健康、高雅、聪慧、大气"的学生文化引领下，七中育才构建了以"让心理露出八颗牙齿的微笑"为最终目标，以"心理辅导型课程—心理综合实践型课程—心理自助型课程"为路径的心理健康教育课程体系。心理选修课"趣味心理学"正是心理辅导型课程中重要的一门课，在学校领导的支持和指导下，由两位专职心理老师具体实施。

（2）课程目标聚焦

"趣味心理学"开设于每周五下午第四节课，七、八年级学生自愿选课。根据本课程在学校心理课程体系中的定位以及初中生心理发展特点，其课程目标制订如下：

一是激发学生对心理学的兴趣与热爱，使其愿意主动探索；

二是使学生科学地了解与生活密切相关的心理学知识；

三是促使学生将所学的心理学知识运用到日常生活中去。

（3）课程内容选取

课程实施过程中，教师广泛收集资料，事先进行问卷调查，统计学生最感兴趣的心理学话题；精心设计课程，充分调动学生的参与性。课堂上，师生们现场演绎谎言的识别，通过各种妙趣横生的情景表演掌握识别谎言的技巧；也有静谧的安全岛之旅，心理教师借助意象对话技术，引导学生静静地感受内心的坚强，寻找心底蕴藏的能量；还有不可思议的图形辨别，观看一幅幅心理图片后感受错觉的奇妙；还能在课堂上与大家分享自己千奇百怪的梦境，听到关于梦境科学的解析。沙盘游戏也是趣味心理学的经典内容，玩具的选择与摆放也可以折射出学生心灵的秘密。此类学习内容还有很多。

（4）课程开设成效

"趣味心理学"课程培养了一大批心理学爱好者。每年的心理健康日（5月25日），都会有选修"趣味心理学"的学生担任志愿者，在心理游园会上为全体同学讲解心理学知识，并设计美术作品展示视觉错觉的奇妙，设计各种游戏展现催眠的神奇，还会扮演神秘嘉宾为同学说梦解梦……选修"趣味心理学"的学生们把课堂上学到的知识加以提炼、拓展，再把这份心理学的礼物在校园里传播，让更多的学生喜欢心理学、热爱心理学，提升学生关注自我心理健康的意识和能力。这也是作为心理辅导型课程的"趣味心理学"期望达到的成效。目前，学校已编纂了校本课程教材《趣味心理学》。

2."舞蹈与艺术体操"课程

（1）课程设置理念

健美操是在音乐的伴奏下运用各种不同类型的操化动作，融体操、舞蹈、音乐为一体，以健、力、美为特征的有氧运动，具有横跨体育、文学、艺术和教育等诸多领域的综合特征，充分体现了健身、健美、健心的整体功能，以其独特的魅力和旺盛的生命力深受高中学生的喜爱。学校通过健美操及其他舞蹈、体操的教学，提升学生的身体素质，提高学生的动作协调性和动作美感，同时陶冶学生的情操，培养学生讲文明、懂礼貌、爱集体、守纪律的好品格和团结协作的群体意识。

（2）课程设置特色

中学生自主合作舞蹈教学模式就是在课外音乐活动中以教师为主导、学生为主体，以合作创编为主线，让学生在掌握一定舞蹈基本动作和初步具备对音乐的感受能力后，根据自己对音乐的理解和感受，通过小组讨论、组际交流，共同为歌曲或音乐形象较鲜明的乐曲创编动作及队形。学生能够在自主愉悦的气氛中，闻乐而动，闻歌起舞，在"练"中逐步感知音乐语言，在"乐"中掌握基础知识、基本技能，在"动"中发展身体各部位之间的协调性。在教学成套舞蹈、健美操的同时，学校要求学生根据自己的实际情况自编舞蹈套路，以提高其自主学习和探究学习的能力。

（3）课程目标

一是使学生掌握舞蹈的基本体态、基本动作和健美操成套动作组合。

二是使学生了解舞蹈艺术的基本特点，引导学生对舞蹈艺术产生浓厚兴趣，提升学生对舞蹈艺术的热情。

三是提高学生的协调性、节奏感、灵敏性、表现力以及心肺耐力，帮助学生塑造健美形体。

四是创设"我健康，我快乐"的教学氛围，培养学生的自尊心和自信心。

五是培养学生自主学习和探究学习的能力以及创新合作的精神，从而提高学生的社会适应能力。

（4）课程内容

理论课：掌握舞蹈的概念、种类，了解舞蹈发展的相关知识；了解舞台平面、空间、方位，懂得常用舞蹈术语，学会识别舞蹈图谱。

训练课：学习舞蹈基本手位、脚位、手形、脚形；学习健美操基本步法以及啦啦操中的 32 个手位；进行不同节奏的脚位站立，脚腕训练，腰部训练，走跑跳训练，基本舞步训练，组合训练。

五、学校课程的具体设置

学校的课程设置最终会以课程表的形式呈现和实施。七中育才课程教学的具体课时安排如表 3-6 所示。

表 3-6 学校课程的具体设置

课程门类	内　　容	数量	周课时
学科基础课程	语文、数学、外语、物理、化学、历史、地理、政治、生物、体育、心理、信息技术	12 门	38 节
学科拓展课程	国学经典、朗读之美、历史也疯狂、地域文化、神机妙"算"、电脑制作、趣味物理实验、探索生命、礼仪修养、平面广告设计、美术与书法、戏剧表演、篮球、乒乓球、田径、环球美食、心理健康、"书香流韵"区本课程、徐说历史、拉伯雷法语课、家长讲坛、关爱月熊、数字实验、管乐、合唱、排球、艺术体操、趣味心理学……	40 门左右	2～3 节
综合实践课程	厨艺课、高斯数学、走遍美国、空模海模、无线电测向、信息技术超前课程、学生电视台、艺术节、晨曦文学社、英语播音与艺术、英美电影沙龙、文史探究、人文成都、校园歌舞节、入学课程、毕业课程、我爱旅行、国际礼仪、心语社、女工针艺、学生志愿者、心理卫生、国防军事教育、春游课程、I can do it 英特尔创意秀、智慧大比拼、女子合唱、民乐、川剧、我的第一本书、"四学会"课程、义集义卖会、"我当三天家"、球类运动课程、节庆课程、朝会课程、生命生活课程……	40 门左右	2～3 节

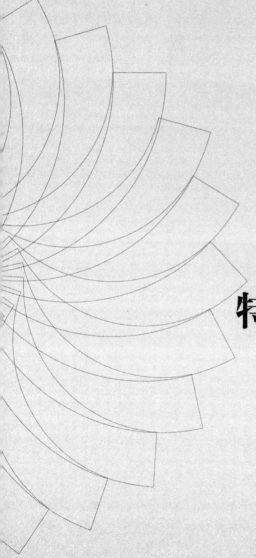

[第四章]

特色学科课程建设

学校、学科、教师是一个学校发展要建设的三个"高地"。学科建设对义务教育阶段的中学而言是一个关注不够的领域，但又是一个必须关注、研究的领域。在学校工作体系中，影响学科建设的因素很多，如学科课程建设、学科教学方法、教师队伍建设等，而学科课程建设是重中之重，是一个学校创新发展的质量保障。一个学校要走出自己的特色，在于学校特色学科课程的建设，这是学科课程建设的重中之重。

一、特色学科课程群的建立

学校的发展靠课程，课程的建设靠特色。作为学科课程，学校层面似乎只要保证其得到充分的实施就可以了，似乎没有办法在这个板块再做些什么了。但是身处信息与知识爆炸的时代，如何在课程建设上独树一帜，走出自己的特色，开发、构建出基于学科课程的特色课程，这决定了学校未来的发展走势。基于对此问题的思考，七中育才建立了特色学科课程群，以达到"基于学科，又高于学科"的学科课程建设目的。

（一）学科课程群的内涵

龙春阳（2010）提出，课程群是根据现代的教育教学思想和相关的理论知识，为了满足同一个或者不同的专业的人才培养目标的要求，使学生在科学知识、综合素质等方面的能力得到提高，将培养方案中的具有逻辑联系的多门课程重新进行整合而构建的课程体系。目前，各中学在课程改革方面已经意识到课程群建设的重要性。

李白桦等（2010）认为，课程群通常是属于某一个学科，具有整体化的教学要求，教学内容呈现模块化的形式，课程群内的各门课程具有相互渗透和整合的特点，有利于发挥群体优势。

鞠建峰（2007）提出，学科群实质上指根据某个具体的目标和任务，将若干的同类学科或跨门类学科整合在一起的学科群体。课程群中的各学科间相互交叉、渗透，体现出学科群的优势和效能，有利于进行科学技术方面的研究工作以及培养高层次的人才。

此外，朱汝葵（2011）在《学科教学论课程群建设与立体化教学相结合提高教学质量的探索——以化学教学论为例》中提出了有关学科课程群的概念，即课程群是以传统的学科教学论课程为基础课程，对教学计划中设置的与其紧密联系的相关课程进行重新规划整合而形成的课程集合，以达到实现共同的教育教学目标的目的。

我们在这里所说的学科课程群是指围绕为中学培养具有高素质的各学科优秀学生这一目标而开设的体现各学科特色的、相互之间紧密联系的若干课程设置的课程群体。

（二）学科课程群的特征

构建学科课程群，首先应弄清其基本特征，把握建设的方向。学科课程群主要有如下四个方面的特征。

1. 科学性

学科课程群是学科发展的趋势，是现代科学技术和高等学校学科发展的必然结果。学科课程群具有内部结构上的有序性、组成要素的相关性和功能发挥上的整体性。构建学科课程群有利于优化学科结构，提升学科水平，实现资源共享，提高人才培养质量。构建学科课程群体现了时代发展的要求，具有科学性。第一，符合现代课程理论发展的要求。在大力实施素质教育、培养创新人才、强调个性发展的信息时代，课程价值目标上更强调功能的整体发挥，内容结构上强调综合化、整体性，课程类别越来越丰富，课程结构日益多元化，学科课程群与此有更多的内在适应性。第二，有利于克服现有课程体系的不足。目前课程体系中学生价值主体的缺失、课程目标的偏离、课程内容的失调、课程结构的不合理，很大程度上是由于课程编制是按照单一学科专业呈线型进行的，缺少学科间的横向联系和交叉渗透。而学科课程群将从根本上改变现有课程体系的缺陷，建立更加先进、科学、符合培养目标要求的课程体系。第三，有利于实现资源共享，提高人才培养质量。学科课程群是通过学科群培养人才，比单一学科专业更能够充分整合和有效利用各种资源，克服新建学校教学资源不足的问题。学科课程群能够给学生更多的选择，让学生学习各学科的理论、知识和方法，打好基础，拓宽口径，发展个性。第四，学科课程群更能适应经济社会发展的要求，增强教育解决经济社会发展中重大科学技术问题的能力，提高教育为社会服务的水平。

2. 开放性

所谓开放性，主要指学科课程群中的信息与外界的信息之间能够便利地交流。（王伟廉，1997）目前，世界各国的课程体系正逐步从封闭走向开放。各国把科学技术转化为知识形态引入教育内部，并通过课程的开放性来选择、吸收、融合外来文化和亚文化，他们在此基础上根据社会需求调整课程设置和课程内容。课程体系的开放性是某种机制或状态的表述，而不是价值表述，与开放性相对的是封闭性。传统的课程体系因为其封闭性，或者阻隔了社会需求信息的传入，或者本身就不具备依据这些信息随时调整以满足社会需求的功能，因而早晚会被扬弃。学科课程群的建设改变了学科间相互分割、封闭、自成体系的状况，促进了学科间的交叉、渗透和融合，加强了与社会的联系，在更宽广的学科领域培养人才，具有明显的开放性。

3. 灵活性

灵活性是开放性的延伸。没有开放性，灵活性便没有意义。学科课程群的灵活性是指具备自我调节机制，能够对不断变动的社会需要随时作出反应。整个学校课程体系从某种意义上说是从呆板走向灵活。社会发展速度的加快，科学技术的突飞猛进，职业流动性的增强，个体对教育需求的日益膨胀和多样化，使学校课程体系必须形成随时调整结构的灵活机制。灵活性的考察角度是课程体系的性质与品格。灵活性不排斥稳定性，呆板僵化的课程体系最缺乏稳定性。课程体系越是灵活和富有弹性，就越能持久地保持稳定，防止大起大落的变动。学科课程群是在多学科框架内，按照"平台＋模块"的方式构建起来的，具有较大的弹性和较灵活的调节机制，能够对经济、社会、科技的发展与市场需要作出快速反应，及时在课程结构和内容上进行调整组合。

4. 整体性

整体性反映的是学科课程群的内部关系。传统课程体系最大的缺陷就是缺少整体性，是零散的学科和内容组成的拼盘。当代课程强调整体性，既是现代系统科学从思维方式上强调整体大于部分之和在课程体系上的反映，也是现代科技和社会发展日益以综合为主流的客观要求，同时也是现代社会对人的全面发展的期望的反映。整体性特征有三层含义：课程体系构建过程中各环节的整体性，课程体系在人才培养目标上的整体性和课程体系中有关要素的整体性。整体是相对于零散而言的。整体性包含综合性，但又超出了综合性的范围。学科课程群从人才的多样性目标出发，打破原有专业、课程之间的壁垒，摆脱学科知识系统的束缚，改变课程设置过细、过多和比较零散的状况，注重横向即跨学科的整合，强调课程内容的综合性，避免脱节和交叉重复，精简课程门类，减少必修课比例，增加选修课，处理好理论和实践教学的关系，合理安排各教学环节，突出课程的完整性和知识的系统性，实现课程体系的整体优化，促进学生知识、能力、素质的协调发展和全面提高。

（三）学科课程群的建设

学科课程群的建设是课程改革中备受人们关注的问题。学科课程群打破学科界限，跨学科组织课程，将分化了的学科要素联系起来，使课程适应知识发展的趋势，适应社会对人才培养的要求和个体全面发展的需求。它是对学科分化和课程分科的超越，是学科分化（或专门化）与综合化的辩证统一。它不仅是课程结构的综合，也是课程内容的综合以及思维结构、价值观念结构的综合。学科课程群是一个系统概念，是一种课程的构建方法。只有各层面、各类型的课程实现综合，才可能实现知识、能力、方法和情感、能力、行为的和谐发展。下面根据基础教育的分科类别，具体介绍一下七中育才学科课程群的建设情况。

1. 语文学科课程群

语文学科课程群是以整合为特质展开的，我们基于语文学科的本质，构建了主要包含"写"和"读"两大板块的语文学科课程群。

（1）"写"的课程群

①整合写作核心能力的课程群。写作教学是众所周知的难题。我们在探索过程中发现写作能力中最核心的能力是选材能力，即"写什么"的能力，次之才是写作方法与技巧，即"怎么写"的能力，"写什么"比"怎么写"更重要。前者关系到学生对生活的观察、感受、思考、领悟等，是学生情感与思想的反映，这是作文的源头；后者关系到学生在表达方面的能力与素养，这是在方法上写好文章的关键与保障。在反复的教学实践中，七中育才的语文教师找到了将"写什么"与"怎么写"相整合的写作能力训练点，比如以物为线使叙事更集中、以物作载体使抒情说理更具体。"物"是学生要表达的情感的承载体，它往往小而且独特，但在作文中往往能以小见大。在写多事件的相对复杂的记叙文时，如果能以"物"为线，那么文章的中心思想一定会更加突出、鲜明，且表现视角一定会非常具有创意。

②整合写作素材资源的课程群。写作能力与素养不是学生简单的作文练习就可以练出来的，也不是老师讲出来的，而是学生读出来的、写出来

的。基于这样的认识与思考，我们坚持每周进行小练笔活动。我们总是将写作与阅读和生活结合，这样做的目的就是保证学生有鲜活的情感体验，同时也有逐渐丰富起来的阅读积淀。七中育才已经建立了社会生活类、家庭生活类、校园生活类、个人成长类、课文范例类等丰富的素材资源库。

③整合写作能力点的课程群。七中育才集语文教研组多年探索积淀之精华，倾全组教师之力编写了《初中作文序列导学》。该书按七年级生动点、八年级规范点、九年级深刻点这样的写作梯度，将初中作文的若干个训练点高度整合浓缩成每个年级 8 个训练点。七年级侧重于语言表达的完整、通畅、具体、生动，八年级侧重于布局谋篇及多种表达方式的运用，九年级侧重于审题立意及文章的修改。在每个年级的训练点中，我们找出最接近写作核心能力的训练点，不断深化研究，对学生反复训练，提高学生对生活的感悟能力与表达能力。

（2）"读"的课程群

①整合阅读核心能力的课程群。关于阅读的核心能力，我们查阅了一些资料，没有看到非常科学的界定，目前只能将中高考的考试说明作为权威说法来指导我们的尝试。中考考纲将阅读的能力层级表述为识记、理解、分析、综合、鉴赏评价。而这个表述与实际的阅读可能还存在一定的距离。比如分析能力，它一定有一个前提，即信息的筛选与提炼。在实际的文章阅读中，学生们最常见的问题就是对信息把握不完整、不全面，并因此导致对文章的理解发生偏差。如果再追问一步：对信息把握不完整的原因又是什么呢？语感弱，理解力弱。理解还有个前提：人的经历或阅历以及对人生的感悟。在这一点上，学生们与文章的作者的认识与境界差了许多层级，要理解这些人生智者的文章，自然有很大的难度。所以，对于初中生的阅读，我们觉得其核心能力可以表述为：筛选、提炼、理解、分析、综合、鉴赏评价。如果这个说法成立，我们最应该做的是大量占有语言材料以增强学生对语言的感受力、理解力。对于初中的低段学生来讲，在给出一些最基本的阅读策略的同时，更为重要的是，要保证学生占有语言材料的量，特别是对精炼、蕴藉、雅洁、规范的汉语言的积累，使其在不断地浸润与熏陶中有效地增强语感、理解力和审美力。

②整合单元主题与生活的课程群。学生们的生活是丰富多彩的，我们尽量将书本语文与生活结合，打通并激活学生的情感体验，同时与写作结合起来，让学生们的阅读体验与生活体验在表达（小练笔）中得以提升。

③整合阅读能力点的课程群。华东师范大学教育学博士周彬说过，是不是每堂课都上好了，学科教学就肯定搞好了呢？如果课堂之间是割裂的，而且每堂课还都很精彩，那学生反而会因为过度的课堂刺激而丧失对学科教学的整体把握；如果课堂之间是有机整合的，哪怕有些课堂略有缺陷，也不失整个学科教学的有效性。因此，我们在进行教学设计时应该考虑从"单篇设计"转向"单元设计"，这样才能从仅仅"精彩一堂课"转向"整体把握学科"的特质、思想、方法与结构。具体来讲，语文教学可以有下面几个环节：解读单元篇目—确立单元目标—分析单篇特点—分解单元目标—确立单篇目标—设计单篇教学。这几个环节并不是单线前进，可能局部循环或颠倒。其目的是：立足单元整体，聚焦单篇重点，深度推进。

以每一篇例文作为语文能力训练的一个例子，我们不求每一篇例文的训练点面面俱到，但求将例文中集中而明确的训练点各个击破。一个单元就像一个优秀的班级一样，既有较明显的班级特色，其中的每一篇例文又都有自己鲜明的个性。因此，我们在对单元主题进行内容解读的基础上，分析单元所有课文在题材、表达角度、思想感情等方面的异同点，制订单元目标及教学安排。

例如，人教版八年级下册第三单元以"人与自然""人与环境"为话题，共设置了五篇文章。我们通过单元解读定目标、教学分析找异同、单元设计明思路，按梯度设计问题，引导学生思考材料间的关系，真正提升学生的阅读能力。

④整合语言能力点的课程群。这种方式的整合我们刚刚进行尝试，也是非常有意义的。我们根据人教版七年级下册第二单元的语言能力点"直接抒情"与七年级下册第四单元的语言能力点"排比反复的修辞手法的运用"分别编写了两个阅读专题，让学生据此进行相关的写作训练，学生的语言运用能力比较快地发生了变化。比如：七年级下册第四单元的主题是"青春赞歌"，学生们学习了《安塞腰鼓》《观舞记》等排比反复运用很突出的文章，然后我们再选编有相似特点的专题，供学生阅读。加之学生们刚好开展了"四学会"主题实践活动，特别是有了"翻毕业墙"等鲜活而深刻的生命体验，再让学生借鉴排比反复的修辞手法来表达其体验与感受，其语言表达能力提升得极快。

2. 数学学科课程群

数学是一门研究数量关系和空间形式的学科，具有严密的符号体系、独特的公式结构、形象的图像语言。它有三个显著的特点：高度抽象，逻辑严密，应用广泛。

（1）数学学科的特性

结合数学学科特点，初中数学呈现出自身的一些特性。

一是内容编排呈螺旋上升式。学生理解问题、分析问题的能力是随着学习内容的深入而逐步提高的。这种能力的形成需要以合理的知识体系为载体。这个过程是循序渐进的。

二是重视数学在生活中的应用。初中数学教学要重视从实际问题中抽象出数学模型的过程。考虑到初中学生的年龄结构特征和认知水平以及初中数学问题都具有现实的生活背景，在教学中我们要让初中数学资源既来自于生活，又回归到生活，以解决实际生活问题的方式去展开数学教学。

三是关注各知识点之间的联系。数学的知识结构体系看似分类明确，实则联系紧密。例如，数与代数的内容与几何图形联系密切，可以利用几何的直观性帮助学生学习数与代数。

四是注重知识的形成过程。从数学学习本身来看，数学需要不断地观察和猜想。教材每一课时的编排都是从实际问题入手，让学生经历"读一读""试一试""做一做""议一议""想一想"等数学活动，使学生能够参与和见证知识的形成过程。

学习数学的直接目的是掌握数学的基础知识、基本技能，形成一定的数学能力。基础和技能，二者密不可分、互为基础。结合学生特点，我们认为中学阶段主要培养学生以下几方面的数学能力：基础运算能力、空间想象能力、逻辑思维能力、将实际问题抽象为数学问题的能力、数形结合相互转化的能力、创新能力以及观察、实验、比较、猜想、归纳问题的能力和研究、探讨问题的能力。正是基于以上对数学学科特性的分析以及对学生数学能力的把握，我们建设了以学生的自主探索和主题研究为基本形式，以培养学生的独立思考和解决问题的能力为主要任务的数学学科课程群，包括数与代数专题、空间与图形专题、综合与拓展专题。在数学学科课程群知识内容的编排上成螺旋上升式，在教学方法上注重知识之间的横向联系及纵深发展，在教学内容上强调知识的形成过程；同时，重视数学的应用，突出从实际问题中抽象出数学模型的过程。这些专题是结合七中育才的实际情况而设定的，是对数学学科教学的延伸和发展，有助于学生理解和运用数学基础知识和基本技能。

（2）整合知识点的课程群

在数学学科课程群的建设中，我们通过"知识树"整合了初中数学所有的知识点，建立了初中数学知识结构图。"知识树"就是用树的形式来体现整个单元的结构和知识点的内在联系，提纲挈领、简明扼要地把教材的主要内容表现出来。大的知识结构图可以是一个学段（如整个初中段的六册数学）、一个年级、一个单元的内容，小的知识结构图一般是一个章节或一节课的内容。（见图4-1）

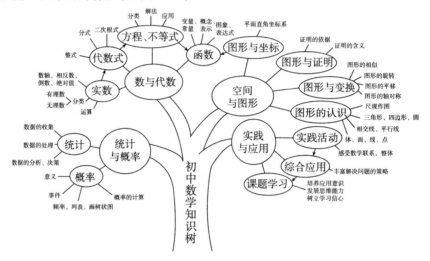

图4-1 初中数学"知识树"

"知识树"的应用要以整体建构思想为依据，用树的形式来体现整个知识的结构和知识点的内在联系。"知识树"的特点如下。

①要把整个学段看作是一个整体。初中学段的数学教材共有6册，各册教材之间既是相互联系的又是逐层递进的。用"知识树"将各册教材所包含的知识点的相互关系表示出来，可以明确哪些是基础知识，哪些是重难点知识，如此一来，教师可以从整体上根据学生的知识水平与掌握程度安排教学。

②要把整册教材看作是一个整体。不同年级在不同学期有不同的教学目标，目标的制订是与教材内容分不开的；而且整册教材的内容安排也是紧密连接的，每个单元都是下一单元的基础，下一单元又是在上一单元的

基础上衍生发展的。所以，一册教材就是一棵"知识树"，每一单元就是树杈与树叶部分，教师只有把握了整册教材，才能在实际教学中做到游刃有余。

③要把整个单元看作是一个整体。在实际教学中，每个单元都有相对独立的教学内容。例如，七年级上册，第一单元是代数式的认识，第二单元是有理数，第三单元是整式的加减，第四单元是一元一次方程的应用。所以，教师应认真地观察每一部分所要研究的内容是什么。再如，整式的加减共分四块：整式、同类项"知识树"的去括号及整式的加减。这四部分内容实际上也是逐层递进的——学生只有掌握了整式，才能进行同类项部分的学习，进而继续学习同类项的化简，即后面的去括号和整式的加减。因此，教师可以把第三单元作为一棵"知识树"，每一节的内容就是树杈与树叶。当然教师也可以根据单元教学目标来画"知识树"。

④要把一类问题看作是一个整体。这实际上是一个归纳总结的过程。只有把某一问题的不同方面给学生展示出来，才能帮助学生拓展思维；只有把具有相似但不相同的问题进行归类，才能帮助学生将新旧知识整合到一起。一类问题依然可以画成"知识树"。例如，追击问题大体上分为两类——相向和同向，教师可以进一步展开，将不同情况再进行细分。

⑤"知识树"的运用方法要灵活。

运用方法一：在课堂上，教师可以先分割讲解知识点，每一个知识点就是树的一个部分，并把每个知识点利用纸板、卡片等工具表示出来。讲解完知识点，让学生自己思考如何把这些知识点拼接成"知识树"。拼接的过程就可以有效考查学生对知识点之间因果关系、逻辑关系的理解。如果学生拼接错误，教师可以针对错误的环节进行再一次的点评或讲解。这样能迅速且直接地纠正学生存在的问题。

运用方法二：在科技发达的今天，很多学校已经实现了百分之百的多媒体教学。教师可以利用多媒体技术，在电脑中绘制知识模块，讲解完后，让学生用鼠标拖拽的方式来组合"知识树"，从而达到巩固课堂教学内容的目的。

运用方法三：数学学习离不开习题，讲解、理解、记忆的过程都需要练习。学生只有能够正确完整地解答习题才能说明对知识点完全掌握了。综合性题目往往不是考查单一的知识点，而是考查多个知识点的综合性运用以及数学思维的发展程度与解题技巧的熟练程度。在课堂上，教师展示出习题后，可以把"知识树"上对应的知识点"摘"下放置在题目旁边，从而给学生以提示。这一招我们把它称之为"摘花飞叶"。当学生对知识点的运用较熟练后，教师可以让学生自己从"知识树"上"摘取"对应的知识点放置在题目旁。我们相信，明白题目考查什么知识点的学生的数学学习能力一定不低。运用这些手段方法，可以让学生做到"心中有树，根深蒂固"。

由于知识整合、学科渗透，各个学科之间会有交叉。在构建"知识树"体系时，教师要引导学生发散思维，不要只局限于数学科目，还要注意知识点迁移，比如数学知识点在科学学科上的应用，要积极鼓励学生创造两棵甚至多棵有共同枝丫的"知识树"，形成"知识树林"。创新后的"知识树"能够帮助学生变被动学习为主动创新，让知识变点为线，提高学生的思维活性，真正成长为一棵有活力的、有生命的、能不断蓬勃发展的"生命树"。

3. 英语学科课程群

七中育才英语教研组在学校领导的大力支持下，群策群力，建构了以学科活动为特色的英语课程，并进行了一系列尝试和实践，收效颇丰。

（1）课程目标

七中育才所要打造的特色英语课程，就是要让学生在英语学习上通过不断努力成为一个具有"5A"（Attitude/Aim/Action/Ability/Achievement）水平的学生。七中育才的英语课程不仅要满足学生对于书本中基本知识的学习，还要让学生在教师的引领下能够兴趣盎然地参加各类校园英语活动。这些活动范围大、形式多样、内容丰富，充分体现了英语课堂改革和英语教学"从课堂中来，到生活中去"以及"活学活用，学以致用"的理念。七中育才的英语课程就是要以这些活动为载体，让每一个学生在充满快乐、兴趣和成就感的体会中获得进步。

（2）实施方式

七中育才英语教研组以学生为中心，以系列英语活动为载体，整合其他相关学科，从英语学习兴趣、英语学习氛围、英语语言运用等方面切入，开展多维度的教学。英语活动包括阶段性英语活动和主题性英语活动。（见图4-2）

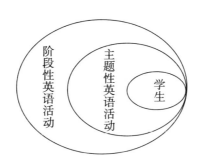

图4-2 以学生为中心的系列英语活动

①阶段性英语活动。阶段性英语活动以学生的认知水平和教学内容为出发点，不同年级各自开展学习活动。七年级的活动重在培养学生学习英语的兴趣和习惯。上学期主要开展英语书法比赛、海外寻友、英文小报创作赛、英语语音大过关、英语角等活动，下学期主要开展英语黑板报展示、英语故事大王赛、英语课本剧表演、英语歌曲大赛等活动。八年级的着力点是语言能力的培养。上学期主要开展英语短剧赛、英语邀请卡制作、实物制作视频展等活动，下学期主要开展英语广播站、英语演讲比赛、英文歌曲大赛、英文影视赏析以及我爱记经典电影台词等活动。九年级聚焦于综合能力的提高。上学期主要开展英语作文竞赛、英语校园剧大赛、英语杂志赏析等活动，下学期主要开展广告词创作秀、原创座右铭博览、英文演讲赛以及中考励志语言集等活动。

②主题性英语活动。主题性英语活动以学校所有学生为服务对象，包括英语杂志、英语节等内容。七中育才的英文杂志 IMPRESSION 是英语教研组的文化符号，IMPRESSION 的一字一句一文无不记录着学生们成长的印记和生活学习中的点点滴滴。整本杂志被划分为不同的栏目，每个栏目有其固定的内容，从介绍新生（七年级）到毕业生（九年级）的回忆，以学生的视角记录着他们对不同事物的看法。各具特色的多样化的栏目为全校学生提供了与自己认知能力相适应的话题，七年级到九年级的学生都能够在这本杂志上展示自己的思想和英语才华。在学生的眼中，IMPRES-SION 不仅仅是一本校刊、一本杂志，它是一部记录青春的老电影，它是一本刻画美好岁月的记忆相册，它是几十年后还能让自己记起的那一抹微笑，它是尘封箱底却让自己记忆犹新的那一抹墨香。在英语节上，学生们通过为学校写 Slogans（标语）、创作与展评英语手抄报等活动，了解了西方文化，活跃了英语学习气氛。英语节活动使学生提高了学习英语的兴

趣，养成了合作与共享的个人品质，增进了思考能力，培养了国际视野。英语节活动的开展与英语学科教学相辅相成，形成优势互补。不论是规范的英语研究性学习，还是英语学科整合，都必须抓住听、说、读、写四种技能以及语音、词汇和语法三个板块。由于传统的英语教学受场地限制，学生容易对教学环境、教学模式产生倦怠。英语节活动在这一层面对课堂教学具有很好的补充作用。

二、学科知识的整合性改造

近代以来，学科分化曾为学科发展的主流。学科分化使学科划分愈来愈细，愈来愈专业。分化是否充分、是否彻底，一度成为评判学科发展程度的重要指标。但是，近几十年来，风向逐渐转变了，学科整合趋势日益增强，人们不再盲目地细分学科，反而倾向于把不同的学科整合起来。在现代学科的整合历程中，交叉学科异军突起，尤为引人注目。甚至可以说，学科整合的显著标志和重要成果就是交叉学科时代的到来。

（一）整合的实质

有学者指出："文化哲学有两个基本的教育和课程理念：一是以人的学习为本，亦即教育和课程的立足点、出发点和落脚点，是人的学习而不是别的什么；二是实现人的学习生活与社会文化的融合同一，亦即消除学校学习与现实生活的割裂与对立，使学习者的学习生活与社会文化生活整合为有机的连续体和统一体，让人的学习过程成为和谐、自由和幸福的发展过程。"（黄甫全，2001）基于这一点以及来自历史和现实的规定性，我们可以给整合课程下一个描述性的定义：整合课程实质上是一种课程研制理论和实践，它针对课程要素分裂和对立的问题，淡化学科界限，由教师和学生共同选定生活中重要的问题和议题，然后围绕这些问题和议题创设民主合作的学习环境并在其中开展教学活动，实现社会文化与学生生活的一体化。

（二）整合的方式

经过调查研究，学校存在以下三大教学问题：一是浅表，即教师教的浅导致学生学的浅；二是零散，即教学缺乏整合性和结构性；三是狭隘，即教学注重知识点的教学，整体性不强。针对以上三大教学问题，我们从学科知识的调整与整合入手，着力解决教学浅表、零散、狭隘的现状。依据不同学科的属性和特征，我们从基于学科思想方法的教材知识整合和基于学科的大单元教材整合两个角度进行构思和设计，采用主题化、模块化、序列化三种主要方式进行整合式教学。

1. 主题化

以语文学科为例，七中育才主要采用的教学方式为单元主题教学。教师根据课程实施的水平目标，确立若干个教学主题，以主题为核心，开发和重组相关的教学内容，进行单元主题教学。为了体现学习领域水平目标达成的针对性以及知识与技能教学的连贯性、开放性和生活化等特性，教师将整个教学置于具体的生活情境之中，这样有利于学生对知识与技能的意义建构，提高学生理解和运用知识与技能的能力和意识。教师在指导学生进行单元学习时，紧扣单元主题，让学生从主题模块中构建思路；在对学过的内容进行梳理总结时，围绕单元主题，引导学生巩固与综合运用。

人教版七到九年级的语文教材的组元有三个层次，年级以主题作为组元标准。所谓主题组元，就是以生活或文化的某一内容为依据进行的单元编排活动。这种单元的组合形式凸显了以下几个特点。

①话题引领，激发学生的表达兴趣。主题组元中的"主题"既起到了激发学生兴趣的作用，其本身又是一个话题，起到拓展阅读、引起讨论、引发自主表达的作用。

②内容导向，重视学生的个性体验。主题组元中的篇目一般是从不同角度来展开主题的，教学这些篇目可让学生获得不同的体验，从而引发对主题的思考。

③活动为主，强调学生的整体发展。主题组元侧重活动教学，话题引路，听、说、读、写兼行，知、情、意、行并重，关注学生整体发展，如果拆成了一篇一篇孤立的课文来进行教学，就割裂了单元内部的思维联系。

以人教版七年级下册第三单元的整合教学为例，这个单元的文章分别是《闻一多先生的说和做》《音乐巨人贝多芬》《福楼拜家的星期天》《邓稼先》《孙权劝学》，均是介绍名人生平经历的文章。如果按照传统的教法，单是课文学习就需要 12 个课时。通过单元整合阅读教学，课时由 12 课时缩短到了 8 课时，具体安排如下。（见表 4 - 1）

表 4 - 1　第三单元整合教学课时安排

课时安排	课时任务	教学方式
第一课时	基础知识积累	学生自学
第二课时	文本品读	学生自读，评点
第三课时	文本阅读交流之英雄的形象	学生交流、讨论，教师点拨
第四课时	文本阅读交流之英雄与时代	学生交流、讨论，教师点拨
第五课时	文本阅读交流之写作借鉴	学生交流、讨论，教师点拨，学生当堂习作
第六课时		
第七课时	练习反馈	教师评点
第八课时	练习评讲	教师讲解

以第三课时"文本阅读交流之英雄的形象"为例，当学生经过了第一、二课时"基础知识积累"和"文本品读"的自学之后，对文本有了较为深刻的理解，第三课时我们设计了课堂的主问题：哪个人物给你留下的印象最为深刻。我们认为这个问题极具开放性，以之作为整堂课的切入点能调动学生的阅读记忆，让每一个层次的学生都有可以说的内容，教师再追问为什么，学生自然就会从文章中的细节描写出发进行分析。这时候教师适时的点拨就会巧妙而自然地将学生的思考引向全面和深入，进而实现教学目的——"通过细节描写感受人物形象"。在分散的阅读体会交流之后，课堂向"整合"行进——"用一句话谈谈对这几个人物的认识"。学生们的发言让我们惊叹，从这些只言片语中我们看到的是学生深入阅读体会交流之后所绽放的思维的花朵。

如果仅仅从主题上处理这个单元的文本教学的话，我们也会觉得遗憾，因为语文教学的内容不能只是对文本内涵的解读，还应深入玩味不同特质文章的语言特色和艺术手法及风格，所以我们设计的第五、六课时的主任务就是"学习这个单元文章写人的手法"。这样的整合设计真正实现了"用教材教"而不是简单的"教教材",所有的文本都成了培养学生语文能力的文字载体。

当然,除了将整个单元的文章以整合的教学思路设计之外,我们也要关注单篇与单元的各自的教学价值。

以七年级上册的"亲情"单元为例,其单元目标是有感情地朗读课文,能整体把握文章大意,能体会丰富多样的情感。如何实现这样的单元目标?这就需要我们仔细分析每一篇文章的特点,这样才能在准确研读单篇的基础上整体把握整个单元。

《散步》写的是生活小事,却意蕴丰富,在温馨的亲情中蕴蓄着生命可贵、孝敬、慈爱等内涵。这是一篇淡而有味的散文,它的"味"体现在多个方面:大词小用、语言的对称美、以小见大、主旨丰富……

《秋天的怀念》写的是艰难中无私而深沉的母爱以及作者对母爱的回应或反思。文中的景物描写很好地渲染了亲情,对母亲的动作、神态、语言等的描写写活了一个母亲深沉的爱:饱经生活苦难却又不能言说、自身承受苦痛却更在意儿子是否痛。文章出自一个苦难的生命,却为我们开了一地灿烂的秋菊,告诉我们"要好好儿活"。这篇文章是最真实、最有力的生命教育的教材。

《羚羊木雕》写的是亲情与友情的冲突。虽然写的是几十年前的事,但于今仍有现实意义。看似简单的小事,却被作者写得丰富、曲折、鲜活可感。其中,插叙的运用、不着痕迹的人物描写所表现的人物的立场、恰到好处的景物描写对人物心情的渲染等都是值得揣摩的。

《金色花》和《荷叶 母亲》是散文诗,都表现了子女对母亲的爱。前者以想象的方式借物抒情,赋予了金色花以丰富的意义;后者借景抒情(触景生情),托物寄情。两篇都以物为载体,抒发了对母亲温馨而美好的情感。

《咏雪》和《陈太丘与友期》都选自《世说新语》,是古代名人儿时的逸事,短小而有趣,或有情趣,或有理趣。《咏雪》是家庭中一个随兴的闲谈,在这个富有文化气息的家庭讨论中展现出家族中少男少女们的才情;《陈太丘与友期》写的是家庭外的一段简单的对话,却让人深深地思考智与礼这两个古老的话题。两个故事其实都能表现良好的家教、家风。

在仔细分析单元中每一篇文章的特色之后,我们可以更科学地设计这一单元的核心学习目标——

①在诵读中体会本单元篇目蕴含的情感。

②结合自己的生活经验和情感体验深入理解本单元篇目蕴含的丰富而深厚的情感，以反观自己的心灵世界。

③探究并学习本单元篇目叙写亲情、表达情感的方法：

《散步》如何把亲情故事写得深刻；

《秋天的怀念》如何渲染亲情；

《羚羊木雕》怎样把亲情故事写得丰富、曲折；

《金色花》《荷叶 母亲》如何把亲情故事写得生动、具体可感；

《咏雪》《陈太丘与友期》如何截取片段表现家庭生活的不同侧面。

这样的教学设计，既考虑了编者的编撰意图——体现了单元整体的能力训练点，同时又兼顾了每一篇文章的特色——体现了单篇文章教学的深度，从而使语文教学既有每一堂课的精彩，又有整体知识能力的架构。

2. 模块化

模块化教学法是 20 世纪 70 年代初由国际劳工组织研究开发出来的以现场教学为主、以技能培训为核心的一种教学模式。（赵金祥，2006）模块化是指在教学过程中，课程完全打破学科体系，不要求学科的系统性和完整性，以知识模块组织教学，突出"宽""活""薄"——教学模块设置要宽、模块内容要活、知识容量要薄。"宽""活""薄"要有度，以必需、够用和学生可接受为准。教学知识模块化所遵循的基本原则有以下几条。①教学模块的独立性原则。在确立模块时，要打破传统的学科体系，将教学内容分成若干相互独立的、各成体系的部分——模块。每一个模块都能根据需要独立展开教学，这样便于教学内容灵活调整和更新。②以知识为基础、以提升能力为本位的原则。知识包括基本概念、基本理论，是教学模块的基础，而提升能力是实施教学模块的目标。在确立教学模块时，要注意紧紧围绕"提升能力"这条主线组织教学内容。③循序渐进原则。这其中有两层含义：一是各教学模块之间要体现由浅入深、由表及里、由简单到复杂的结构体系；二是每个教学模块内的知识点、能力点也要贯彻深入浅出、由近及远、由概念到理论再形成能力的基本原则。此外，还要遵循因材施教原则、科学性与思想性统一的原则。

此次中学课程改革的一大特色就是将"模块理论"引入教育教学领域，即将一门学科中或各门学科中具有同类功能的知识点或能力点组合成知识模块或能力模块，使其整体功能大于部分之和。模块之间既相互独立，又反映学科内容的逻辑联系，每一模块都对教师的教学行为和学生的学习方式提出不同的要求与建议。该项改革表明了教学模式要从传统的固定型向灵活的自由型转变。

接下来以艺术学科为例介绍七中育才的模块化教学。中学艺术的模块化整合是对现有艺术资源进行重新组合优化，从教材、教学、学习几个环节入手，为学生搭建一个自主学习、研究性学习的平台，一切以提升中学生的文化素质、培养他们的艺术素养为目的，体现以学生为本、倡导研究性学习的理念，是推进人文教育课程改革的有益探索。七中育才的美术学科分为两个必修课程模块（艺术作品欣赏、基础造型表现）和三个选修课程模块（版画模块、书法模块、摄影模块）。七中育才的音乐学科设置为音乐歌唱模块、音乐理论模块、音乐欣赏模块。每一个课程模块根据教学活动的逻辑步骤再细分为若干个具体的教学模块，其操作方法如下。首先，把教学内容以人文历史为线索划分为三大模块——世界史模块、中国史模块、地方史模块。其次，确定每一模块的教学目标，包括知识目标、能力目标、德育目标。再次，确定每一模块的具体教学内容和课时计划。最后，确定每一模块的考核评价办法。

3. 序列化

万物皆有序。《现代汉语词典（第 5 版）》中给"序列"一词作出的定义是"按次序排好的行列"。下面介绍一下七中育才以序列化方式进行整合式教学的做法——以语文作文教学序列化为例。"语文作文教学序列"应该是指把作文教学的环节与内容按照一定的次序排列好的语文教学行列，"广义上指中小学期间培养学生作文能力全过程的科学安排，狭义上指一次作文教学的过程"（李李，2007）。本文所指的"语文作文教学序列"主要是初中阶段培养学生作文能力的科学安排。

教育心理学家加涅也提出关于课程与教学的一个原则——"序列原则"。他认为，"学习发展是循序渐进的过程，教学应遵循两个序列：第一是学生认识能力发展序列；第二是科学知识的逻辑结构序列"（于桂菊，2012）。写作教学作为一种培养学生写作能力的活动，也必然要有序。这种有序是由多方面决定的。只有顺应认知规律，考虑个体发展状况，循序渐进地安排教学活动，才能减少教学的盲目性与随意性，提高学生的写作水平。

我们之所以会以语文作文的序列化教学为思考点，是因为当前语文课堂上作文教学存在无序混乱的现状。作文教学到底应该教什么，应该怎么教，成为困扰很多教师的难题。古人曾有"文章本天成，妙手偶得之"的话，从古到今不少人都将写作水平的高低归于个人的天赋和才情，并认为它与后天的训练没有太大关联。在现在的作文教学中，写作究竟能不能教，教师在作文课上的指导究竟能不能有效帮助学生提高自身的写作水平依然是很多教师心中的一个暗结，甚至有一些教师认为好学生不是教出来的，差学生是教不好的。教师这种对作文教学认识的偏差导致了他们对作文教学不够重视，也制约了教师在日常教学活动中积极性的发挥。现今，很多教师在进行作文教学时，在学生写作能力的培养方面缺乏整体性与长远性的考虑，每节作文课也缺乏明确的教学目标，没有完整清晰的教学设计，在教学过程中的指导也显得粗放、针对性不强。这就导致作文教学的实际作用不大，效果不明显。一般来说，现在的作文课大体可分为两个环节：一是学生正式开始写作之前教师的指导，包括对话题的引导，明确写作要求等；二是学生的写作活动。在写作前的指导环节，教师采用的方法通常是引出所写话题，再引导学生讨论，设法激发学生的写作意向，让他们对所写话题产生兴趣，并帮助学生打开思路，对所写话题进行多角度思考。但也有一部分教师在这个环节采取消极的态度，比如直接将作文题布置出来，简单宣布写作要求后就让学生动笔写。这样的行为就削弱了教师在作文教学中的作用。

除了教师对作文教学认识上的问题外，作文教学在时间、内容、评价方面也都处于随意的无序状态。首先在作文教学的时间方面，一是作文训练没有固定的时间，存在着以考代练的现象。一些教师将考试中的作文当成学生的作文练习，将考过等同于练过。二是教学时间被压缩，一节作文课大部分时间都是让学生去写，作文教学变成了没有教师指导下的个人学习，"教"在课堂上被淡化了。其次是在训练内容方面的随意。很多教师对训练内容没有经过系统细致的考虑。虽然初中教材上有专门的写作练习，以初中人教版教材为例，每册教材都设计有表达与交流的板块来训练学生的写作能力，主题从叙事，到描写，到抒情，到议论，看似非常全面，但是这些写作单元在总体上却并没有呈现出一个完整的序列。在这样的写作训练中，学生不能循序渐进地取得进步。而且在实际教学中，一部分教师并没有按照教材中的写作主题进行教学。叶黎明（2012）指出，"在我国，写作教学内容的开发，基本依赖语文教师的经验，包括教师的写作经验和语文经验。以命题为例，教师通常缺乏对写作内容的长期规划，不熟悉命题理据，写作题目往往来自阅读、教研会议、公开课、电视新闻、个人经验、学生生活等各种途径，题目的好坏标准是个人喜好，对于为什么写这样的题目，写这样的题目究竟要教给学生什么知识、技能，基本上是没有周密考虑的"。总之，随意安排的教学内容会导致学生的写作能力无法得到系统、规范的训练，也制约了学生写作水平的提高。最后是评价标准的随意。究竟什么样的作文才算是好作文，虽然各级各类考试对于优秀作文都有一套类似的评分标准，比如准确把握题意、思想健康、情感真挚、能根据中心进行选材、有新意、作文内容具体、中心明确、结构完整、条理清晰、在表达上通顺连贯、有文采等，但事实上，很多教师在评改作文时仅仅依靠个人喜好作出决定，没有对照标准对作文进行全面客观的评价。

基于对以上作文教学方面存在的问题的分析，七中育才语文教研组群策群力，构建了作文教学序列。序列的建立、教学目标的确立、教学内容的具体化，将改变目前教材上作文教学搭综合性学习"便车"的现状。具体做法在第三章中的"特色课程的选点与布局"中有过介绍。

（三）整合的实践

随着新一轮基础教育课程改革和教育信息化建设的不断推进，以整合教学为代表的新型教学形式，已逐步遍及国内中小学各个学科，正引发着一系列可喜的变化，日益成为当前教育教学改革的新视点。实践表明：整合教学不仅有利于丰富课堂的呈现形式，拓展资源的开放度与多样性，提升学生的参与度，而且还有利于延伸课程教学时空，改进教与学的行为方式与互动过程，提高教与学的实效，有效弥补传统教学存在的某些不足。

1. 英语学科与信息技术的整合

把信息技术作为英语教学的认知工具和知识载体，采用任务驱动学习、研究性学习、自主探究学习、协作交流学习等策略，围绕英语学科知识的学习特点，有效地将教学内容与信息技术进行整合。通过课程的整合，学生在学科知识、主体意识、实践动手能力等方面均得到显著提高。信息技术与英语教学内容进行整合可以使用的方法有：发送 E-mail（电子邮件），应用 PowerPoint（演示文稿软件）、Flash（动画制作软件）等。

一是发送 E-mail。人教版英语教科书八年级上册 Unit 5 Section B 3a 就是一封 Sonia 发给 Henry 的 E-mail，告诉 Henry 她不能去参加他生日聚会的原因。学习之后，教师要求学生也照着这样给他发一封 E-mail，内容不限，学生们很乐意地完成了任务。这样不仅帮助学生掌握了课本学习要点，还锻炼了学生发电子邮件的技能。二是利用 PowerPoint 制作名片。人教版英语教科书（试用修订本）七年级上册 Unit 2 Part 4 Look，ask and write，要求学生仿照课本例子制作名片（ID Card），用 PowerPoint 制作自己的名片。这样结合生活实际训练学生，不但增长了学生的知识和兴趣，培养了学生动手操作的能力，而且使学生对 PowerPoint 有了深入的理解与应用。三是利用 Flash 制作动画。在讲解一篇课外阅读的时候，为了简洁明了地引导学生做好指路人，英语教研组特地用 Flash 制作了一个教学软件《赛车》（Racing Car）。

信息技术与英语教学策略的有效整合，带动了教育教学的改革，促进了教学策略的转化。把传统的教育教学模式与信息技术结合起来，是提高教育教学质量的新途径，同样是课程整合的有机组成部分。具体的整合模式如下。一是辅助式学习。在这种学习模式中，学生可以利用网络资源查询信息，或者处理个别文字。譬如，在学习人教版英语教科书七年级下册 Unit 2 时，教师让学生从网络上查询与课文内容相关的动物的英文名称，像斑马（zebra）、长颈鹿（giraffe）等。二是交互式学习。在这种学习模式中，教师根据英语教学内容有创意地布置学生感兴趣的任务，运用多媒体和网络技术使学生全身心参与，促进学生的认知和情感发展。

2. 数学学科与语文学科的整合

语文学科的"基础"性质，决定了这门学科自身的特点，它涉及"字、词、句、章、语、修、逻、文"等方面的知识，包括听、说、读、写等方面的训练。这些知识及能力训练，是分散在各课中的。教师如何将这些分散的知识系统化、条理化地教给学生呢？教学的巩固性原则要求引导学生在理解的基础上牢固地掌握所学的知识和技能，使所学的知识和技能持久地保持在记忆中，当需要的时候，能准确无误地再现，加以运用。我们认为借鉴数学教学中的"公式"来指导学生进行复习，有利于知识和技能持久地保持在记忆中。数学中有很多计算可以套用的公式，语文却不然，它并没有像数学那样有现存公式可背，但学语文也有规律可依，有窍门可循。在学习、借鉴数学公式的基础上，编写"语文公式"，一方面可以将知识条理化、系统化，便于学生识记，另一方面也可以使学生在应用时不至于张冠李戴、混淆不清。众所周知，在理科的学习中，我们要做大量的实验，以证明所学的理论，让学生在动手操作的同时掌握理论知识。在语文学科中，我们也可以借鉴实验法，在课堂中运用游戏理论来增强学生的学习兴趣和动脑能力。

例如，在指导九年级学生复习语文基础知识这一块时，教师在理清知识结构的基础上，把一至六册的基础知识编成如下一系列的"公式"。

记叙的顺序＝顺叙＋倒叙＋插叙

记叙的要素＝时间＋地点＋人物＋事情的起因＋事情的经过＋事情的结果

小说的要素＝人物＋故事情节＋环境描写

基本的表达方式＝记叙＋说明＋议论……

说明方法＝下定义＋打比方＋列数字＋举例子＋作比较＋分类别

人物描写方法＝语言描写＋动作描写＋外貌（肖像）描写＋心理描写

议论文的三要素＝论点＋论据＋论证

论证方式＝立论＋驳论

象征≠修辞手法

小说中的"我"≠作者本人

3. 读写语言技能的整合

除了学科与学科之间的整合外，我们还探索了学科内知识与技能的整合教学。《义务教育英语课程标准（2011年版）》明确指出："语言技能是语言运用能力的重要组成部分，主要包括听、说、读、写等方面的技能以及这些技能的综合运用。听和读是理解的技能，说和写是表达的技能。它们在语言学习和交际中相辅相成、相互促进。学生应通过大量的专项和综合性语言实践活动，形成综合语言运用能力，为真实语言交际打基础。"读和写同为书面语，二者关系极为密切。对读和写之间的关系，著名的英语教学法专家李庭芗先生的论述堪称经典。他认为，"在语言教学里，写能加强读，读能促进写。读是写的基础，要在读的基础上开展写的训练。阅读是吸收，为写作提供语言、内容和临摹的典范。写又促进学生对词形的辨认，从而有利于提高阅读速度。写作经验的丰富有助于阅读中的理解、欣赏和吸收，有提高阅读能力的功效"（李庭芗，1983）。

语言技能整合是指听、说、读、写四种基本语言技能中的两种或两种以上技能相互结合。通常情况下，从阅读到写作可以自然迁移，迁移发生的多少取决于学习者的认知水平和认知策略。通过文献研究和调查研究发现，针对"综合语言技能"部分的"教学内容分析"和"教学方法建议"，英语教师教学用书一般都会建议教师在阅读后或写作前设计讨论、辩论等活动。教师在实际教学中也通常会在阅读后或写作前设计问答、讨论、辩论、叙述个人经历等口头交流活动。可以说，我国目前实施的读写技能整合教学一般都有三个基本环节，即读、说和写，因此，七中育才把"读—说—写三段教学模式"确定为读写技能整合教学模式的一般框架。在此基础上，学校依据语言的交际教学模式、批判性阅读理论和重过程的写作教学模式，构建了适合初中学生的英语读写技能整合教学模式。

三、学科微型课程的建设

普通中学课程改革方案给学校和教师预留了课程开发空间。开发学科微型课程可以在确保学科课程教学进程的同时，构建起富有特色的选修课程模块。学科微型课程对学科课程教学具有补丁作用、延展作用和点缀作用，开发学科微型课程要注意讲究技术程序，把握其"微""细""小"的特点。

（一）学科取向类

学科取向类课程是世界上产生最早、历史最久、应用范围最广的课程形态之一，它处于不断变化、调整和完善的动态发展过程中。学科取向类课程是课程改革和实践的核心部分，既是诸多课程理论和实践问题的生成点，也是课程改革推进的立足点。下面将从语文学科、生物学科以及物理学科为切入点介绍学科取向类课程。

1. 语文学科拓展课程——国学经典诵读

语文学科拓展课程——国学经典诵读，是语文学科这一国家基础课程之外的延伸，主要指语文基础课程与语文学科学习领域的整合。通过系统地指导学生阅读国学经典及本土优秀文学作品，在阅读、积累、感悟、表达中，拓宽学生的视野，拓展学生的语文知识与能力，集中培养和提升学生的语文学科能力和人文素养。

（1）课程理念

①古为今用，努力建设与现代社会发展相适应的国学课程。

②传道授业，努力构建人文性与工具性相统一的国学课程。

③寓学于乐，积极倡导自主、合作、探究的学习方式。

④知行合一，正确把握国学教育的特点。

⑤兼收并蓄，努力建设开放而又有活力的国学课程。

（2）课程目标

①知识性目标。引导学生认识和了解国学经典，认识国学经典在一个人成长过程中发挥的重要作用。

②技能性目标。使学生掌握主题式学习的基本方法，学会朗读和诵读，乐于背诵国学经典精粹篇章，增强文化底蕴，滋养语文素养；形成一定的收集、整理、传播、交流、运用信息的能力。

③体验性目标。使学生树立正确的道德观念，初步建立良好的道德心理机制；欣赏并感受国学经典精髓的自然美、人文美，提高语言审美鉴赏力；形成学习国学经典的兴趣，体会国学经典文化的博大精深，提升人文素养。

（3）教材的选择及课时安排

①选材的原则。七中育才以石俊老师编著的《国学泛舟》为主，精选中学生成长需要的、学生能够接受的、既便于学习又适合反复诵读的、具有"深者得其深、浅者得其浅"的原创性典籍。

②课时的安排。每章安排3~4课时，分为激趣导学、自主研学、合作践学和交流；每学期12课时，共4学期，48课时。

（4）课程内容

教师按照螺旋上升、由浅入深、由易到难的原则，安排课程内容。每个单元包含：单元主题及解读；两篇主题课文，每篇课文分"认识作者""释词解字""思考启发"三部分；朗读课文、积累知识、阅读相关著作、开展国学经典实践活动等。

①国学经典教学主题序列。（见表4-2）

表4-2　国学经典教学主题序列

七年级单元主题	八年级单元主题	九年级单元主题
一、蒙学与家训经典精选	一、先秦原典文化著作选读	一、先秦南北朝诗歌精选
二、诗骚风采	二、民歌神韵	二、文人诗品
三、唐诗览胜	三、宋诗精粹	三、唐宋元诗词精选
四、先秦南北朝散文	四、唐代散文	四、宋代散文
五、明清散文	五、史传文学	五、明清小说
		六、明清诗粹

②教学内容（《国学泛舟》主体内容）介绍如下。

升堂入室——国学概说

非常四加二——汉字的发展演变

天人常理——经学小史

读史明鉴——中国史学简史

百花齐放——诸子百家

探索发现——中国古代神话传说

国宝档案——中国古典诗歌的行程和发展

上下千年　纵横万里——中国散文发展史

小说大观园——中国小说史略

曲苑杂谈——中国戏曲的形成和发展

此外，每章节还特辟"趣味学习"活动，让国学课不仅仅停留在学典籍上，更重要的是培养学生思考、思辨的能力。

（5）课程的实施

①课程实施对象——全校学生。

②教学方式——朗读背诵式（适用于七年级），体会讲读式（适用于八年级），美吟诵读式（适用于九年级），吸收表达式（适用于七、八、九年级）。

（6）课程的评价

一是评价要素。评价要素分为可量化要素和非量化要素。可量化要素是指学生每学一个主题都有相应的学习单元，如作业、笔记、表现学习收获或体会的作品、所收集的与主题相关的资料。学习任务的完成情况是可量化的。非量化要素是指活动中的言谈、举止、态度，与人交往、合作的技能等。

二是测评方式。测评方式分为文化测试和文化实践两部分，其中文化测试占40％，文化实践占60％。文化测试是指以笔试的方式对已学内容进行检测；文化实践是指对学习共同体（或学习个体）撰写的学习实践报告和设计的实践作品（诵读、表演等方式）进行考评。

三是评价结果的呈现方式及运用。评价结果分为优、良、合格、待合格，记录在学生综合素质报告单中。

开发学科微型课程，既可以避免重新讲授煮"夹生饭"的尴尬，又可以利用教学的可修复性，巧妙地对学科教学中疏漏的问题进行弥补，策应学科教学进度，使多数学生能及时地把握学科课程进程，准确地理解学科课程意义，让学科教学对中下学习水平的学生更有吸引力，让中上学习水平的学生强化学科学习责任和兴趣。

2. 生物学科拓展课程——探索生命

课堂是有限的，大自然是生物老师最直观的"教具"。带领学生走进自然，让学生亲自去探索和发现奇妙的生物世界是一个不错的想法。学校周边的自然资源丰富，老师和学生可以愉悦地参观成都活水公园，可以穿梭在优美的校园，去给校园植物挂上名字，可以徜徉于美丽的府南河畔，去观察河边的生物，还可以沉浸到望江公园中那片鲜脆欲滴的"竹海"中，去了解生物的多样性……

（1）课程目标

①通过探究活动，拓宽学生知识面，使其了解基本的生物学知识。

②通过探究实验与实践活动，培养学生的实验动手操作能力和科学素养。

③通过丰富的课程活动，提高学生学习生物学的兴趣。

④通过情感教育，培养学生敬畏生命、关爱自然的情感。

（2）课程内容

课程内容分为植物篇、动物篇、微生物篇和科学探究及户外实践篇这四项内容。植物篇的课程内容包括叶脉书签的制作、腊叶标本的制作、植物的分类及校园植物的挂牌；动物篇的课程内容包括人类血型、血型遗传及检验血型实验、解剖和观察鲫鱼、校园鸟巢的制作、探究蚯蚓的生活环境；微生物篇的课程内容包括酸奶、泡菜的制作（乳酸菌发酵）以及米酒、包子的制作（酵母菌发酵）等；科学探究及户外实践篇的课程内容包括还原糖的鉴定实验、了解府南河的整治措施和竹子的多样性及用途等。

（3）课程实施

在课程实施方面，我们主要以活动及生活实践的方式开展课程。例如，我们利用学校的种植园和生物角开展了植物的分类及校园植物的挂牌活动、解剖和观察鲫鱼、探究蚯蚓的生活环境等一系列的生物拓展课程。值得一提的是，我们还通过和厨艺课程的整合，在制作酸奶和米酒中学习了乳酸菌和酵母菌等微生物的知识。

（4）课程评价

此类课程以实践活动为主，因此评价方式主要采用过程性评价，比如运用展示（展览）、报告（汇报）的形式进行评价。

3. 物理学科拓展课程——数字实验

数字化实验室是利用多媒体信息技术辅助物理、化学、生物等学科完成实验教学的一整套新型教学设备，主要包括数据采集器、多种教学专用传感器材以及配套使用的专用软件和附件系统。传感器实时采集数据及自动生成图像，师生结合图像数据分析实验结果。数字化实验室是一个开放性的实验平台，它将传感器和计算机组成多功能的测量系统。数字化实验室能够独立地或者与传统的仪器结合起来进行实验。传感器快速、高精度地实时采集数据后传入计算机，计算机完成对数据的计算、分析并展示真实的实验结果。数字化实验室可以完成力、热、声、光、电等各类实验，提高实验的精度和速度。完成常规仪器难以完成的实验，是信息技术与传统实验的深度整合。同时，它还能够完成教师和学生自行设计的实验，通过数字和图像生动地表达实验过程。数字实验课程以探究性实验为主，课程内容主要有电磁感应、水的沸腾、滑动摩擦力、小灯泡的功率、液体深度与压强的关系等。数字实验课程的作用在于提高教学效率，解决教学难题，培养学生的动手能力和研究精神。它的意义在于创新教学手段，促进信息技术与课程的全面整合，更新教学理念，适应新课改的需要。数字实验课程不仅能培养学生的动手能力，而且可以提高学生的创新精神和开拓思维，为其以后更好地解释生活现象、学好物理打下坚实的基础。校园网、局域网可以实现实验教学的师生互动，实验评价系统可以实现对实验教学的评价。

（二）生活取向类

新课标针对当今教学的实际，特别强调了学科教学"与生活的联系"。新课标中的有关要求，都深刻地体现了教学生活化的思想，无论是对课程性质、目标的阐述，还是对课程实施与开发建议的说明，都体现了对社会生活所蕴含的课程价值的关注以及对学生生活经验的重视。在实际教学中，如何把学科教学生活化，把学生生活经验课堂化，是当前教学改革的重要课题之一。下面介绍一下七中育才如何落实教学生活化的思想。

1. 育才戏剧社

川剧是中国戏曲剧种之一，形成于清朝乾隆年间，流行于四川中东部、重庆及贵州、云南部分地区，是中国西南部影响最大的地方剧种，同时也是西南地区重要的非物质文化遗产。川剧作为一种民间艺术形式，能形象、直接、全面地体现民俗和民族文化，具有审美、教育、娱乐价值，能让学生产生丰富的想象，给他们以真的启迪、善的熏陶、美的享受。

（1）课程目标

在弘扬民族文化、保护非物质文化遗产的大背景下，着重挖掘川剧文化精髓，开展川剧融入学校艺术教育的研究，培养学生重视和热爱本土文化的意识，在学生心灵中播下川剧的种子，提高学生欣赏川剧的能力，促进学生德、智、体、美、劳等素质的全面发展。

（2）课程内容（见表4-3）

表4-3　川剧课程安排

时　间	专　题	课　时	授课内容	备　注
上学期	川剧的渊源	2课时	介绍川剧的起源 川剧的剧目 简单介绍川剧特点	
	川剧高腔	4课时	川剧高腔特色 川剧高腔欣赏 学唱川剧《别洞观景》	外聘老师

续表

时　间	专　题	课　时	授课内容	备　注
上学期	川剧灯戏	4课时	川剧灯戏特色 川剧灯戏欣赏 排练川剧《裁衣》	外聘老师
下学期	川剧弹戏	7课时	川剧弹戏特色 川剧弹戏欣赏 排练川剧《拾玉镯》	外聘老师
	川剧胡琴	4课时	川剧胡琴特色 川剧胡琴欣赏 学唱川剧《三祭江》	外聘老师
	川剧昆腔	1课时	川剧昆腔特色 川剧昆腔欣赏 了解川剧昆腔和昆曲的区别	

（3）课程实施及评价

我们深入思考该课程的国际化实施思路，除了以本土的文化熏陶实现国际化交流之外，我们充分挖掘川剧在世界历史上的地位与作用。追溯历史，戏剧是中国的国粹和瑰宝，它内涵丰富、表现形式多样，因此，我们将该课程内容进行了拓展，开展了对中国戏曲以及戏曲历史故事的探究性学习活动。在评价方面，我们采用理论与实践相结合的方式，通过笔试与表演进行综合性评价。

2.“我当三天家”实践课程

（1）课程目标

为了弘扬中华民族的传统美德，让育才学子获得关爱、孝敬、感恩的情感体验，为了让学生们体会家长的辛劳，促进父母与子女间相互理解，增进彼此情感，为了锻炼学生的生活自理能力，初步培养学生对家庭的责任心，提高综合素质，学校以寒假为契机，让学生从小事做起，从关爱身边的亲人做起，着力开展以“我当三天家”为主题的系列教育活动。“三”不是确数，主要看课程内容能否被完整实施，可以是两天，也可以是四天或者更多。

（2）课程准备

①与父母共同制订完成实践活动的计划，如时间安排、预计费用等，提前做好准备。

②请家长把活动所需的费用交于孩子管理和分配，让孩子学会理财。（请家长根据具体情况安排）

③既要当好"家长"，又要安排好时间，抽空完成寒假作业。

（3）课程内容及实施（见表4-4）

表4-4 "我当三天家"实践课程安排

环 节	内容及实施	要 求
家庭劳动	①清理家中所有房间，包括整理物品、打扫清洁，干干净净过新年。②清洁完成后，用采买的对联、中国结、红灯笼等物品，把家布置得有新年的气氛，热热闹闹迎新年	请将家中清洁、布置的前后效果以及完成的过程各拍摄一组照片进行记录，以备办小报使用
反哺父母	早晨：叫父母起床，给父母准备好早点。上午：采购一天内家庭生活所需物品，如蔬菜、肉类等。中午：准备午饭、收拾碗筷。下午：父母下班前为父母泡好热茶，削好水果；准备较丰盛的晚餐，应包含至少两份荤菜、一份素菜、一份汤，从采到洗切、烹饪、餐后清洁全部独立完成。晚饭时：同父母交流自己当天的劳动感受。晚饭后：收拾碗筷后陪父母散步半个小时，向父母汇报自己一天的学习收获。睡前：为父母准备好洗漱所需物品，提醒父母注意身体。其他时间：独立、安静地完成自己的学习任务	请将过程和结果进行拍照记录，以备办小报使用
感恩他人	①选购一份礼物给长辈，要求事先作调查了解，这份礼物应该是长辈喜欢的、需要的。购买过程中货比三家，亲自挑选。在吃团圆饭时，赠送给长辈并且给长辈敬茶，设计好得体的祝词，表达内心的感恩与祝福。②为关心帮助过自己的人，	可以拍摄下礼物及选购情境，注明购买原因，写下祝福的话，记录下感恩祝福的瞬间，以备办小报使用

续表

环　节	内容及实施	要　求
感恩他人	如昔日恩师等，送上电话或者短信祝福。③为自己小区的好邻居或者保安叔叔、清洁阿姨送上自制的卡片等新年祝福	
家庭活动	①设计一次家庭出游活动。综合考虑地点、路线、所带用品、费用预算，尽可能独立完成订酒店、订餐等事务。②为全家设计合理的健身计划，如跑步、做操、球类运动、游泳等	需用文档展现出计划内容，写好说明。可拍摄记录全过程，以备办小报使用

（4）课程评价

开学一周内，各班将召开主题班会，交流"当家"感受，展示"当家"成果，然后根据学生小报、家长反馈意见、成果展示这三项，评选5~10名"我当三天家"实践先进个人。其中，小报评比占60%，成果展示占30%，家长意见占10%。

3. 七中育才节庆课程——元宵节课程

（1）课程缘起

我们日常生活中有着许多的节日。这些重要的节日、纪念日都蕴藏着宝贵的教育资源。通过"中秋节""端午节""元宵节"等节日，我们可以了解和认识我国民族风俗和民族文化，增强民族凝聚力。随着改革开放的深入，与国际社会的接轨，许多世界性节日也是好的教育资源。例如，"无烟日""环保日""地球日"等能加强学生的环保意识，"爱牙日""睡眠日""爱眼日"等能培养学生良好的生活习惯……可以说节日就是一本"百科全书"。由此，七中育才开始构建自己的节庆课程。首先，我们查找节日资料，精心筛选出有趣味性、有学段针对性、有重要教育意义的节日，编写了节庆课程内容。其次，整合节庆教育资源，让节庆教育主题化。针对节日内涵，我们将"教师节感恩主题"和"传统节日主题"作为节庆课程研究和实践的两大类主题课程。这样便于集中探索某一主题，深入了解节日内涵和意义。最后，针对不同年级，设立不同课程目标，使节庆课程在符合学生学段特点的前提下更突出其针对性和教育意义。

（2）课程目标

①感受中国传统节日——元宵节的氛围，了解元宵节的丰富内容和礼仪形式。

②增进孩子与家人的亲情。

（3）课程内容

必修内容包括：①亲手为家人包元宵或煮一碗元宵，将暖暖的心意送到他们手中。鼓励创新元宵的制作方式，如煎、煮、蒸，做水果元宵等。②自选材料制作一盏元宵花灯（小橘灯、萝卜雕刻花灯、彩纸糊灯等），点燃彩灯，祈愿美好新年。③为家庭元宵晚餐制作一两道菜，关注亲人的反馈评价。④在元宵团圆晚餐前，向家人致祝福语，表达感恩之情。

选修内容包括：①自制几条灯谜，在家人团聚时一起猜灯谜，活跃家庭氛围。②和家人一起放一盏孔明灯或观赏灯会，寄寓新年的美好祝愿。③背记一首元宵诗词，为家人进行朗诵表演。④通过查阅资料、向家中老人请教等方式，了解元宵节习俗，丰厚自我。

（4）课程实施

①认真完成课程内容的选修和必修部分。

②填写课程评价单，记录活动情况。

③拍摄一张活动中的照片或录制一小段活动视频，于元宵节当晚21点前发至本班QQ群，让班级大家庭的成员一起分享快乐。

（5）课程评价

学校研制了《成都七中育才学校2015年"元宵节课程"评价单》，活动结束之后每个学生都要填写此评价单，评价内容主要包括："元宵节课程"自评价并附活动照片一张；家长评价以及亲友评价。

（三）学生取向类

学校教育的根本目的是学生的发展，课程是学校教育最重要的载体和因素，作为课程体系的重要组成部分的校本课程理应为学生的发展服务。由于学生是在他自己的经验世界中成长的，要促进学生更好地发展，校本课程必须坚持以学生为本、经验为要的价值取向。落实这一课程价值取向，在课程开发和实施中需要采取乡土为基、校本开发、班本实施的策略，最终生成生本课程、生活课程。

1. 七中育才毕业课程

（1）课程缘起

毕业——是所有九年级学生在成年前的一次非常重要的"离别"；是一个阶段的结束，也是另一个阶段的开始；是学生在母校的最后一堂课，也是一个学校文化最集中的呈现。三年的学校生活，三年的人生历程，对每一个少年都是弥足珍贵的。借毕业这个重要的人生事件，给予学生丰富的生命体验、人生教益，是毕业课程的意义。

（2）课程资源

毕业年级所有学生、教师、家长以及学校往届毕业生。

（3）课程对象

毕业年级所有学生。

（4）课程目标

①感受毕业过程中的种种情感体验，正确对待"离别"。

②珍视与自己共度三年时光的同学，感恩母校、感谢恩师、感谢父母。

③审视自己三年的中学生活，汇聚点滴人生经验。

（5）课程内容及实施（见表4－5）

表4－5 毕业课程安排

项　目	内　容	意　义	实　施
毕业心理辅导	心理专家围绕毕业季学生心理问题进行专题讲座及群体心理辅导	使学生正确理解毕业，冷静对待"离别"，避免出现毕业焦虑	毕业班级全体学生；学校邀请心理专家进行讲座和辅导
班级毕业"墙"	由22个主题展板组成：1个前言板（序言＋各班毕业集体照）、3个学习生活板（分别展示七、八、九年级的学习生活场景）、15个班级展板（展示各班毕业季感言）	回顾三年初中生活的校园大事、年级逸事，分享毕业时的心情	毕业班级全体学生；由各班宣传委员负主要责任，班主任和语文老师分别在展板制作和文稿写作上给予指导

续表

项　目	内　容	意　义	实　施
班级毕业相册	各班毕业照；班级重要活动的精彩照片；班级各类奇人、达人生活照、毕业留言；班级所有教师生活照、毕业赠言（可以送给全班，可以送给个人）	回顾三年来班级大事、要事、趣事、糗事，盘点班级各类奇人、达人，珍视生命中与自己共度三年时光的学友、师长	毕业班级全体学生；由各班班长负主要责任，班主任负责分工，美术老师和语文老师分别在相册制作和文稿写作上给予指导
母校感恩树	由毕业年级代表全体毕业生赠送母校一棵感恩树	表达对母校的感恩之情	毕业班级全体学生；由年级组长负责
成长数字故事	用数字故事的方式浓缩三年来整个年级的经历与成长	回顾三年初中生活的校园大事、年级逸事，在流动的画面中重现逝水流年	毕业班级全体学生；由各班学习委员、电教员、语文科代表负主要责任
毕业典礼方案设计	设计一份不超过两小时的毕业典礼方案，主题突出、形式活泼	在设计方案的过程中回顾往事、审视成长、沉淀情感	毕业班级全体学生；征集毕业班级全体学生意见，由年级组长负主要责任，各班出3名学生参与方案的撰写
毕业诗歌撰写	撰写一首1000～1500字的诗歌	浓缩三年的成长，抒发毕业的心情	毕业班级全体学生；在各班原创诗歌中优选、改编，由年级学生会主席负责，毕业典礼主持人（学生）全程参与

续表

项　目	内　容	意　义	实　施
家长寄语	①由一名家长代表全体毕业生及家长致辞。②由各班家长代表向学生代表送毕业祝福	表达对三年初中生活的怀念，抒发对母校、对老师等的情感，表达对学生的毕业祝福	各班家长代表及学生代表；由班主任负责
教师赠言	①各学科组老师祝福毕业。②各班主任深情道别并祝福毕业	师者，共享岁月，引领成长	各学科组老师及班主任
校长致辞	由校长代表学校以长者和智者的身份向即将毕业的学生致辞	表达对学生的毕业祝福，并给予人生成长的启迪与指引	校长负责
颁发毕业证	由校长代表学校向学生颁发毕业证	让学生在强烈的仪式感中体会毕业的庄重、神圣	校长及全体毕业生
毕业典礼	全体毕业生、家长、教师一起举行一场隆重的毕业典礼	让两小时浓缩三年，让学生记忆一生	全体毕业生、家长、教师

2. 民乐课程

（1）课程概况

民乐作为一门高雅的艺术，具有相当高的欣赏及传承价值，更是校园文化艺术中一朵娇艳的奇葩。为推进素质教育，弘扬民乐艺术，陶冶学生的艺术情操，学校投入了大量的人力、物力和财力，民乐课程教师投入大量的精力，对学生进行长期培训和指导。经过多年的发展，今天的民乐课程已成为学校艺术教育课程的重要组成部分，更是学校特色教育的一张文化名片。

（2）课程目标

民族艺术教育旨在使学生了解我国优秀的民族艺术文化传统，提高学生的文化艺术素养，培养其感受美、表现美、鉴赏美、创造美的能力，使其树立正确的审美观念，抵制不良文化的影响。

①让学生了解器乐的发展史、乐曲的内涵以及中华民族的历史文化、风土人情等，使其学习、传承中华民族传统文化，促进学生的全面发展。

②通过民乐训练，让学生自主成长、自主发展，学会学习、学会合作、学会创造。

③通过民乐训练、演出、比赛等活动，以情感的体验、做人的正气和艺术的神韵来促进学生的全面发展。

（3）课程实施

①设有专门的民乐训练室，配有专职教师进行日常指导和编排，每周四和周五下午上课，每一学期编排1～2个民乐合奏节目。

②进行各种校内外汇报演出、文艺比赛。

③训练曲目：《春江花月夜》《茉莉花》《奇迹》。

（4）课程评价

作为艺术实践类课程，民乐课程最重要的评价方式就是演出。近年来，七中育才民乐团多次受邀到其他学校演出，并在重大活动及比赛中演出，获得众多好评。

四、学习资源的深度开发

为搭建自主选择学习资源的平台，让学生在一切可利用的资源中自主学习，学校构建了有层次性的、立体化的、专业化的、数字化的、多样化的、生活化的学科资源系统。

（一）完善校内资源，建设有层次性的学习资源系统

丰富的校内课程资源是课程建设和实施的基本条件，针对学校学习资源冗杂无序的现状，学校进行理性分析，迈出了课程资源建设的步子，即建设有层次性的学习资源系统。

1. 充分挖掘硬件资源搭建学生自学平台

每个班每周开设一节阅读课，学生到藏书丰富的图书馆进行自主选择阅读。教学楼每层设有图书角，以方便学生进行课余阅读。

2. 建设题库系统和微课系统

题库系统包括课前预习系统、课堂练习系统、课后自我检测系统。题

库系统中不仅有各学科完整的知识体系，还收集与整理了本校教师编制的和市面上的部分试题，并对试题难易度进行区分，适合各个层面的学生选择。比如数学题库系统将试题分成 A、B、C 等级，以供学生选择。育才教师还将学生的作业与考试情况输入题库，以此客观记录与掌握学生的学业情况，考查每道题的价值，为准确分析学情和修订题库提供依据。

题库系统设置了六个操作环节：教师修订题库，编辑成课堂评价与检测或试卷，学生完成课堂评价与检测，教师批改课堂评价与检测或试卷，教师将学生的作业输入题库，学生、家长、教师在题库中分析学生对知识点的掌握情况。题库系统提高了教师的工作效率，减少不必要的时间开支，为学生、家长、教师提供了客观的学习信息，让学生的学习主动性与积极性得到加强，使家长有针对性地辅导学生，有效配合学校工作，也促进了年轻教师的专业发展，加快了教师的成长。

目前，微课系统正在建设中。七中育才对教师全面展开怎样制作微课的辅导，并积极组织教师进行微课实践和参加各级比赛。现在，学校的微课系统已经走上了正轨，物理、数学等学科已经走在了前面。微课给学生提供了不受时间和空间限制的便捷，学生可以根据自己的情况，随时进行预习，或者针对自己的薄弱环节进行再学习。学习微课后，学生可以从题库中选择相应的练习进行自我检测。这样，学生的学习和检测完全可以从学校的学习资源系统中得到实现，学生的自主选择学习空间得到了拓展。例如，数学教研组引导学生将数学史上的精彩篇章制成微视频或是微电影。在数学学科活动月中，由八年级学生拍摄的微电影《数学史上的三次危机》，形象、生动地展示了数学的发展过程，在全校引起了巨大的轰动。对于学生自己制作或拍摄的微课、微电影，学校专门建立了一个学生微视频资源库，方便全校学生相互学习和交流。

3. 拓展课本内容

根据学习需要组建相关的学生社团，如国学社、戏剧社、诵读社；编撰校本课程，如课外语文阅读选本《最是书香能致远》《书香流韵》等，使其作为教科书的有益补充。

4. 充分利用校内活动提升学生的学科能力

校内活动包括校园广播站、文学社、与学科相联系的各项学科活动等。例如，文史知识竞赛是八年级学生非常喜欢的人文类学科活动，而

"英语角"又给喜欢英语的学生提供了交流沟通和学以致用的平台。每周四放学后的半个小时是"英语角"时间,学生们可在此与不同班级、不同年级的同学用英语交流他们感兴趣的话题,组织活动的老师也可让学生就某一话题讨论或辩论。通过参加"英语角"活动,学生们发现英语就在自己身边。学生学习英语的兴趣被不断激发,这种兴趣又通过课堂教学转化为学生更深入学习英语的内驱力。

(二)利用校外资源,建设立体化的学习资源系统

学校广泛利用社会资源,让学生在一切可利用的社会资源中自主学习,建设没有围墙的校园,把课堂搬进了博物馆。

组织学生到本地的名人故居(杜甫草堂、李劼人故居等)参观,了解名人作品,提高文学素养。组织学生参观历史文化深厚的水井坊博物馆、武侯祠、建川博物馆、四川省博物馆、金沙遗址等,帮助学生拓宽知识面,丰富文史知识。

(三)挖掘专家资源,建设专业化的智慧支持系统

1. 邀请专家进校园

要成为什么样的人,就需要与什么样的人接触。七中育才力邀各行业专家到校讲座,为学生铺设各种可能的成长之路。例如,学校邀请了四川大学教授周鼎讲述《一蓑烟雨任平生》,为学生们生动讲解苏轼的人生轨迹和心路历程。著名诗人流沙河老先生也曾到学校给七年级的学生们解说汉字。

2. 开设家长讲坛

作为学校选修课的有效补充,学校邀请有条件的家长进学校给学生们开设和学科有关的讲座。各学科组充分利用学校丰富的家长资源,与省内著名高校如四川大学、电子科技大学、四川师范大学等建立合作关系,使之成为学生的学科实践基地,并建立了可供学生选择的专家资源库。如,对于立志从事数学研究的学生,学科组会不定期邀请高校相关数学教授来为他们作精彩的报告,为他们带来数学研究的前沿热点问题,激发学生学

习数学的兴趣，同时也鼓励他们自主走进高校，和高校的教授专家们探讨未来的数学发展方向。

（四）开拓网络资源，建设数字化的智能学习系统

网络拓宽了学生接受知识的方法和途径，为现代教育理念的实现提供了技术支撑，为更好地培养学生的自主学习能力提供了更好的技术条件，使自主学习真正成为可能、终身学习成为必然趋势。

1. 推荐学科权威网站

向学生推荐一些学科权威网站，如中学语文网等。

2. 建设网校

七中育才负责东方闻道网校初中段的远程录播教学，学生可以在网校上自主选择不同年级、不同课型的学科课程。

3. 完善学习资源系统

学校依托锦江教育资源云平台，将各学科组的优质教学资源共享至该系统，形成了完整的学习资源系统。系统中不仅有学科完整的知识结构体系，还收集整理了学科教师设计的教学课件、编制的试题以及一些精彩的教学视频，其中试题大部分为教师原创试题或改编试题，并按照难易程度进行分类，方便学生选择适合自己的题型进行练习。到如今，学习资源系统汇集了包括教学素材库（视频、学科图片、配音、动画等）、教学课件库、同步教学视频库、学科知识博览库、教研论文库、软件库（几何画板、电子白板、录屏软件等）、试题库等学习资源。这些资源供学生自主选用、在线学习，而且由学校现代教育技术组不断更新内容。

4. 建立学情分析系统

借助于亚洲教育网的教育云平台，学校建立了学生学情分析系统。老师会将学生的作业和考试情况输入该平台，以此客观记录和掌握学生的学业情况，为正确分析学情并及时制订教学计划提供依据。学生可以登录查看自己的学情分析结果，根据自身的学情分析结果自主制订学习计划。

（五）优化教师队伍，建设多样化人才库

教师是学生学习的对象之一，也是最重要的学习资源。七中育才有特级教师 2 人，四川省优秀教师 1 人，成都市优秀教师 1 人，市学科带头人 3 人，市优秀青年教师 9 人，区学科带头人 4 人，两个区级名师工作室。如此优秀的教师团队是学科建设非常宝贵的资源。例如，英语教研组组长梁娟老师的"英语示范研修室"的建立标志着七中育才的英语学习资源库建设又迈上了一个新的台阶。英语示范研修室网站内容丰富，有"研修室介绍、研究室动态、成长档案、教师资源、学生资源、交流讨论"等板块。英语老师能从该网站及时了解国内外英语教学的最新动态，下载相关音频、视频、单元课件等，若有疑问，还可在交流讨论区和研修室的老师们一同探讨。

英语示范研修室是教师成长的孵化器，是教师成长的摇篮。名师出高徒，在研修室里，名师对教师进行直接的、具体的指导，言传身教，使教师受益更多、成长更快。榜样的力量是无穷的，现身说法是最有效的，名师看过的书可以传递，名师的方法可以传承，名师的理念可以传播。在这里，领导设台子、专家开方子、名师搭架子、教师爬梯子，教师一级一级往上走。

英语示范研修室是教学思想的集散场地、教学方法的交流场所、教学资源的快递中心。一堂好课往往来自生成而不是预设，在这里，好的课例可以及时得到交流，好的课件可以及时得以上传，好的试卷可以及时获得分享。优质教学的正能量因为研修室而变得更强大，辐射的范围变得更广阔。

同时，英语示范研修室是教研与教学的结合体，是教学改革的试验田。在这里，教师们"和而不同"，观念碰撞产生智慧的火花；在这里，教师们"左右逢源"，思想交流产生源头活水；在这里，教师们各显特长，共同弹奏出美妙的"交响乐"。教师探讨教学改革的方法，边教学，边探讨，边改革。教师们内增营养，外显素养，加强修养，不断改革，与时俱进。

（六）联合社区资源，建设生活化的社会实践系统

七中育才所处的水井坊社区历史积淀深厚，区域内有水井坊博物馆和香格里拉国际大酒店，游客和国际接待较多。学校语文、英语、历史、地理等学科组利用本地区的地理优势和文化特点，组织学生做志愿者，为外国游客介绍水井坊历史，派学生承担重要会议的服务工作。在这些社会实践活动中，学生们增强了学习的信心，提高了中英文表达能力，做了很多自己觉得有意义且对自己和他人生活有影响的事情，同时获得了成长。

[第五章]

基于深度学习的
课堂教学改革

课堂教学改革一直是七中育才不变的追求。从过去的"一言堂"到"师生互动"，我们不断优化教学方法，让课堂更充实、更灵动、更有生气，让学习在课堂上真正发生。各学科组根据所教学科特点，从对教材的深度解读开始，深度分析学情，促进学生在课堂学习中深度思考、深度交互、深度展现过程、深度概括。同时，学生的学习还不局限于课堂，教师对学生的自主学习、课后延展学习进行有效指导，促进学生进行深度拓展，提升自己的学习能力，优化学习方法，拓宽视野。

一、课堂教学改革的发展历程

七中育才的课堂教学改革经历了三个阶段——第一阶段：基于学科教学模式的交互式课堂实践；第二阶段：基于学科本质的深度教学模式实践；第三阶段：基于数字化学习的整合教学模式实践。

（一）第一阶段：基于学科教学模式的交互式课堂实践

学科教学模式是指在一定教学思想或理论指导下，对某一学科领域中特定的教师、学生、媒体互动状态和过程加以概括而形成的，正确反映学科教学客观规律并适用于本学科或其他学科教学实践的，以系统的、有序的、简明的形式表达其结构关系的一种教学行为范型。（李方，2001）学科教学模式具备一般教学模式的所有特点，此外还具有"学科性"这一独有的特征。所谓"学科性"，是指某一学科领域，即在某一学科领域的教学实践中所运用的教学模式。如果说一般教学模式是抽象层面的模式，那么学科教学模式就是具体层面的模式。学科教学模式的建构和运用受学科教学的特殊规律的制约。

交互式课堂教学是指师生之间、学习者之间进行双向或多向的信息交流。交互式课堂教学要求互动双方一定要有相互交流的兴趣，注意力集中在接收或表达双方感兴趣的信息上。（黄贵，2005）教师主要以组织者的身份给学习者提供尽可能多的活动和任务，指导他们用语言去交流思想、情感和观点，并协助解决活动中出现的问题；学习者则依靠自己的智慧和创造性，自主学习、合作学习。

受传统教育思想的影响，原来学生们采用的学习方式大都是被动静听式的，老师上课基本是唱独角戏。七中育才从过去传统的课堂教学中一步一步地走了出来。我们对课堂教学进行解剖研究，致力于课堂教学微格评价研究，从每一个环节去观察、去分析，从中发现问题，并寻求解决问题的方法，形成了基于教师活动和学生活动的课堂评价量表，以此让课堂有了观察的依据和方向。从课堂观察中，我们进一步发现，要凸显学生的主体地位，让学生真正成为课堂学习的主人，让每一个学生真正参与到学习活动之中，应关注课堂学习中教师与学生以及学生之间的交往与互动，因此，课堂教学改革又进一步提升为转变学生学习方式的交互式课堂实践，深化课堂学习中的交往与互动。例如，语文学科形成了"导—读—品—延"的教学环节，数学学科形成了"学—究—讲—用"的教学环节，物理学科形成了"问—究—析—用"的教学环节等。再如，在学习《离骚》（节选）和《指南录》后序时，学生对于屈原和文天祥之死的价值非常感兴趣，教师在备课时预先设计了这样的问题，即探讨"屈原和文天祥之死的意义"，这也是对学生情感态度与价值观的一种引导。果然，学生讨论非常热烈，争相发言，得出很多新颖的观点。至此，七中育才的课堂发生了较大的变化，学生参与课堂学习的主动性和积极性增强了，课堂教学的效益大幅度提升。

（二）第二阶段：基于学科本质的深度教学模式实践

学科本质是对学科知识的概念、规律、方法和理论的理性概括，本身就具有高度的概括性。按照不同的层次，学者将"学科本质"分为宏观、中观、微观三个层次：①学科核心思想，如数学中的序化思想、物理中的辩证思想、语文中的人文思想等；②一般学科思想，如数学中的转化思想、物理中的守恒思想等；③具体思想，如物理中的等效替代思想、数学中的极限思想等。实现深度教学需要相应的工具，而学科本质则是最有力的工具——用学科本质在教学理论和学习理论之间建立直接联系，用学科本质充分发挥与知识类型相对应的教学理论的对话效力。

"深度教学"是指：在教学过程中，师生围绕教学内容，共同参与，通过对话、沟通和合作活动，产生交互影响；教师充分激发、挖掘、利用课堂中的动态生成性资源，推进教学活动，引导学生积极参与课堂学习，点燃学生思维的火花，开启学生潜在的智慧，使学生从被动学习走向主动学习，真正成为课堂的主人。作为一种新型的教学模式，深度教学与一般的知识教学相比，具有突出学生的主体性以及重过程、重应用、重体验、全员性五个基本特征。其目标是培养学生的创新意识和创新能力，培养学生的问题意识，培养学生的合作意识和能力，培养学生关注现实、关注人类发展的意识和责任感。

经过第一阶段的探索与实践，我们发现：课堂学习的氛围浓了，但是部分学生思维的深度还不够，教师对教材的理解还停留在一个不高的水平，课堂教学的条理还不太清晰。我们在前期研究的基础上，又开始了新的研究——"转变学科教材理解方式——基于'1+X'学科问题群的发现教学研究"。从过去的"基础知识""基本技能"教学到现在的"基础知识""基本技能""学科思想方法"教学，学生不再停留于表面知识的学习，而更注重对学科本质的把握。基于此，育才人又将研究方向升华为"转变学科教材理解方式的深度教学"。这一方向的确定，坚定了育才人深化课堂教学改革的决心。我们对深度教学的研究进入了一个新的领域——教师对教材进行深度解读；学生在课堂上进行深度思考、深度交互、深度展现过程、深度概括，直至课后的深度拓展。虽然此阶段的实践还在进行中，但是我们发现：学生的思维积极了，学生能主动发表自己的见解了，而且有了更多、更深入的创新性的见解。

（三）第三阶段：基于数字化学习的整合教学模式实践

时代在发展，教育在变革。随着网络技术的高速发展，如何面对数字化学习环境，是学校教育面临的又一问题。基于对这一问题的思考，我们将课堂教学改革进行再次聚焦——"基于数字化学习的整合教学研究"。这次的聚焦让我们的课堂教学上了一个新的台阶，形成了序列化、模块化的整合教学模式。

在对基于数字化学习的整合教学理论探索的基础上，七中育才的教师们开始倾注大量心血和时间去实践这一思想。例如，物理教研组开展的基于数字化环境的核心问题教学，就是基于信息技术的整合教学思想，在互联网技术下创设情境，提出问题并引导学生自行解决问题。在教学过程中，信息技术的运用虽能把复杂问题简单化、抽象知识具体化、整体内容分解化，可以帮助学生理解、掌握所学的知识，但是，如果仅仅停留在这一层面，那么就会严重影响学生智力的发展，影响他们抽象思维、逻辑思维和整体感知等能力的提升。因此，我们主张"抽象—具体—抽象"，也就是说在教学过程中，可以把抽象的、学生难以掌握的知识具体化，但是具体化了的知识必须适时回到"抽象"这一层面。这样，在完成学习任务的同时，学生的各种能力、智力也得到了发展。信息技术与学科课程的整合是实现教育现代化的必经之路，唯有不断实践、不断研究、不断反思、不断总结才能领会精髓、体味真谛。

二、深度教学构想的确立

理论研究表明，学习的过程是学生根据自己的态度、需要和兴趣，并利用过去的知识与经验对外界影响进行主动的、有选择的信息加工过程。所以，在教学过程中，发挥学生的主动性是至关重要的。深度教学的特点就是重视发展学生的自主行为和个性特长，重方法传授，重能力培养，重学生主体作用和学习主动性的发挥，促进学生自主创新。

深度教学不同于传统的填鸭式教学，它是在教师的具体指导下，通过学生的研究、分析和讨论，自主进行知识建构和价值认同的一种教学模式。这种模式不是单纯追求学生的学习结果，而是注重学习过程；不是纯粹要求学生知道什么是标准，而是有针对性地引导学生自己找到正确的思路。

（一）对教学现实的诊断性分析

作为教育的一线学校及教师，我们看到了传统教育的那些优点——教会学生各个学科的知识，训练学生遵守纪律，培养学生尊敬师长的优良品质等。我们也看到了它流于形式、缺乏深度的弊端——仅仅注重知识的传授，对于发展学生的思维没有意识；一味强调教师的地位，听不到学生的呼声，也不给学生提供发表不同见解的机会，只尊师而忘了爱生；教师的教仅仅是教课本，教师的学科意识淡漠，教学流于表面，缺乏深度。这种缺乏深度的教学主要表现为三个方面。

1. 教学目标缺乏情感深度

新课程标准提出了知识与技能、过程与方法、情感态度与价值观的"三维"教育目标，其中知识与技能、过程与方法属于认知目标，情感态度与价值观属于情感目标。为了更好地实现教学目标，新课程标准也提出了相应的评价目标：建立评价项目多元、评价方式多样、关注结果更加关注过程的评价体系。但是新课程标准的实施并非一帆风顺，完整的教学目标被教学实践执行得过于单一。学生本应是一个完整的生命体，不应被割裂为几个部分，可事实上学生生命的完整性在现实教学中总是被忽略，教学着重训练的是学生的认知能力。学生是一个完整的个体，他的发展也应该是一种全面和谐的发展，而不仅仅是某一个方面或某一部分的发展。作为教学的主体，学生应该带着认知、情感、技能等学习目标全身心地参与到课堂教学中，而不是局部的或某一方面的参与。因此，作为一种以正在成长中的变动性很大的具有复杂构成的人为作用对象的特殊的社会实践活动，教学指向的应该是人的认知和精神生活的全部领域，其直接任务是培养、建构完整的人。但是，现实的课堂教学却主要指向的是知识技能领域，注重的是认知能力的培养。这是对完整的人的割裂，根本无法实现表面看似完美的教学目标。

诚然，认知目标应该重视，但是不应该置其他目标于不顾，或者使它们依附于认知教学。这里的其他目标指的就是情感目标。"情感态度与价值观"是新课程目标的重要组成部分，它有十分丰富的内涵——"情感"不仅指学习热情和学习兴趣，还包括爱、快乐、审美情趣等丰富的内心体验；"态度"不仅指学习态度，还包括乐观的生活态度、求实的科学态度、宽容的人生态度等；"价值观"强调个人价值与社会价值的统一、科学价值与人文价值的统一以及人类价值与自然价值的统一。从某种意义上说，情感、态度、价值观在人的发展中的作用比知识、能力的作用更重要，更有利于学生的终身学习和持续发展。

2. 知识教学缺乏智慧深度

尽管新课改把"改变课程过于注重知识传授的倾向"定为六项具体目标之一，但实际教学中却并没有很好地执行。很多老师关注的重点只是新课程的表达形式，比如，新课程要求改变"独白"方式，鼓励师生之间的交往和对话，于是不少课堂出现了这样的情景——老师问"对不对""是不是""好不好"，学生异口同声地回答"对""是""好"。再如，新课改鼓励学生主动参与课堂，鼓励合作，于是就出现了有些课堂教学为活动而活动的现象。课堂上学生一会儿忙这，一会儿忙那，课堂是很热闹，但是表面热闹的背后，知识本位的教学并未真的有所改观。莫怪乎有人这样总结我国的传统教育：把教学的对象——教人——当成了教课本，把教学的目的——助长学生的发展——当成了升学，把教学的内容——充实生活材料以发展创造能力的滋养品——代以入学考试试题，把教学活动——探索与创造活动——代以念课本、记课本、背课本和考课本的活动。一句话，只在升学与考试中兜圈子，永远达不到教育改革的目的，甚至南辕北辙地摧毁了具有创造能力的学生，斩断了他们原可以成为"人"的潜能，而使他们变成性能并不优越的"记书机"和"背书机"。这样的教育的确使学生拥有了抽象的、脱离了生存世界的学科知识，却缺乏生存于世的不可或缺的智慧。总会有人说起"书呆子"这个词，恐怕书呆子就是有知无智的教育的"硕果"吧。

莫要让已知的东西成为我们学习的最大障碍。如果我们一味地以书本为权威，让过多无用的甚至是错误的书本知识充塞头脑，那就会限制我们接受新的东西，限制我们的思维。在与知识相遇中，人如果不能控制知识，知识就将控制人，人就成为知识的奴隶。所以，我们重视学习知识、重视接受知识，这是毋庸置疑的，但更为重要的是我们怎样把这些杂乱的、众多的知识进行探求和选择，进行筛选和利用，进而转化为给我们的生活提供营养的智慧。

3. 师生关系缺乏交往深度

现代教学论认为，教学是教师的教与学生的学的统一。这种统一的实质便是交往。基于这种理念，新课改把教学过程看作师生交往、积极互动、共同发展的过程，在课堂教学中更多地体现为一种"对话"，即师生之间平等地、真诚地知识共享和心灵交流。这是一种完美的师生关系。可是，师生关系是一种多性质、多层次的关系体系，在现实的教育和教学中具有复杂性和难操作性。在新课程改革背景下，这种完美的师生关系的构建涉及教师、学生、家长以及社会等诸多方面。社会和学校对升学率的极度重视，家长对孩子上好大学的迫切愿望，成为控制教师的无形力量。这种力量使得教师不得不收起真正意义上的交往，而代之以知识点的灌输。

由于学校向教师要升学率，家长向教师要孩子中考高考的好成绩，教师不得不上演"搬运工式"的教学方式和"捆绑式"的教学方式。在现实教学中，教师会采用启发式的方式提出问题，乍看起来好像是启发式教学一样，其实教师大多会以引导性、暗示性的语言把学生的思路或解决问题的方法引导到设计好的标准化线路上来，然后在教师的循循善诱下迅速指向标准答案。有些教师会为了迎合新课改的要求而进行对话教学，但是此"对话"非彼"对话"。这里的对话都有一个预设的明确目的，教师的任务就是在对话中把学生的思维朝着这个目的推进。因此，这种对话是以现有的权威知识或真理的存在作为前提的，无论对话怎么设计，过程总逃不开教师的控制，甚至在课堂教学中，教师还往往习惯于把对话停留在简单的一问一答的独白式交流当中，缺少理解与反思。

（二）深度教学的本质内涵

"深度"的基本含义有两种：一是深浅的程度，二是触及事物本质的程度。从认识论的角度讲，"深度"是主体对客观事物的一定层次的内在联系的认识，是认识和把握事物本质的程度。它是个动态概念，在一定阶段保持相对稳定，随着客体的暴露程度以及主体认识能力的发展而不断深化。人们对认识对象的认识深度，除了受客观对象和客观条件的制约外，还受主观因素的制约。就主体而言，他的实践地位、知识结构、知识水平、观察问题的角度、方法以及情趣等制约着认识深度。和深度相对应的是肤浅。在教学领域，浅层次的教学是指那种照本宣科，只做到知识传授的教学。而深度教学就指不仅要做到知识传授，更要做到把知识转化为智慧，培养学生思维的灵活性、敏捷性，即打破以往教学中仅用灌输方式传授知识的状态，有意识地去往深层次努力，让教学真正成为思维训练的手段。

深度教学是在我国新一轮基础教育课程改革的大背景下提出的。我国新一轮基础教育课程改革在具体目标中强调改变课程过于注重知识传授的倾向，强调形成积极主动的学习态度，使获得基础知识与基本技能的过程同时成为学会学习和形成正确价值观的过程；改变过于强调接受学习、死记硬背、机械训练的现状，倡导学生主动参与、乐于探究、勤于动手，培养学生搜集和处理信息的能力、获取新知识的能力、分析和解决问题的能力以及交流与合作的能力。（钟启泉，2001）

1. 知识深度： 让知识教学成为智慧之旅

教育须臾离不开知识，知识作为人类文化的符号系统，作为人类经验和思想的结晶，是教育赖以存在和发展的基础，是全部教育实践活动的载体。然而，知识始终只能处于基础地位，一旦知识登上"皇位"，变为教育的"命根子"，则教育就会走向反面。如今在"知识改变命运"的价值取向下，教育的"工具主义""功利主义"泛滥，而且即使是接受教育，也仅仅止步于知识的掌握，知识中蕴藏的智慧元素常常被人忽略。事实上，我们需要知识，因为知识是我们的精神乃至物质食粮，但是我们更需要智慧，因为智慧使知识充满活力、价值、意义，智慧使人类充满激情、快乐和幸福，人一旦用智慧去观照整合知识，就会从知识的奴隶一跃成为知识的主人。

2. 思维深度：让思维在课堂上舞蹈

人类能够认识世界，掌握事物发展的本质及规律，从而改造世界，这与人类的思维是分不开的。而教育要培养一个人成才，很重要的一个方面在于思维。思维作为一种能力和品质，作为人的智力的核心，它是人的智慧的集中体现。正因为如此，中外教育家总是把培养学生的思维能力作为学校教育的一项十分重要的任务。赫钦斯（1980）说："教育不能复制学生毕业后所需的经验，它应当使学生致力于培养思维的正确性，作为达到实际的智慧即理智的行为的一种手段。"我国语文教育家叶圣陶在 20 世纪40 年代也曾提出把训练思维当作学校各科教学的共同任务。这一切均说明培养学生的思维能力在学校教育中应该占据突出地位。

3. 学科深度：挖掘学科背后的人文内涵

当我们问老师你所教的到底是什么的时候，很多老师会说，是某某知识。的确，每一学科都有自己要传递的知识内容，但是，每一门学科又不仅仅要传递给学生干巴巴的知识。作为一名教师，我们应该对自己所教学科有深度的理解，要清清楚楚地知道在每个知识点的背后隐藏的是什么，这个知识点又该如何让学生自己去建构，去转化成生活的智慧，如何训练学生的思维等。任何学科都对思维能力的培养具有自身特殊的意义和作用，然而也都存在着无法克服的缺陷和不完整性。在知识性的学科中，教师和学生往往容易把注意力放在积累知识上而疏忽了思维能力的培养和发展。针对这些学科，学校的目标常常似乎只是让学生成为所谓的"无用知识的百科全书"，认为让学生掌握"无所不包的原理"才是当务之急，而培养心智乃是低劣的、次等的事。比如对语文、政治等文科的要求是学生要背诵得一字不差，对数学、物理等理科只要求学生会某一种解法即可等，这样的学科教学无论如何也谈不上有深度。

4. 关系深度：让教师成为学生生命中的重要他人

深度师生关系是一种对话关系。在这样的关系中，教师充分尊重学生的个体差异，引导学生在各自经验的基础上生长。在这样的关系中，师生双方在相互尊重、相互信任的基础上，进行主体之间的平等会晤，通过双向真诚的对话实现平等交流。而且这种对话不仅仅表现在言语上的你讲我听、我讲你听，更体现在双方内心世界的相互敞开和接纳，两者相互投入、共同在场、真诚合作、相互分享，实现真正的"我—你"关系。在这样的关系中，知识有了生成新的意义并得以重建的机会。通过使自身的视野与他者的视野融合，双方的认知结构得以不断改组与重建。这一过程不是某种既定知识的复制，而是新知识的创造与生产——不仅实现了知识的获得，更做到对知识的超越；不仅有思维的流动，更有意义的生成；不仅有继承的喜悦，更有创新的激情。

（三）深度教学的文化特质

深度教学超越了表层的符号教学，由符号教学走向了逻辑教学和意义教学的统一。教师要引导学生超越表层的符号知识学习，进入知识的逻辑形式和意义领域，将符号学习提升为深层意义的获得，使学生学会思考、学会做人。深度教学在知识符号教学的基础上，注重彰显教学的情感熏陶、思想交流、价值引导等功能，使学生的知识学习真正达到意义标准。

1. 生成性：深度参与

郭元祥教授对深度教学的生成性文化特质有过精彩论述。他认为，生成立场反对在教育活动中直接对知识进行接受性的传授，强调通过学生与知识的相遇，实现知识教学的丰富价值。对知识的简单占有，不是教育活动的目的和结果。教育目的绝对不是仅仅基于认知层面对表层符号知识的"知道"。真实的教育结果实际上是教育过程的结果，是师生在教育情境中围绕知识主题进行交互作用而实现的创造性、发展性结果。传统教育派和应试教育倾向所迷恋的是预设的确定性结果，并由于过于注重预设结果而遮蔽了过程本身的意义以及忽略了对教育目标的超越性价值的追求。从某种意义上讲，认识论所理解的知识仅仅只是外在于教育过程的材料，而不是教育本身。教育学视野里的知识，不应该是现存的、可直接传递和接受的"事实"或"展品"。教育更不是把人类知识总库中的"库存知识"位移到学生脑海里的过程。对学生成长而言，一切知识都应该是可征询、可批判、可分析、可研讨的对象，教育教学绝不是对"库存知识"的简单打开，不能仅仅把知识当成"展品"展现在学生面前，而应该通过对人类认识成果的丰富学习过程，生成新的意义。恰如柏格森所说的那样，"真正的实在就是绵延。绵延乃是一个过去消融在未来之中，随着前进不断膨胀的连续过程"。这种前进中不断膨胀的连续过程，便是不断地产生新的结果、新的经验、新的体验、新的观念、新的价值的过程，即动态生成的过程。只关注预设的知识和假定性的意义，忽视甚至无视过程中的动态生成的结果和价值，教育便没有了活力，没有了创新，没有了鲜活的经验流动，没有了情感和思想的冲突，更没有了创造，剩下的只能是告诉、训练和杂乱无章的过往知识的堆积。（郭元祥，2009）

生成程度反映的是学生与课堂的关联程度，当学生在课堂教学中是一种被动的学习时，反映出学生的生成程度和参与程度就是消极的和分散的。课堂教学是因为学生而存在的，如果失去了学生的参与，那么课堂实际也就失去了它的存在意义。因此，要加深课堂与学生实际生活的关联，让学生在课堂之中自由生成，积极参与课堂互动，将学习列为自己喜爱的事情，将课堂视为自己成长的一方乐土。

2. 反思性：自觉反思

什么是反思？在洛克哲学中，反思被看作是心灵通过对自己的活动及活动方式的关注和反省，产生"内部经验"与知识途径。黑格尔把反思看作是一种反复思考的过程，一种思想的自我运动，一种把握事物内在本质的方式。在杜威（2010）看来，"反思是对任何信念或假定形式的知识，根据其支持理由和倾向得出的进一步结论，进行的积极主动的、坚持不懈的和细致缜密的思考"。也就是说，反思是一种特殊的思维形式，它源于主体在活动情境过程中产生的怀疑或困惑，是引发有目的的探究行为和解决情境问题的有效手段。有效反思的核心在于个体的自觉反思。个体主动对经历过的思想进行反思，并摆脱固有思维模式的束缚，努力把握复杂教育现象背后的本质，多视角、多层次和全方位地思考问题并选择多种解决办法。反思得越强烈，人们在实践时就越清醒、越自觉，教师和学生在学习活动中就越具有智慧。

反思是对自我的不断认识和完善，是对自我"现行的"的行为观念的解剖分析，是对自身实践方式和情景的多视角的思考。实践检验方法执行得正确与否，反思就是把这种检验结果加以理论化，通过对优劣成败的断定进一步修改方法、指导实践。这是对方法的验证过程，同时也是批判过程。验证、批判过后通过反思可以探索新的方法，反思者必须要有质疑、分析、论证，最后达到升华的心理过程。可以说，没有探索就谈不上反思。浅层次的反思是以一种系统化和持续化的方式对行为加以反思，以形成理论化的理解和批评性的观点。深层次的反思不仅对行动而且对支持行动的理论和知识进行反思，以思考行为背后的逻辑起点的合理性。反思对于提高教学质量具有举足轻重的作用，反思之后才知道教学方法的优势与不足，进而扬长补短，让教学朝着良性的方向行进。教学反思部分是反映在课堂教学之中的，大部分是在课堂教学之后完成的。深度教学的特质之一就体现在自觉反思上。

3. 层次性：层级提升

深度教学追求的是丰富的教学层次，追求的是持续的学习热情，它是丰富的、严密的，是能实现教学价值的。深度教学的着眼点在于启迪智慧，激活学生的创新能力，实现师生的真正"对话"和"相遇"。深度教学往往伴随着深度学习。深度学习是学习者主动进行的移情体验学习，学习者在经过多个步骤和不同程度的分析加工后获得较为复杂的知识技能。人们进行深度学习时，大脑更加活跃，思维也更加趋于发散性和创造性。与深度教学相对的是浅层教学。浅层教学是教育者把初步的感知判断、知识经验机械地传递给学习者的过程。在此过程中，教育者不需要付出太多的意志和情感努力，而学习者的情感参与度也较低，教学互动生硬无趣。浅层教学往往会使学习者形成一种简单学习的习惯。这可能会使具有复杂思维能力的较高层次的初中生"营养不良"甚至厌倦课堂。

4. 整合性：多维整合

深度教学的整合性主要体现在以下三个方面。第一，教学内容的丰富、关联。深度教学强调教学内容的丰富性与关联性。这里的丰富并不是指教学内容越多越好，而是从知识的内在结构出发，将知识的各种表现形式关联起来，是针对单一的符号知识教学而言的。第二，教学目标的多维融合。新课程改革提出知识与技能、过程与方法、情感态度与价值观的"三维"目标。事实上，"三维"目标与知识的三种表征形式是密切相关的，可以说，情感态度与价值观维度的教学目标就是知识教学的意义目标。第三，教学方式的多元对话。深度教学由传统的传递中心教学转向对话中心教学。对话是教学的存在方式，学生通过对话实现对知识的理解以及情感交流、价值升华和意义创生。

（四）深度教学的基本形态

深度教学的内涵和文化特质都体现了很强的层次性，深度教学不仅要关注外显的"演绎—系统"知识的掌握，还应当关注内隐的"经验—缄默"知识的积累。从以上对深度教学的内涵和文化特质的分析看，深度教学具有以下四个特征。第一，深度教学是一种发展趋向的目标定位，指向的就是学生的全面发展。第二，深度教学注重与学生生活世界的联系，注重教学建立在学生经验之上，也注重教学之后对学生生活实践的指引。第三，深度教学是一种对话中心的教学，注重教学过程中学生与教师、同伴、文本以及自我的对话交流。第四，深度教学能够培养学生学习知识的兴趣，最终使学生爱上学习，在学习中感受乐趣而非痛苦。深度教学不同于科学认知教育，它没有具体的操作规范进行指引，这导致了教师和学生都很难适应，为此我们研究了深度教学的基本形态，以期对课堂教学提供有价值的参考。

1. 过程动态生成

深度教学设计的每一次完成并不是终结，由于面对的教学情境会千变万化，面对的学生也会发生改变，这势必要求教学设计要随着境遇的改变而注重在过程中动态生成。因此，在进行深度教学设计时，教师要摆脱以不变应万变的思维，应注重在过程中动态生成教学设计。深度教学的教学设计虽然是教学实施前的准备活动，但是更要体现其在教学实施过程中的引领作用，由此，教师在深度教学过程中要根据实际情形的变化对其作出相应的调整。教学设计不是"死的""静态的"，教师要努力通过生成、建构使其完善。生成、建构的目的，一方面要将教学设计中包含的内容与学生的生活经验相接，另一方面又要将教学设计中没有明示的内容呈现出来。这些没有明示的内容是蕴含在教学设计中的与明示内容相关的思想、态度、情感、体验。这些思想、态度、情感、体验只有在具体的过程之中才能显现出来，教学设计也正是在这个过程中得到改善。将业已完成的教学设计在过程之中继续动态生成，是更合乎教学实际和学生发展的必要举措，只有在生成、建构中，教师和学生才能对教学有更深刻的理解和感悟，才更有利于促进学生的深度学习。

2. 逼近学科本质

课堂深度教学首先应关注学科表层的符号形式，也就是基础内容。学生只有掌握了基础知识，才能进行深入的思考和研究。其次，应关注中层的方法、逻辑与根据。学生只有掌握了本学科的思想方法，才能做到学以致用、举一反三。最后，应关注深层的思想、价值与意义。学生只有理解了学科的真正思想和价值，才能理解学科的本质意义，进而弄清学科本质。

3. 触及学生心灵

触及心灵的东西才能称得上是"有深度""有意义"的。深度教学的深层性，不仅体现在学习内容要更贴近学生成长的需求，也体现在整个教学过程要满足学生成为具有全面素质和鲜明个性的人的需要。这就需要：教学目标在契合学生的全面发展的同时兼顾个性发展；教学内容能够从知识的教育立场出发，更注重知识与学生发生关联时的意义生成；在教学评价之时要从多方位考虑，联系学生的学习背景和未来潜力；在进行教学反思的同时也要深入教学内在，注重学生日后在知识能力、情感态度、创新精神等方面的发展。我们需要由"价值中立"转向"价值负载"，即对知识的诠释需要深入到学生的内心世界、情感领域和价值结构之中。

4. 获得深刻领悟

领悟使得学生的体验深入内心，深入内心的领悟活动会使学生与环境（情境）进行亲密的、频繁的互动。让连接个体生命与客观环境的中间环节——体验活动进一步提升为客观环境逐渐融入个体生命的领悟活动。只有个体生命表现出求知的热情，并让这种热情赋予客观环境以感情，才会使得客观环境变得吸引人，从而得以进入个体生命。课堂成为学生个体生命成长的温床，如此，"体验从自在的生命活动进入自觉的追求"（张华龙，2008）。个体体验的情境越多，领悟的就会越深刻，反思活动就越彻底，迁移运用的能力就越强，对个体自身生命意义的理解就更贴切丰盈。

5. 体现美学艺术

深度教学的艺术性，是指深度教学在教学过程当中注重艺术的美感，让师生在教学之中体验美和感受美，徜徉在教学所带来的愉悦舒心中。艺术性并不是指形式上的别出心裁，即不是形式上的"花架子"，而是自内而外给自己和他人带来舒适感。在保证科学性的前提下，教师选取优美而具有深度的教学内容，采用生动而富有感染力的教学方式，推动着学生在轻松愉悦的学习环境之中提高能力、实现全面发展。深度教学的艺术性体现在教学过程中的方方面面。

一方面，对教学内容进行艺术性的安排。我们依据学生发展需要精心挑选教学内容，在课堂上呈现时作巧妙化安排，把原来较难理解的知识或篇幅较长的课文演化成生动的小品或日常会话中的表演，使学生在学习时能够全身心参与。

另一方面，是教师的立体化表达。教师密切关注学生的动态发展，在教学设计、教学方法、教学评价等方面使得学生在意会教学内容的同时能够感受到教学过程之美。在富含艺术性的深度教学中，教师能够通过直观生动的语言去唤醒学生已有的知识经验，能够通过清晰、完整、形象的描述，引导学生对所学内容深入感知，从而积累丰富的感性认识，为概念理解打下基础；在富含艺术性的深度教学中，教师会根据学生的经验基础深入浅出地分析学习内容，为学生的学习创造出轻松自由的气氛，进而循序渐进地启发学生思考，帮助学生深刻地理解所学内容，并且逐步发展他们的语言表达能力、自学能力、思维能力，特别是创造性思维能力；在富含艺术性的深度教学中，教师能做到精讲巧练，让所教知识与学生的实践相联系，从而提高练习的有效性，帮助学生熟练地在实践中应用知识并形成技能，培养他们独立分析问题和解决问题的能力。

（五）深度教学的实践价值

深度教学的实践价值主要体现在以下三个方面。

1. 使教师的教学有"料"可供

深度教学的实践价值首先体现在教师的教学方面，它要求教师在教学过程中必须有"料"可供。这里的"料"是教学为学生提供的饕餮大餐，它展现在教学的整个过程中。第一，体现在教学实施之前。一方面，教学目标应基于现实，并非只根据国家标准刻意从知识与技能、过程与方法、情感态度与价值观"三维"目标来进行制订，而是要立足学生的最近发展区，切实依据所教内容、所面对的学生的不同情况进行差异化制订。另一方面，深度教学在确定教学内容时，并不是仅仅依据现有的教材，而是在一个主题之内选择对学生有积极影响的知识。教学内容不局限于文本，必要时可以从自然之中获得素材。教学内容注重与学生身心发展水平相结合，注重与学生生活经验相连接，注重与学生未来发展潜力相衔接。第二，体现在教学实施之中。教师将教学内容呈现给学生需要经过一系列的工序，深度教学所使用的教学方法要求循着教学内容的演进，在情境之中，恰当地把握时间，利用有趣而吸引学生的手段，将内容循序渐进地呈现出来，帮助学生深刻理解。教学过程尤其体现着教师的教学智慧，面对教学中发生的各种各样"惊异"时能够采取一种契合情境的即席创作，选择适合情境的方法和技术，是每个教师应该必备的教学技能。第三，体现在教学实施之后。一堂课的结束不代表教学的终结，教学实施之后必不可少的便是教学反思，对教学过程的再理解有助于未来更明智地教学。深度教学的反思体现在个体和群体两个层面，个体的反思是直接的推动，群体之间的反思则是间接的促进，将个体与群体的反思相结合，使得教学日趋进步。一位会反思的教师一定是对教学用心的教师，因为只有那些一次又一次对自己心中正在发生的事情感兴趣的人才会去反思。而这种执着、沉迷于自己的问题会带来如波兰尼所说的一种神奇的效果，即"我们对一个问题深度地执着追求，也能使我们在寻求答案的过程中和以后即使在休息期间也有能力成功地整理自己的思维"（波兰尼，2000）。

因此，深度教学中的教，是一个完整的系统，从始至终，为教学中有丰富的"料"而做最大的努力。

2. 使学生的学习有"味"可品

教得有"料"，是为了学生学得有"味"。深度教学最重要的实践价值体现在学得有"味"，主要指学生对于自己参与的学习活动有兴致、有信心、有想法。学习的动力包括学生的学习兴趣、学习信念和学习目的，它们会促进学生积极主动地借鉴他人科学的学习方法，并尝试去寻找适合自己的学习方法。当学生掌握科学并且适合自己的学习方法之后，反过来又可以增强学习的自信心。因此，需要重视学生的学习动力，提高学生的学习效率。深度教学就是把学生看成学习的主体，在教学过程中引导、帮助学生主动学习，意识到自己的学习动力，同时创设各种情境激发学生的学习兴趣，让学生主动去探索发现，并且和学生共同探讨、寻找解决问题的策略、方法，把学习方法的指导与兴趣的培养融化在各种教学活动中，使学生愿意学、学得好、学得精、学得乐。学得有"味"最重要的一点就是学生能够学得与众不同，有适合自己的学习方式，有自己独到的见解。深度教学期望通过有"料"的教学，促成学生有"味"的学习，让学生在教学过程中能够全心投入。深度教学鼓励学生提出与众不同的见解、观点，同时，采取多样的形式和方法支持学生的创新精神。

3. 促进师生教学相长

经过一个阶段的教学之后，学生既了解了自己的长处和不足，也提升了自己的信心，把先前的需求转变为内在的知识和体验，通过这些知识和体验的不断积累和内化，实现个体成长。同时，学生在学习过程中获得的不仅仅是一种知识和体验的提升，更多的是生命活力的滋长。学习之后，学生对生命的感悟更深一层，对未来的发展也更有自信。教师在教学之后既对学习对象有了更进一步的认识，也在与学生的交往沟通中实现了自己的人生价值。教师能够发现自己的优势与不足，并通过反思来改进自己的教育理念和教学方法，为以后的教学做好铺垫。教师将对学生的了解与对自己的剖析统筹考虑，必定能使教学渐渐朝着越来越好的方向发展。这样师生达成思想共识，实现生命感通与心灵契合。这种思想上的求同存异，是"和而不同"，而非共同抵达某一种认识。师生在课堂教学中完成了一次思维的旅行，二者都得到了提高和成长。深度教学最终成就了师生教学相长。

三、深度教学的实践建构

深度教学理论的建立是为了更好地进行教学实践，而且对理论的检验与完善也需要教学实践的支持。七中育才不断实践着深度教学理论，从"转变学科教材理解方式——基于'1+X'学科问题群的发现教学研究"，到"转变学科教材理解方式的深度教学研究"，再到"转变学科教材理解方式的差异化深度教学研究"，现在正在进行的是"基于数字化学习环境的深度教学研究"。七中育才所践行的深度教学形成了较为成熟的实施结构框架。（见图5-1）接下来，我们将通过具体学科介绍一下七中育才是如何开展深度教学的。

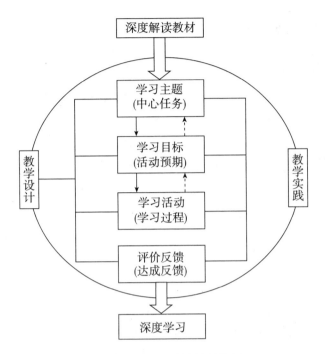

图5-1 深度教学实施结构图

（一）语文：基于学科性质的深度教学

语文作为一门人文教育学科，是以典范的古今书面语言作品为教学媒介，教授学生语言基础知识和启迪学生智慧的基础学科。大多数语文科任教师都把自己的教学目标放在知识与能力、过程与方法方面。这诚然是不错的。语文课首先应该不断丰富学生的语文知识，包括现代汉语知识、古代汉语知识、作家作品知识、文化常识、社会常识和科普知识等。例如，在义务教育阶段，学生被要求背诵240篇古诗文，九年课外阅读量达到400万字以上。另外，语文课还应不断发展学生的语文能力，包括识字和写字能力、阅读能力、写作能力和口语交际能力，这些能力是学生正常生活不可缺少的。在过程与方法方面，语文学习方法比较多，如识字、写字的方法，朗读、默读、精读、略读、浏览的方法，理解词语、句子、段落和文章的方法，抓主要内容、概括中心思想的方法，鉴赏文学作品的方法和各种写作方法。方法是一个隐形的工具，支撑语文素养的形成与发展。

1. 目标：理解与表达

概括来说，语文学科的任务可以总结为教会学生"如何理解"和"如何表达"。（蔡春，2009）[33]"理解"通俗地讲就是听懂别人说的话，读懂别人写的东西，即懂得别人的表达。需要强调的是：理解绝不是一个简单的结论的获得，理解一定是一个过程，是一个与文本、与他者"对话"的过程，是一个"视域融合"的"生成"过程，是一个"通过心灵的表达去认识体验的过程"。（谢地坤，2003）让每个学生真正地理解每一篇课文是语文学科真正应该做的事。"表达"分为口头表达和书面表达，即"说"和"写"两方面。课堂中教师组织的各种提问、讨论、辩论和各种写作等都可以训练学生的表达能力。真正的表达是以意义体验作为内核的，没有这个内核，表达训练只能沦为技巧练习。一句话，语文课是一个"体验""理解"与"表达"交织循环的过程。（蔡春，2009）[35]但是，语文不仅是语文学科，也是人文学科。不能将语文学科的任务局限于工具性的一面，语文还负载着传承祖国文化和民族精神的任务，有着极其丰富的文化内涵和人文精神，应当使语文的工具性与人文性水乳交融。

对语文学科的深度认识，就要正确理解语文学科工具性与人文性的关系，不可夸大一方而忽略另一方。工具性是舒展人文性的基础，而人文性是工具性的升华，但是对于中小学语文教育来说，工具性处于大厦基石的位置，因此对于语文老师来说，要结合不同的教育时段，完成语文学科工具性与人文性的和谐统一。

2. 内容：阅读与写作

深度教学的基本行为模式分为三个层面——发现、理解和运用。首先要发现问题与知识、他人与自我之间的关系。接着，深刻并完整地理解教学，可以用体验到思考的方法，也可以用从部分到整体或者从内化到生成的方法。最后升华到运用层面。深度教学的核心思维是要有问题意识，用思维方法来创思维品质。它体现了自主的特征，其自主表现在要"予"学生以机会，"育"学生之品质，"渔"学生以方法。下面主要从两个角度总结语文学科深度教学的内容。

（1）以整合为特征的阅读教学

我们主要以语文阅读的核心能力为整合点，以单元主题教学为手段，开展了以整合为特征的语文阅读教学。阅读的核心能力主要有：识记理解、筛选提炼、分析综合、鉴赏评价。因此，我们最应该做的是大量占有语言材料，以增强学生对语言的感受力、理解力。对于初中的低段学生来讲，教师既要给出阅读方法，更要保证学生占有语言材料的量，特别是让其接受精练、蕴藉、雅洁、规范的汉语言的浸润与熏陶，如此才能有效地提高学生的语感，增强其对文本的理解力。于是我们进行了基于单元主题的写作与生活资源的整合教学。学生的生活是丰富多彩的，我们尽量将书本知识与生活结合，打通并激活学生的情感体验，同时与写作结合起来，让学生的阅读体验与生活体验在表达（小练笔）中得以提升。此外，我们还进行了基于语言能力的整合教学。比如，教学人教版七年级下册第四单元时，学生已经学习过《安塞腰鼓》《观舞记》等排比反复修辞手法运用得很突出的文章，我们据此将有相似特点的文章编成专题，供学生对比学习。加之学生刚好开展了"四学会"主题实践活动，特别是有了"翻毕业墙"等鲜活而深刻的生命体验，再让学生运用排比反复的修辞手法来表达其体验与感受，就很容易了。

（2）以课题为依托的写作研究

学校将语文课题分解成若干个子课题，每个子课题组以月为单位，交流、汇报课题推进的情况及遇到的问题，全体课题组成员共商共议，寻求解决办法。学校开展的关于语文写作教学的子课题主要有："以作文命题的序列化促写作指导的科学性研究""以写作促学生个体完善与成长的实践研究""以课文范例的序列化促学生写作能力提升的实践研究""以专题精读的序列化促学生写作素养提升的实践研究"等。

3. 策略：整合信息技术助力深度教学

随着教育现代化的不断推进，信息技术已经成为影响学生学习和教师教学的一个重要因素。七中育才将主要从教学信息化的角度推进语文学科的深度教学。

（1）加强数字化的一对一教学

通过对交互式电子白板、表决器、移动互联终端、多屏互动终端以及大型触摸屏等先进的高交互的教学设备的使用，学校构建起了一个"前端云端、后端物联"的未来课堂。教师和学习者通过自己的交互终端接入学习云端，既实现了资源共享，又有利于将课前、课中和课后的教与学进行一体化设计。借助课堂多点互动系统，学校将不同地区的学习者、教学者和专家聚集到一个虚拟学习空间进行互动和交流，有力地扩展了现实课堂的学习资源。教师通过多点触控设备、智能课堂应答系统、交互式教学系统，使课堂教学形象化、生动化，给学生创造了一个互动空间，既注重了学生的个性发展，又形成了良好的交流氛围，优化了课堂教学效果。

（2）建立"全时空"的常态化的语文教学

从时间角度来说，就是更有效地将课前、课中和课后的语文教学联系起来：课前教学——自主预习，任务驱动；课中教学——答疑解惑，互动创生；课后教学——总结概括，反思提升。从空间角度来说，就是利用现代化信息手段将课内、课外以及校内、校外的语文教学资源有效调动起来，促进语文深度教学。

（3）加强微课教学

为突出课堂教学中某个学科知识点（如教学中的重点、难点、疑点内容）的教学或是反映课堂教学中某个教学环节、教学主题的教与学活动，我们制作了相关的微课。教师和学生在这种真实的、具体的、典型案例化的教与学情景中易于实现"隐性知识""默会知识"等高阶思维能力的教与学，并实现教学观念、技能、风格的模仿、迁移和提升，从而迅速提升教师的课堂教学水平，促进教师的专业成长，提高学生的学业水平。

（4）加强"整合与融合"

"整合与融合"在语文教学中主要是指以下两方面：一是教学内容与教学形式的整合与融合，二是多种教学方式、教学媒体的整合与融合。

"整合与融合"在课堂教学中主要表现为：师生更多元、更自由、更个性化的交互。主要借助于一对一交互式白板、未来课堂系统、微课等平台或教学资源。"整合与融合"在课前与课后主要表现为：时空的开放、学习内容的选择、反馈的及时。主要借助于电子作业、微课、QQ群、班级博客等平台或教学资源。这样的整合与融合，实现了教学内容、教学时空、教学方法的全面开放，使全体学生在学习内容、学习方法的相互交叉、相互渗透和有机整合中开阔视野、熏陶情感、发展思维；在不增加师生负担的前提下，使学生阅读的数量和阅读的能力得到提升，为后续学习和终身发展奠定扎实的基础。

4. 成果：理论与实践的提升

（1）对课题内涵的理解更深入

一是对"作文"的理解。作文，即写作。写作是运用语言文字符号反映客观事物、表达思想感情、传递知识信息的创造性脑力劳动。（作为一个完整的系统过程，写作活动大致可分为"采集—构思—表述"三个阶段。就当下而言，语文学科意义上的写作主要是指文学创作）所以，从广义上来讲，凡是用文字记录和表达的创造性的脑力劳动都应该叫写作，如写贺卡。目前，世界上多数国家的语言课程教材都是有文体类型区分的，如"叙述类""信息类""文学类"等。基于不同文体类型的内在规律进行读写教学是各国通用的做法。我国香港的课程"学习建议"将写作分为一般写作、文学创作、实用写作三大类型。这种写作类型划分比较科学合理，既符合我国写作教学发展的历史传统，也符合语文教学的文本规律。所以，本课题对作文（写作）类型的界定就取这里所说的"一般写作"。

二是对"作文序列教学"的理解。数学上，序列是指被排成一列的对象（或事件）。在这里，借用"序列"这个概念表现作文教学内容及相关内容之间的顺序。初中阶段的作文教学应该有顺序——九年级的内容不能放到七年级上，七年级的内容也不能放到九年级上——这个道理是显而易见的。作文序列教学的目的旨在探索、构建初中作文序列化训练的理论框架和训练体系，解决写作教学中的高耗低效问题，让写作训练走上科学高效的健康轨道，从而全面提高语文教学质量和学生的语文素养。

三是对"初中语文作文序列教学实践研究"的理解。初中语文作文序列教学实践研究指的是依据初中七到九年级学生的认知发展逻辑，对初中作文教学内容及相关内容进行有顺序的排列，通过一定的教学方式提升学生写作能力的实践活动的研究。鉴于此，我们把整个初中阶段的作文训练看作一个完整的动态系统，将每学年作为一个阶段，三年作为一个整体，结合学校校本教材的开发，对初中作文教学的序列化进行积极的探索和研究。基于以上两方面的认识，我们从更高的角度提出了本课题的研究目标，即从课程视角探索初中语文教学中作文序列教学的策略与方法。

（2）界定了作文序列教学的内涵及特征

"作文序列教学"是指以学生的写作实际、认知心理、阅读体验、生活体验为基础，通过对写作基本规律循序渐进、由浅入深的训练，使学生的写作水平螺旋式提升的教学活动。它具有如下两个特征。一是阶段化。作文教学的内容必须保持年段间的序列，这样才更符合学生的认知特点、心理特点和思维特征。否则，要么在学生的原有水平上踏步，浪费学生的时间；要么就是拔苗助长，同样浪费学生的时间。二是螺旋式。作文教学的序列化是希望在不打破作文整体感的前提下给师生一些实在的抓手，找到写作和写作教学的规律。任何规律都是循序渐进、由浅入深、由局部到整体的，所以，就存在一个"序"的问题，但这里的"序"不是绝对的先后顺序，是指写作教学和学生的作文能力的提升在有序列的前提下螺旋上升。比如，人物描写主要是在七年级进行训练，这并不意味着人物描写在以后的作文指导和评改中就不涉及，只不过在以后的指导和评改中，它从当时唯一的主角变为一个"配角"而已，但它依然存在，有时还可能是重要的存在。

（3）创建了学生作文能力结构模型

学生作文能力结构模型包含审题立意、选材用材、布局谋篇、篇章修改、语言运用五个维度，以及经验水平、理解水平、创造水平三个水平层级，并以思维情感贯穿这三个水平层级。（见图3-3）

（4）调查分析了初中学生作文写作的现状及教师写作教学的现状

我们对起始年级学生的写作状况进行调查，总结出对作文教学有指导意义的几个方面：写作难的原因主要是缺乏材料，在未来我们可以着重从课内外阅读中获得写作素材；在作文指导方面，学生既需要指导又觉得写作之前的指导意义不大，这是因为文章主题不够准确或空洞，所以学生表现出更需要形式的指导而不是内容的指导；多数学生没有修改自己作文的习惯，喜欢教师批改却不喜欢或不知道怎么对教师的批改作出回应。对初中语文教师作文写作教学的调查反映出目前作文教学存在的问题主要有：受限于教材编排带来的局限，作文教学目标过于笼统；作文教学内容缺乏层次性和可操作性；作文教学缺乏丰富的资源；作文教学缺乏课型意识。通过此次调查，我们了解和掌握了学生和教师在作文教学中的需求和困惑，针对问题，今后我们会"对症下药"，切实改善作文教学的现状。

（5）理清了初中作文序列教学的目标

基于对《义务教育语文课程标准（2011年版）》的解读，参考港台地区写作课程教学的目标及要求（邵巧治，2012），我们将七至九年级学生的写作能力概括为以下几个方面。①审题立意：确定读者、题意，确立中心、主题；根据需要，选用适当的或综合运用不同的表达方式（叙述、描写、抒情、说明、议论）。②选材用材：围绕中心，选用适当的材料。③布局谋篇：剪裁内容，安排详略，突出中心；组织结构，如开头结尾、过渡照应、层次条理等。④语言运用：语言文字合乎语文规范；运用不同修辞手法以提高表达效果；准确使用标点符号。⑤篇章修改：推敲字词、语句，修正观点，增删材料，调整结构。在此基础上，我们为初中作文教学分学段设置了目标，使七、八、九年级形成一个学段间的序列：七年级侧重于语言表达的完整、通畅、具体、生动；八年级侧重于布局谋篇及多种表达方式的运用；九年级侧重于审题立意及文章修改。这个序列尊重了学生的年龄特点、思维水平、生活积累、写作能力发展的规律，形成了三年一个完整的序列。

（6）形成了初中作文序列教学课程组织的两个纬度

"课程组织"是指对课程各个要素的系统的组织安排。其中，至少有两个课程组织的纬度非常重要，即描述教授的课程内容的综合或相互联系的"横向组织"和描述内容序列的"纵向组织"。（波斯纳，2007）建立在此理论的基础上，我们拟建立以"作文能力专题训练指导序列"为核心的作文教与学的序列体系。

①横向组织。即研究与写作有内在关系的其他学科相关知识或话题、阅读、学生的生活等，将之纳入写作教学的基础资源库，建立"阅读序列""活动序列"，以解决学生写什么、写得怎样、为什么写等问题。

②纵向组织。即研究写作教学本身的序列，主要回答具体教什么内容、怎么教和怎么评价等问题。在目标序列、内容序列的基础上建立指导序列，即方法序列。比如，同样是训练一个写作能力点，七年级训练的方式侧重于指导，训练的形式侧重于片段练习或仿写，训练的内容侧重于指导观察、找出差异；八年级训练的方式侧重于修改他人文章，训练的形式侧重于整篇练习及比较，训练的内容侧重于凸显人物个性；九年级训练的形式侧重于修改自己的作文，且将描写与其他写作方法进行综合运用。目前，我们已经初步形成作文指导课课堂内部的序列，即创设情境—课文导航—写法提炼—片段共写—自主练笔—集体分享。

（二）数学：基于问题驱动的自主协作教学

知识教学是任何教学活动都不可回避的基本任务。我国新课标强调的知识与技能、过程与方法、情感态度与价值观三个维度的课程目标，充分体现了知识的内在结构及其对知识教学价值的要求。从知识的内在结构和功能上看，符号表征的传递、逻辑形式的教学、知识意义的生成，应该是知识教学价值的三个重要维度。唯有从结构上把握知识的内在构成，方能实现知识教学的丰富价值。如果人们依然站在认识论的知识立场上，把教学看作是"知识总库的打开"，独尊知识的"假定性意义"，丧失追求教育中通过师生互动而产生的新的意义系统，那么，人们提出的情境教学、交往教学、对话教学、体验教学、实践教学还有什么意义呢？知识的性质和内在结构决定了有效教学必须是完整的教学。有效教学必须超越表层的符号教学，由符号教学走向逻辑教学和意义教学的统一，我们把这种统一称为深度教学。深度教学并不追求教学内容的深度和难度，不是指教学内容越深越好，而是相对于知识的内在构成要素而言，知识教学不停留在符号层面。如果停留在传统认识论的立场上，那么人们对知识、课程的理解往往局限在"事实取向"层面，知识的内在构成被分割，"符号表征"被看作是知识的全部，知识的"假定性意义"被认为是理所当然地要加以接受，从而接受教学依然统治着学校课堂，知识教学的丰富价值未能得到应有的体现。《义务教育数学课程标准（2011 年版）》（以下简称《数学课标》）以"学生为本"为基本理念，认为义务教育阶段的数学课程，其基本出发点是促进学生全面、持续、和谐的发展，数学教学活动应使学生形成适应终身学习的基础知识、基本技能和方法。《数学课标》同时指出："有效的数学学习活动不能单纯地依赖模仿与记忆，动手实践、自主探索与合作交流是学生学习数学的重要方式。"然而，现实中的数学教学活动却与之相悖。在中学数学教学中，我们愈来愈多地发现，学生对于数学学科的理解，大多仅限于应试，对数学本身价值的认识几乎为零。长久以来的教学传统，使得数学教师在教学活动中存在着习惯性倾向——着眼于"双基"，习惯于从基础知识和基本技能两个维度去组织教学活动。在这样的背景下，大多学生吸取的教学内容是零散、琐碎而缺乏连贯性及整体性的，学生对单一或综合度不高的知识的理解可以达到深、透，而对整体及综合度较高的问题的理解就会遇到不小的困难。这就表明学生在理性思考和实践应用方面存在问题。这样的教学使学生只能进行简单思维，扼制了学生的学习主动性，使学生无法获得深入的有益体验，结果学生学得浅表、学得琐碎、学得死板、学得无趣、学得辛苦。

从七中育才的实际情况来看，学校里的数学教师能讲且善讲，再加上以前学校的生源结构较均衡，学生的学习水平也比较平均，这就使以讲授为主的数学课堂仍然取得了良好的教学效果。然而，自 2006 年起，学校开始实行计算机派位招生，由于无法进行选拔，生源结构有了很大的变化。学生的思维水平、学习能力、数学成绩参差不齐，差异很大，这导致教师在课堂教学中要兼顾各个层次的学生。实际情况的转变，自然呼吁数学课堂也应作出相应的改变。为了使不同层次的学生都获得相应的发展，改变"教师权威"的课堂就成了当务之急。要改变这一普遍存在的现实状况，真正使数学学科在育人方面发挥特有的功能，数学教研组在经过反复的研究与讨论后，决定以深度教学为突破口。大的方向确定以后，具体实施的问题又随之而来。近年来，深度教学理论逐渐深入校园，数学教研组在李松林教授等专家的指导下，对这一理念在数学教学活动中的运用也有了新的理解。但就目前而言，对深度教学的理论研究偏多，与实际教学相结合的研究偏少，由一线教师参与的与综合学科或具体学科相结合的研究更少，而在数学学科中开展深度教学的微观研究几乎是空白。如何将深度教学理论转换为教师的教学操作策略，切实促进学生在数学课堂上进行深度学习，是数学教师需要认真思考与努力实践的重大问题。为了解决在数学课堂上开展深度教学的问题，我们对原有的数学教学模式进行了提炼总结，结合学生及教师的实际状况，改变了原有的教学模式。我们认为，新的教学模式应遵循的核心原则是"以生为本"。"生本课堂"的理念并非是针对教育活动的外部形式，而是重在审视教育核心，直接指向教育内部的根本——学习个体在教育过程中所处的地位及其生命意义，它的最大特点是突出学生、突出学习、突出探究、突出合作，并体现教师的主导作用。有了这样的认识，数学教研组开展了深度教学下初中数学"学—究—讲—用"教学模式研究。（见表5-1）

表5-1 "学—究—讲—用"教学模式解读表

"学—究—讲—用"四维解读				操作流程
目的	内涵	主体	对象	
培养阅读能力；初步构建知识结构	在教师预设的问题串的引导下进行自主学习	学生个体	学习课本内容，通过阅读课本，对当堂课要学习的内容进行初步了解	学生按教师要求对指定内容进行自主学习，初步完成对教师预设的问题串的解决

续表

"学—究—讲—用"四维解读				操作流程
目的	内涵	主体	对象	
探究基本知识、基本方法	生生、师生因对问题的不同理解而进行的思维交流与碰撞	学习小组	首先开展独立研究，然后小组内进行交流、讨论、研究，随后教师加入学生小组，给予学生适当的帮助	以小组合作的形式，对易错易混的、不容易理解的知识内容进行探究
培养表达能力；解决疑难，拓展提升	归纳性、提升性和拓展性讲解，完成整堂课知识构建	学生及教师	学生对小组同伴和全班同学表述自己对所学知识的理解，同时还可提出未能解决的疑难问题；而教师的讲解则是根据教学的重点、学生自学中的疑点和难点进行讲解，并对典型例题进行讲解	学生面向全班的展示性讲解；教师的归纳性、提升性、拓展性讲解
理解、巩固和应用知识	不同情境下对问题的识别、思辨	学生个体	学生经历知识运用的过程；在知识的学习中获得积极的人生体验，在知识的学习中解决一个又一个生活的疑问和困惑；形成积极的内在学习动机，形成积极的情感态度与价值观	当堂练习，当堂评价

1. 目标：自主探究

"学—究—讲—用"教学模式以学生的自主发展为本，其精髓是学生在教师指导下，自主学习、主动探究，变被动接受学习为主动探究知识、掌握科学研究方法。该教学模式要实现如下目标。

（1）教学目标的转变

"学—究—讲—用"教学模式将会更加注重学生主动参与、乐于探究、勤于动手的学习过程。课堂教学由单纯知识传授向促进每个学生的个性发展转变，由重结果向重思维过程转变，由教学模式化向思维个性化转变。

（2）教师角色的转变

在"学—究—讲—用"教学模式下，教师是学习活动的倡导者、组织者，在课堂中对知识的点拨将起到画龙点睛的作用。这对教师的课堂组织能力、对专业知识的把握能力提出了很高要求。

（3）教学方式的转变

在"学—究—讲—用"教学模式下，学习方式和教学方式均会产生质的变化，这种关注学生学会学习、乐于学习的教学模式，对教学质量的提高是不言而喻的。在这种教学模式下，学生对知识的掌握如同其亲自动手用"线"将一个一个知识"珠子"穿起来一样，每一个知识点都会在学生头脑中生根发芽，学生的学习质量是非常有保障的。

2. 内容：问题驱动下的 "学—究—讲—用" 教学模式

首先，深度教学理论是指导思想，"学—究—讲—用"教学模式是深度教学理论实践的载体。其次，"学—究—讲—用"教学模式考虑了数学学科的特点，是具有"数学特色"的深度教学理论的具体实践。最后，任何教学模式都指向和完成一定的教学目标，"学—究—讲—用"教学模式的教学目标与深度教学理论的目标具有一致性，且"学—究—讲—用"教学模式是为达成深度教学的目标而服务的，该目标对构成教学模式的其他因素起着制约作用，它决定着教学模式的操作程序和师生在教学活动中的组合关系，也是教学评价的标准和尺度。"学—究—讲—用"教学模式的具体内容如下。

首先是学生自主"学"的过程。这是该教学模式的起始环节，是一切活动开展的基础。在此环节，教师应当事先对教材进行深度挖掘，理解知识点之间的联系，再提出或整理出本节课所讲的知识点，促使学生通过高效地"学"，发现问题、了解知识点，进而探究并解决问题，最终实现对所学知识的运用以及自身能力的提高。其次是"究"的过程。在学生探求知识的过程中，深度教学就是要通过启发、引导等方式，充分发挥学生的自主性、独立性与创造性，培养其独立探究和解决问题的能力。讨论探究这个环节，就是为了激励学生积极地投入学习，使其动脑、动口、动手，自始至终参与教学全过程。再次是"讲"的过程。这是该教学模式的重要环节。虽然学生可以通过高效地"学"了解知识，但毕竟他的认知能力有一定的局限性，对于发现的问题，不一定能真正解决或是快速而有效地解决。这就需要教师在中间通过灵活提问等方式将问题层层分解，帮助学生逐一解决。此外，在教学中，教师还要鼓励学生大胆发言，对于那些容易混淆的概念、难以掌握的内容，应积极引导学生去议，鼓励学生去讲。在讲的过程中，对于学生出现的差错、漏洞，教师要特别耐心地进行引导，帮助他们正确地表述。起初学生的发言有表达不清、抓不住重点的现象，这时教师就要指导他们掌握分析问题的方法，可以从条件出发，逐步求出问题，也可以从问题出发，寻求解决问题必须要知道的条件。如果学生的论述是用自己生活中的语言，那么教师就要引导他们利用数学语言进行论述，并注意正确用词，这样就使学生的归纳概括能力有了提高。最后是"用"的过程。练习是理解、掌握、运用知识的过程，是形成技能技巧的必要途径。练习是开发学生智力、培养学生良好心理品质的重要渠道。对学生而言，练习题好比每天吃的饭食，一份质优量足的美味佳肴非常重要。带领学生"做一做"，让学生运用所学知识来解决问题，锻炼学生的思维和动手能力；督促学生解题后再反思，反思自己的思维过程，反思解题技巧，反思多种解法的优劣，反思各种方法的纵横联系。（见图5-2）

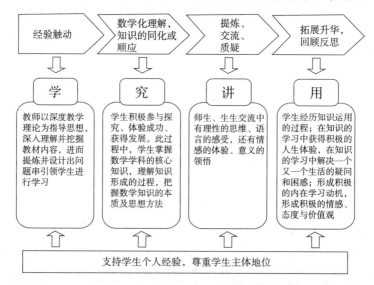

图5-2　"学—究—讲—用"教学模式

3. 策略：问题驱动＋自主协作

（1）"学—究—讲—用"教学模式的操作方法

学生在课堂上按"学—究—讲—用"教学模式进行学习，教师按

"学一究一讲一用"教学模式进行教学。通过在数学教学中的尝试与实践，我们总结提炼出"学一究一讲一用"教学模式的基本操作方法。

①培训教师：改变教师的教学观念，要相信学生能学好；让教师理解"学一究一讲一用"教学模式的理论依据，研究课堂教学实践。

②培训学生：要改变学生的依赖思想，让学生积极主动地开展学习活动；使学生逐步掌握适合个体的学习方法，形成合作交流的精神；让学生了解课堂教学应有的学习活动，让学生有主动参与的意识。

③实施程序：首先，指导学生学会自学教材。让学生初步做到能够通过看书提出问题并解决问题，然后回过头来调整和反思自己的自学效果。其次，让学生之间能够进行有效的交流和沟通，逐步训练学生提出问题的能力和协作的能力。最后，指导学生自己设计学习过程。这几个方面要环环相扣，使学生逐步适应在"学一究一讲一用"教学模式下学习。

（2）"学一究一讲一用"教学模式的操作程序

我们通过对课前、课中、课后三个阶段的研究，得出"学一究一讲一用"教学模式的一般操作程序。

课前： 备课组长分工 → 提出相应要求 → 个人编写 → 个人汇报 → 集体讨论修订 → 分头整理 → 制成《学习金典》 → 印刷

课中： 发《学习金典》 → 教师提出要求 → 学生自主学习教材 → 学生完成《学习金典》中的"自主学习"部分 → 教师巡回指导 → 学生完成《学习金典》中的"自主研究"部分 → 学生分析、讨论 → 师生精讲 → 反馈训练

课后： 教师收《学习金典》 → 批改《学习金典》 → 发现问题 → 反馈纠正

在整个教学过程中，教师应充分利用现代教育技术辅助教学，增加教学的直观性和生动性。

（3）"学一究一讲一用"教学模式的实施原则

"学一究一讲一用"教学模式充分体现了"教师为主导，学生为主体，学会与会学相统一，个性发展与全面发展相统一"的教学理念。在"学一究一讲一用"教学模式的研究过程中，如何进行"有效指导"是我们研究的一个重点。"学一究一讲一用"教学模式的实施原则主要包括学生为主体原则、教师为主导原则、民主和谐性原则、层次性原则、可控性

原则、探究式与授受式教学模式相结合的原则以及创新性原则、发展性原则、指导性原则、开放性原则、激励性原则、活动性原则。这些原则在其他教学模式中也是存在的，但在"学—究—讲—用"教学模式的实施过程中，"学生为主体原则""层次性原则""指导性原则"和"可控性原则"是尤为重要的。下面着重介绍后三种原则的内涵。

层次性原则，一方面是指在使用学习指南进行教学的过程中要注意根据学生的不同层次因材施教，另一方面是指使用学习指南引导学生探究要以提出一个问题或创设一种情境为主要引导方法。多梯度设计问题是层次性原则最好的体现方式。

指导性原则主要体现为学法指导。重视学法指导是让学生学会学习的前提和保证。教学中的学习目标展示、知识规律揭示、疑难问题提示以及解题思路、方法、技巧等指导性内容和要素，构成一条明晰的学法线。随着知识网络的形成，学法指导也形成了科学完整的体系，为学生发挥自己的聪明才智提供和创造必要的条件。指导而不包办。

可控性原则有两个含义：一是调控好学生的探索方向，要有计划，不放任，注意根据实际情况调整教学；二是调控好学生的探索进程，比如，要把握好问题探索和解决的时间，对于突发问题，可将其留为课后作业。

（4）"学—究—讲—用"教学模式的课堂实施

"学—究—讲—用"教学模式由四部分内容组成：自主"学"习、自主研"究"、典例"讲"解、知识运"用"。该模式的课堂教学流程如下。（见图5-3）

根据"学—究—讲—用"教学模式的课堂教学流程，下面介绍"学—究—讲—用"教学模式在初中数学课堂三种具体课型中的运用。

①"学—究—讲—用"教学模式下新授课。对于中学数学的概念、公式，学生往往以已掌握的概念、公式为基础进行学习。根据新课标要求，除了知识本身，知识生成的过程也很重要，否则就丢掉了数学最精髓的东西。因此，概念、公式课需要重视教学的启发性和艺术性，重视创设情境，激发学生的学习兴趣，从而引起学生对概念、公式学习的高度重视。在"学—究—讲—用"教学模式下进行新授课时应注意：避免直接给出和使用新概念、新公式。情境创设要恰当，如此才能激发学生的探究热情。教学程序安排要科学合理，符合学生认知规律（问题设置符合学生认知规律，能引导学生产生深度思考）。教法及教学手段要运用恰当，教学要有

特色，与现代信息技术要自然整合。同时还应注意捕捉合适的时机善于利用各种方式评价学生（对学生活动的评价方式多样，能通过适当的点评帮助学生深度理解知识）。构建师生、生生及媒体之间信息交流的立体结构，小组合作讨论要有明确的分工，讨论过程要有个体和整体的深度思考。

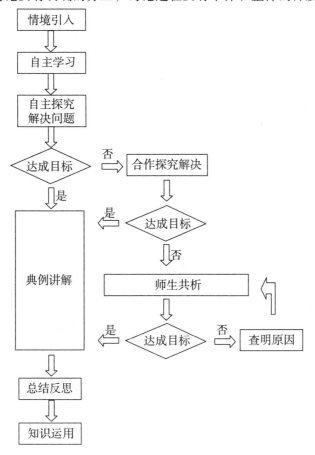

图5-3 "学一究一讲一用"教学模式下的课堂教学流程

【课例1】一次函数与一元二次方程的关系

合作研究：请同学们自主完成以下问题。

①分别以适合二元一次方程 $x+y=5$ 的 x、y 的值为横、纵坐标，你能写出这样的一些点吗？

点 (x, y)							

② （"方程"小组）在下图的直角坐标系中描出上面表格中的点，看谁描得又好又快？

（"函数"小组）在下图的直角坐标系中画出一次函数 $y = -x + 5$ 的图象。

请认真观察描出的点与一次函数图象，你发现了什么？

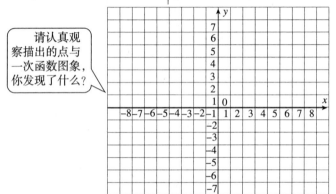

③ （"方程"小组）以"函数"小组所取四个点的横、纵坐标为对应的 x、y 的值，它是二元一次方程 $x + y = 5$ 的解吗？

（"函数"小组）在直线 $y = -x + 5$ 上任取四个点（在直角坐标系中表示出来），这四个点坐标分别是： （＿，＿），（＿，＿），（＿，＿），（＿，＿）。

④ 请认真思考，在直线上任取一点的坐标是对应二元一次方程的解吗？小组内交流讨论，你们能从中发现什么？

【课例2】三角形外角

通过课前的自主学习，部分同学对三角形的外角知识产生了如下的疑惑，请先自己思考，然后在小组内交流讨论，帮助这些同学解决疑惑：为什么三角形的一个外角大于与它不相邻的任何一个内角？三角形的外角和为 360 度吗？有没有大于 180 度的外角？证明一个三角形的外角等于与它不相邻的两个内角的和，有其他方法吗？如何在图形中去辨认三角形的外角？三角形的所有外角都是钝角吗？有锐角吗？有直角吗？最多有几个锐角？

②"学—究—讲—用"教学模式下讲评课。讲评课重点在"解题"，但教学中心不是"怎样解"而是"为何这样解"。让学生通过讲评课得到知识的迁移、归纳，从而实现解题方法的优化。在"学—究—讲—用"教学模式下进行讲评课时应注意：不能一讲到底、一练到底，即使是例题，也不宜由教师一讲到底、包办代替。此外，在教学中，教师还应引导学生学会对实际碰到的数学问题进行深度研究并将其抽象成数学模型。

【课例】"不等式及因式分解"单元测试卷讲评

自主学习：回顾不等式的性质。

自主研究：对试卷中的问题进行探讨，对解题方法和注意事项加以归纳总结。以下习题是同学们在做题时暴露出来的问题，请找出问题所在并用正确的方法加以解答。

若 $a < 0$，关于 x 的不等式 $ax - 1 > 0$ 的解（　　　）

若不等式组 $\begin{cases} x < m + 1 \\ x > 2m - 1 \end{cases}$ 无解，则（　　　）

教师讲解方法，进行方法的提升，最后通过例举相似的习题进行解题方法的训练。

③"学—究—讲—用"教学模式下复习课。尽管复习课按不同的教学时期、教学阶段有不同的复习形式，但它们都有共同的特征：复习围绕的教学内容是学生学过的知识。复习课相比新授课更应突出学生的主体地位，创造机会让每一个学生充分发表自己的见解，让学生自己去动口、动手、动脑，通过学习活动，达到复习的目标，使知识得以"升华"。在"学—究—讲—用"教学模式下进行复习课时应注意：避免知识内容"新课化"、课堂氛围"考试化"。要注重知识网络的形成，加强各知识点间的纵横联系，注重拓展与延伸，注重能力培养。例题选择要富有代表性、针对性、梯度性。课堂训练要精准，要有利于开阔学生视野、开启学生思路。此外，教师引导要到位，关注不同层次的学生是否都能积极参与。教学方法要多样，教学手段选择及运用要恰当。

【课例】"因式分解"复习

第一环节：自主学习。请学生展示课前整理好的本章知识结构，请其他同学补充，整理出因式分解四种主要方法和对应的代表性题目。（目的在于让学生用自己喜欢的方式梳理知识。一方面，尊重学生学习的差异性，培养学生归纳整理的能力；另一方面，学生在展示和补充中，相互学习，完善知识结构）

第二环节：合作探究。练习：下列各式的因式分解是否正确？如果不正确，应怎样改正？你能从中得到什么启示？

①$2x^3 - 4x^2 + 2x = 2x \ (x^2 - 2x)$；

②$-a^2 + ab - ac = -a \ (a - b - c)$；

③$a^2 - 4b^2 = (a + 4b) \ (a - 4b)$；

④$p^4 - 1 = (p^2 + 1) \ (p^2 - 1)$；

⑤$4xy^2 - 4x^2y - y^2 = y \ (4xy - 4x^2 - y^2)$；

⑥$a^2 - 2a - 8 = a \ (a - 2) \ -8$；

⑦$x^2 - 5x + 6 = (x - 2) \ (x - 3)$。

精选学生作业中常见的错误题型，让学生分析错误原因，帮助学生进一步巩固对因式分解要求与注意事项的理解，让学生达到准确进行因式分解的目的。

4. 成果：形成教学实践模式

通过开展深度教学下初中数学"学—究—讲—用"教学模式研究，我们取得了如下的成果。

（1）教学目标优化

教师在问题设计和活动设计中加深了对教学目标的理解，在课堂上更加关注学生学习的过程。"深度教学下初中数学'学—究—讲—用'教学模式研究"课题开展前，部分数学教师对于教学目标的理解较为肤浅：以知识传授代替教学目标，把课程目标当作教育目标。通过课题研究，数学教师对教学目标有了更深入和具体的认识和理解。教师结合教学内容与学生实际对如下问题进行了思考：①本节课的教学目标可以是什么？应该是什么？②怎么设计问题情境可以让学生对知识进行深入探究？③怎样设计教学目标能够增强学生的数学学习体验？正是出于对这些问题的思考，数学教师对教学目标有了如下更深入的理解：①除了课标中要求的教学目标（知识与技能、过程与方法、情感态度与价值观）外，教学目标还可分为结果性目标和过程性目标；②过程性目标包括学习主体、问题情境、探究行为、探究对象等要素，它与结果性目标有不同的特点；③教师在设计过程性目标及其相关联的目标时，已经由"概念化"设计迈向教学内容、探究活动、学生体验相融合的一体化设计。

因此，教师更加关注学生的学习过程，努力发掘教材中增强学生学习体验的相关材料，努力用过程性目标来引导、调整教学设计，以教学目标来调控教学的实施过程。

（2）教学方式改善

教师在核心问题设计中能够对教材进行深度解读，使知识板块之间的关联得到更多的关注、发掘和整合。学生进行自主学习和合作探究时，需要教师对学习和探究的对象进行引导，也就是教师在设计这一板块的教学时，必须对教材进行深度加工。通过对课题的研究，教师对于教学内容应该"基于教材但是不拘于教材"的教材观达成了共识。他们认为：①要通过教材来组织学生学习知识，更重要的是要让学生乐于学习、主动学习；②要运用教材去保证学生的学习效果，也就是让学生能够有一个好的测试结果。

教材是我们教学活动的保障，但只有不拘于教材，我们的教学活动才有生气、有效率，才能促进学生在深度教学中学习。在一般意义的钻研与运用教材的基础上，教师对教材知识之间的关联进行了大胆的发掘和重组加工。第一，挖掘数学教材中知识、方法、问题等各要素内部及各要素之间的关系。在传统的教学中，教师习惯根据教科书目录编排的顺序对学生进行渐进式的教学。教师会在每个单元学习完成之后，引导学生进行复习，以表格或者树状图的形式，使知识点不断扩展延伸，从基础到综合或者从简单到复杂。从某种意义上说，这比较符合学生的认知特点。但是，知识之间不仅仅是渐进式的关系，这种关系是多维的，可以是横向的、纵向的，甚至是纵横交错的，可以是浅表的、深层的，甚至是综合的。教师在"学—究—讲—用"教学模式的指导下，对数学学科关联知识进行深度整合，逐步引导学生挖掘数学知识的本质，使其对学科知识的内在联系能够有一个更清晰的认识。第二，发掘和整合教材内容与学科外部的关联。"学—究—讲—用"教学模式的一个核心要求就是提升学生学习数学的兴趣，这就要求教学内容的设计应该和学生的生活经验相关联。教师通过挖掘数学学科知识与自然、与社会的关联知识，使学生在情感态度与价值观方面得到发展，使数学教学由学科教学向生命教学转变。

例如，在北师大版数学七年级下册第二章《平行线》中，教材将"三线八角"和平行线的判定交叉编排，即学完同位角的概念就直接学习通过同位角来判定平行线的知识。我们认为，平行线是后面几何学习的基础，要判定平行线，必须先对"三线八角"有很深的认识，所以我们在学习指南中将"三线八角"整合到一节课集中教学，然后再进行平行线判定的教学。北师大版数学教材将平行四边形、菱形、矩形和正方形进行分开编排，鉴于四边形之间联系非常紧密，我们将四边形教学内容进行了整合。

（3）教学效果明显

俗话说"亲其师，信其道"，和谐的师生关系、良好的情感纽带是学生在课堂上能够愉快学习知识的前提，我们在实施了"学—究—讲—用"教学模式后，学生的学业质量、综合评价成绩明显优于区内同类学校，高于全区的平均水平。我们以锦江区教育局与北京师范大学认知神经科学与学习国家重点实验室联合开展的"建立教育质量评价监测体系，促进区域教育质量全面提升"项目测试为载体，对庞大的数据和丰富的信息量进行全面解读，着力分析了育才学生的学业质量和综合评价数据。监测数据显示："学—究—讲—用"教学模式已经转变了学生的学习方式。

①以学科监测为依据，进一步优化"学—究—讲—用"教学模式。我们选取八年级数学学科监测的部分数据进行分析，结果显示：实施"学—究—讲—用"教学模式以来，育才学生数学学科总体水平高于锦江区平均水平。（见图5–4）

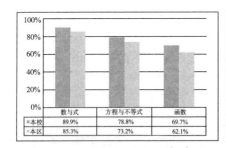 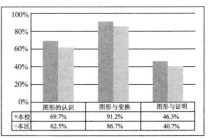

图5–4 八年级数学学科监测数据

②构建多维课程体系，进一步提升"学—究—讲—用"教学模式。在"学—究—讲—用"教学模式下，七中育才的校本课程开发遵循"因人制宜、因材施教"的原则，满足不同层次学生的需求，真正做到分层推进。

比如：数学超前班，学生自主报名，学校择优录取并为这批学有余力的学生制订了成长套餐；数学兴趣班，满足中等生、学困生的需要，同时满足不同个性、不同特长和不同兴趣爱好的学生的需要。让每个学生都能找到适合自己的位置，明确适合自己发展的方向，做到"扬长避短、扬长补短"。

（4）学科思想得以彰显

通过实施"学—究—讲—用"教学模式，数学教师对教材的理解从以下四个层面逼近数学学科思想本质。

①准确理解与掌握知识点。把握初中数学核心概念、公式、定理的内涵与外延，这是一个理解、记忆、练习的过程，是学习单一知识点的基本过程，是属于掌握学习。在数学核心概念的教学上，教师应该下足功夫，以学生的认知发展水平和已有经验为基础，发挥学生的主体作用，引导学生独立思考、主动探索、合作交流，让学生在实践中体验数学知识的发生和发展过程，使学生理解和掌握基本的数学知识和技能，体会和运用数学思想和方法，获得基本的数学运用经验。同时，教师要设法腾出更多的时间对学生进行反复的训练，使学生认识概念、理解概念、巩固概念，彻底理解概念、原理的发生和发展过程，让学生不但知其然，而且要知其所以然。教师要帮助学生不断迁移、理解新的数学概念、术语、符号，特别是要重视运算法则、公式的教学。对运算法则、公式要注意观察、联想、比较，能够做到公式"顺用""逆用"以及灵活变形。教师要特别注意培养学生对数学符号语言的理解能力、表达能力和抽象思维能力。

例如，在上《认识一元二次方程》这节课时，教师力求运用"问题情境—数学模型—概念归纳"的教学方法。教师以精心设计的生活情境导入问题，从一元一次方程出发，通过出示大量的案例引导学生自主归纳出一元二次方程的特点，并通过小组活动准确掌握一元二次方程的概念和一般式。课堂教学中教师设计了活动"超级模仿秀"：请学生结合黑板上给出的示例，说一说黑板上方程的共同点，并模仿写出一些新的方程。设计了活动"真的还是假的？"：请学生设计一个方程，这个方程可以是一元二次方程，也可以不是一元二次方程，以此来考一考其他同学。这两个活动既具有知识性，又富有趣味性，让学生在积极动脑的过程中准确掌握了知识的核心。

②加强知识的横向联系。教师要把握住知识、方法与思想之间的联

系。由寻找知识、方法间的横向联系入手，把个别的、离散的知识点组成浑然一体的系统，培养学生敏锐的观察、分析能力，使其通过分析发现已知条件和结论之间的联系，以此达到对知识体系的理解深刻、记忆久远。学生学习的众多知识点，就相当于汽车身上的一个一个的零件，如果这些零件只是杂乱无章地堆在学生脑子里，那它们不会发挥任何作用，学生的学习效率将极度低下。只有把握它们之间的联系，进行有效的组织，学生的学习才会有效率，学生才能把学到的知识用于解题——这就是学习的基本规律。传统的数学教学基本上是一个知识点一个知识点地教，然后精雕细刻地抓落实，人为地把整体知识机械地割裂成一个个部分。学生在学习过程中，不学前面的知识就不知道后面的知识，只有学了后面的知识才知道前面的知识如何运用。他们总是处于"盲人摸象"的境地，这种"局部积累的数学教学"使我们觉察到：人固然可以一点一滴地学习知识，但点点滴滴的知识是缺少生命力的。更重要的是，这种教学使得学生所储备的数学知识很难在实践中得以运用。知识只有成为整体的时候，特别是对学生的个体有整体意义的时候，它才表现出生命力。注重知识的横向联系，才能使学生快速、高效、多维地掌握基本知识、基本技能、基本方法和解决问题的基本策略。置知识于系统之中，让所学知识牢不可破。

【成果举例】下面是数学教研组所做的函数知识图谱。(见图5-5)

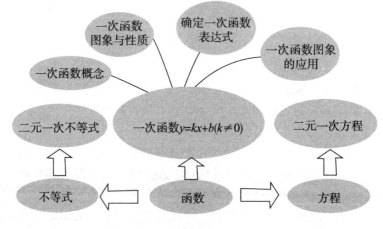

图5-5 函数知识图谱

③深入理解数学学科思想。通过对初中数学教材的整合，构建起一个基本的整体教学框架，最后使学生在头脑中形成一个具有普遍联系和丰富

图式的知识有机整体，使学生能够自由地运用知识，提高思维能力和问题解决能力。突破教材固有形式，发现和挖掘知识内在联系，形成创新教材。教师在引导过程中要抓住知识的内在联系，将知识结构化、模型化，通过串珠式提问，使学生深入理解数学学科思想。教师要站在系统的高度研究实施单元整体教学，澄清单元整体教学的内涵，挖掘单元整体教学所蕴含的新思想、新方法。

【成果举例】下面是由教师绘制的"直角三角形"这一知识点的"知识树"。（见图5-6）

图5-6　直角三角形"知识树"

④引入学科思想方法。新的深度理解教材的方式注重学生数学思想方法的培养，即对数学知识进行整体性的理解。数学思想方法超越了具体的数学概念和内容，只以抽象的形式而存在，它控制及调整具体结论的建立、联系和组织，并指引数学知识被灵活地运用到一切适合的范畴中去解决问题。数学思想方法不仅会对数学思维活动、数学审美活动起着指导作用，而且会对个体的世界观产生深刻影响，形成数学学习效果的广泛迁移，甚至包括从数学领域向非数学领域的迁移，实现思维能力和思想素质的飞跃。引入数学思想方法，完善学生的认知结构，发展学生的思维能力，从而切实提高学生的数学素养。

（5）现实成果丰富

①开发校本教材。数学教研组集全组教师之力编写的《"学—究—讲—用"学习指南》，被省内外近百所学校采用，作为教研参考书；编写的《育才作业本》等配套作业，被省内外多所学校采用，作为学生家庭作业或者拓展作业。

②教学成绩突出。2012 年，34 名学生获得全国初中数学联赛一等奖，43 名学生获得二等奖；2013 年，46 名学生获得全国初中数学联赛一等奖，23 名学生获得二等奖；2014 年，57 名学生获得全国初中数学联赛一等奖，34 名学生获得二等奖。七中育才数学学科在 2012—2014 年中考中，连续三年位居成都市同类学校第一名。

③教师发展成果显著。通过开展深度教学下初中数学"学—究—讲—用"教学模式研究，七中育才数学教师在教学实践过程中，取得了累累硕果。数学教研组连续多次被评为校优秀教研组和区、市优秀教研组。七中育才数学教师在各级赛课中获奖——国家级赛课：一等奖 6 人次，二等奖 14 人次；省级赛课：一等奖 8 人次；市级赛课：一等奖 15 人次。七中育才数学教师在校外共举办深度教学下初中数学"学—究—讲—用"教学模式相关专题讲座 13 人次，其中陈英、陈卫和魏进华三位老师在 2012 年和 2013 年的"国培"中就深度教学下初中数学"学—究—讲—用"教学模式举行了专题讲座。七中育才数学教师根据深度教学下初中数学"学—究—讲—用"教学模式，指导外校老师参加各级赛课，获得优异成绩——获得省级赛课一等奖 4 人次、市级赛课一等奖 9 人次。七中育才数学教师交流推广深度教学下初中数学"学—究—讲—用"教学模式，共计 34 人次在校外献课。

④学生对数学学科的态度发生明显改变。通过开展"学—究—讲—用"深度教学模式，学生被动接受的学习方式已淡出课堂，代替它的是自主探究的学习方式。学生学习数学的信心明显得到提升，对数学学科的态度发生明显改变。我们对九年级学生调查发现：35% 的学生认为自己的数学成绩和七年级时相比取得了很大的进步，42% 的学生认为现在的数学成绩和七年级时相比有一定的进步；在进步的学生中，基础薄弱的学生所占的比例较大。我们对七中育才 2015 级学生的两次调查（调查时间分别为七年级上学期和九年级上学期）发现：七年级上学期，对数学感兴趣的学生只有约 35%，60% 多的学生认为学习数学枯燥无味，只是为了应付升学考试，55% 的学生惧怕数学；到了九年级上学期，对数学感兴趣的学生达到 67%，81% 的学生认为数学是一切自然学科的基础，应该认真对待，而依然惧怕数学的学生比例下降到 19%。

（三）英语：基于"4R"思想的整合教学

深度教学是学校课程改革的一个大命题，那么就英语学科而言，深度教学的核心要素是什么？我们一直在努力寻找答案。回顾最近几年的改革之路，围绕深度教学，我们的研究重点锁定在了"基于教材的深度理解""基于问题驱动"以及"基于'4R'思想"的整合教学。这些研究和思考让我们的思路逐渐开阔，教师的成长和学生的发展也因此而受益匪浅。通过课堂教学的实践，这些基本理念已经内化成英语教研组全体教师的自觉行为，体现在常规教研以及英语课堂教学之中。同时，学生也逐渐在英语学习中朝着这个方向发展，即逐渐了解学科的核心知识，理解学习的过程，把握学科的本质及思想方法，形成积极的内在学习动机以及正确的情感态度与价值观，成为既有独立性、批判性、创造性又有合作精神的优秀学习者。英语深度教学重视把握知识的内在结构，体现知识的依存性，彰显知识与主体发展的意义关系，赋予英语教学丰富性、回归性、关联性和严密性的特质，有效实现教学的发展价值。（任佳，2011）从此意义上说，"4R"教学是英语深度教学的基本策略。

第一，丰富性教学（Richness teaching）。丰富性教学是相对于单一性教学而言的。在教学目标上，丰富性教学强调从多维度、多层面完整地把握教学目标，从知识与技能、过程与方法、情感态度与价值观等不同维度和不同层次来预设和实现教学目标，促进学生发展的多种可能性。如果把教学目标仅仅设定在符号知识的传递层面，那无论采取什么样的教学方式，都只能是单一性的教学，是表层的教学。一方面，丰富性教学注重处理好知识内在要素之间的关系，克服单一的符号教学，把符号的教学与逻辑形式的教学、意义的教学真切地融为一体；另一方面，丰富性教学强调处理好不同类型知识之间的关系，把握知识的不同表现形式，实现学习方式的多样化，发展多元智能。

第二，回归性教学（Recursion teaching）。回归性教学又称为回应性教学，回归或回应，是指教学过程中学生对教学内容的接受与理解，在把知识作为对象进行学习的同时，把学习的意义和目的指向自我，即所谓"反求诸己"，从而教学引起学生通过与环境、与他人、与文化的反思性相互作用形成自我感。在教学目标上，一方面，回归性教学要求培养尊重其他文化的意识与态度，帮助学生形成对自己文化的认同感与自豪感，使学生有能力从不同的文化视角来审视和理解同样的事件和经验，提高对文化差异性的欣赏能力；（夏正江，2007）另一方面，回归性教学要求学生通过对知识的学习，不仅理解和把握知识内在固有的"假定性意义"，更应创生知识的个人意义与现实意义，实现知识意义的多种可能性。在教学方式上，回归性教学的根本方式是反思性教学。

第三，关联性教学（Relation teaching）。关联性教学是相对于孤立性教学而言的。任何客观知识都具有三种最基本的依存方式：背景、经验和逻辑。知识依存于特定的社会背景和自然背景，依存于他人经验和个体经验，依存于思维逻辑。知识作为一种符号存在，不是一座符号的孤岛，它不是完全超越背景、超越经验、超越逻辑的。不仅如此，知识之间本身也是相互联系的。知识如果仅仅被当作一种孤立的符号来看待，就不具有任何可理解的意义。孤立性教学往往表现为孤立的符号教学、机械教学，它割裂了知识的依存方式和基础，导致知识的理解性的丧失。知识的背景依存、经验依存和逻辑依存，以及知识之间的联系，为教育活动中的知识的可流动性与知识的可理解性提供了可能。关联性教学注重密切联系社会背景、学生经验，加强知识之间的内在联系，从而增强知识的可理解性，实现知识之于主体发展的现实意义，这也正是教学回归生活世界的知识论基础。

第四，严密性教学（Rigorous teaching）。严密性教学是相对于经验教学、直观教学而言的。客观知识作为人类认识成果的结晶，本身具有理性的光芒、无限的智慧和严密的逻辑。尽管由于人类认识水平的局限，自然科学和人文学科对自然世界、社会世界和精神世界中的诸多问题还缺乏解释，还存在诸多不确定成分，但这丝毫无损于知识的严密性、方法的规范性，同时，也无损于理解的多样性和创造的可能性。尽管知识具有各种依存方式，教学需要回归生活、联系实际、整合经验，但教学是不能停留于经验和直观层面的。要真切地发挥社会背景、文化传统、时代精神、个体经验在教学中的作用，还必须依仗于两种最基本的学习过程：理性化和反思。正如杜威所指出的那样，理性化和反思是发挥经验的教育作用的两种基本途径。因此，严密性教学反对为经验而经验的教学。

"4R"教学不是四种不同的教学模式或教学方法，而是基于教育立场的知识论，是有效教学和深度教学应遵循的四个质的规定性。深度教学需要根植于新的知识论基础，否则，仅仅停留在方法和技艺层面，仅仅局限于教学方法的转换，是难以达至深度有效的。

1. 目标：培养"5A"资优学生

《义务教育英语课程标准（2011年版）》指出：义务教育阶段的英语课程具有工具性和人文性双重性质。就工具性而言，英语课程承担培养学生基本英语素养的任务，即学生通过英语课程掌握基本的英语语言知识，发展基本的听、说、读、写技能，形成用英语与他人交流的能力，为今后继续学习英语和用英语学习其他相关科学文化知识奠定基础。就人文性而言，英语课程承担着提高学生综合人文素养的任务，即学生通过英语课程能够开阔视野，丰富生活经历，发展跨文化意识，促进创新思维，形成良好品格和正确价值观，为终身学习奠定基础。基于此，我们认为七中育才的英语教学应当以英语学科的核心素养为出发点，以整合为核心，以"4R"教学为策略，围绕评价体系的构建来建设英语学科课堂教学体系。（见图5-7）

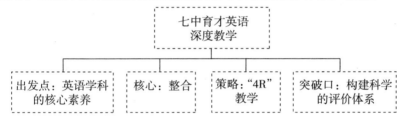

图5-7 英语学科课堂教学体系

实行英语教学整合的最终目标是实现学生的深度发展。学生的发展深度反映教师课堂教学的深度，学生的深度发展是深度教学的最终目标。学生的深度发展应该经历阶梯状的过程，如图5-8所示。

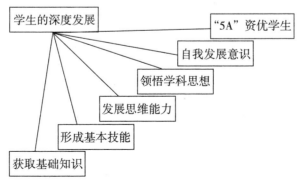

图5-8 学生深度发展阶梯

这样的发展过程经历了从最基本的知识学习到思维能力的培养到学科思想的领悟以及自我发展意识的建立，最后成为"5A"资优学生；也经历了由教师的引导到自主学习的过程；同时也由课内的学习延伸到课外的自我发展。这样的过程能体现深度教学中学生的深度学习及发展深度，最终将目标锁定为"5A"的资优学生，即良好的态度（Attitude）、明确的目标（Aim）、有效的行动（Action）、杰出的能力（Ability）、卓越的成就（Achievement）。

2. 内容：学科能力整合

（1）挖掘英语学科的核心素养

英语学科的核心素养包括语言与思维、跨文化理解以及品格与价值观。其中，语言与思维素养包括语言知识与语言意识、语言运用、思维品质，跨文化理解素养包括文化知识、文化意识和跨文化沟通，品格与价值观素养包括学习动力、学习毅力和核心价值观。（见图5-9）

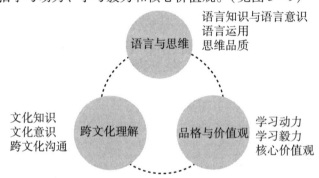

图5-9 英语学科核心素养

（2）抓住英语课堂教学的核心

"整合"是基于对教材的深度理解的，这是最常态化的整合维度。在全面分析教学内容、学生实际等前提条件下，教师对教学内容进行相应的增加、删除、前移、顺延，使其更加符合相关的教学目标。在此基础上，我们将"整合"更多地着手于以下几个维度。

①整合技能。在初中英语教学中，听、说、读、写四会技能缺一不可，但又不是孤立存在的，它们是互相联系和发展的。教师把教材上的活动进行有效和适当地整合后再精心设计教学活动，可以让学生在这四种技能上得到有效提高。首先，在听的技能方面，我们注重对语言的输入和引

导学生如何去听，让学生慢慢地去感知语言的魅力。除此之外，我们还对课本上听力环节的内容进行了整合，根据学生的水平和学习需求，在原来的基础上追加一些具有一定难度的听力任务，这也是训练学生听的技能的突破点。其次，在说的技能方面，我们通过"pair work，group work，give a report"等多种形式让学生练习。再次，在读的技能方面，我们对学生在阅读文章方面进行了阅读策略的指导，并在读的三个过程——读前、读中、读后中去落实任务。最后，在写的技能方面，学生是基于充分的听、说、读的前提之下再来进行的，写是检验学生语言输出能力的一种重要形式。

基于此，我们根据教学内容，将技能的整合分为两类整合、三类整合和四类整合。根据课型特征，两类整合可以划分为听和写的整合、说和写的整合以及读和写的整合，三类整合可以划分为听、说与写的整合以及读、说与写的整合，四类整合则是听、说、读、写的整合。（见图5－10）

图5－10 英语语言技能整合类别

②整合资源。教学资源可以理解为一切可以用于教育教学的物质条件、自然条件、社会条件以及媒体条件，是教学材料与信息的来源。我们认识到，不仅教学媒体是教学资源，教师和学生也是教学资源，要充分利用一切可以利用的资源，为学生创造一个更完善的环境。要根据教学需要，合理地将各种有用的资源整合到教学实践中去。在整合各种资源的过程中，我们侧重考虑了以下三方面内容。

第一，整合教材与生活。教材是英语教学的主要内容和手段。现行教材的内容在编写上体现了初中生的年龄特征和认知水平，但教材中所包含的内容并非全都与学生的生活密切相关。根据需要，将学生的生活实际引入课堂教学，使其成为学习的一个场景，让学习发生在学生自己熟悉的背景下，这对于学生的学习有极大的推动作用，也是让学生感受语言使用的真实场景的一个有效方法。整合教材与学生生活的目的就是让学生感受语言使用的真实场景，以此知晓学习语言的真实价值所在。

第二，整合课内外资源。课内外资源的整合主要是将课堂教学的内容向课外延伸，课外学习的内容在课堂上展示。整合的主要方式有：课堂学习效果通过项目作业（English project）在课后进一步完善、提升，在课堂上以小组的方式进行呈现与汇报；以课外主题活动的方式展示阶段性学习成果。"English Speech Contest，English Dubbing Contest，English Corner，English Broadcasting，English Songs Competition，English Drama"等活动的开展，有效地将学生在课堂上学习的内容用不同的形式展示出来，也有效地促进了学生的英语学习。

第三，整合现代信息技术。英语教学历来离不开信息技术的支持，信息技术革命给英语教学也带来了很多革命性的变化，颠覆了很多传统英语教学技术。目前，在学校统一部署下，七中育才七、八年级中均有基于云技术教学的实验班级。英语教师率先在这些班级利用云技术、平板电脑进行课堂教学，进行了一对一数字化教学的尝试与研究，先后推出了锦江区公开课、Intel全国年会课等高规格的课堂教学实例。同时，微课也走进了我们的教学中，成为有效服务于学生自学的一大工具。英语教研组主要有两个系列的微课：一个是服务于单元教学的重难点知识讲解，另一个是针对性较强的解题方法指导。到目前为止，全组共制作微课50余节。此外，数字实验、网络技术、白板技术等手段已成为课堂教学的常态手段。

（3）构建科学的评价体系

①突出评价观念和评价内容的转变。淡化评价的选拔与甄别功能，注重学生的发展以及教学评价指导功能与依据功能的发挥。在信息技术快速发展的背景下，英语知识内容也在不断地增加，这让传统的以知识教育为主的英语课堂教学受到了挑战，同时也推动着英语教学评价走向综合化，要求评价者能够关注学生综合素质的发展，特别是为了适应社会发展对人才的需求，学生的实践能力、合作能力、探究能力以及创新能力应得到强调与重视。因此，七中育才的初中英语课堂评价不仅对学生的英语知识与交际能力作出评价，同时关注学生语言运用能力、自主学习能力、合作学习能力以及探究学习能力的发展。（见图5-11）

图5-11 英语课堂评价指标图

②强调形成性评价与教学效率评价的并重。英语课堂评价在内容方面不能仅仅局限于英语考试成绩。英语教学不仅能够提高学生的英语素养，而且有利于培养学生的文化包容能力、语言理解能力、学习能力等，还能够让学生养成良好的学习态度与学习习惯，这些因素都应当作为英语教学评价的重要指标。因此，在评价过程中，教师有必要总结与学生学习行为相关的因素，并对这些因素作出定量记录，反映出学生在英语教学中的参与程度、学习态度、学习能力与知识接受能力等，并在开展终结性评价时重视对定量记录内容的考虑，并将对这些内容的评价结果放在与终结性评价结果同等重要的位置。

另外，在英语课堂教学评价过程中，不仅要重视通过评价来引导教师提高教学质量，同时有必要通过在评价中强调教学效率评价来促使教师关注英语教学效率的提高，引导教师认识到减轻学生学习负担、激发学生学习兴趣对于提高教学质量与教学效率的重要意义。所以，作为评价者，应当在评价过程中考虑教学实践的合理组织，鼓励在降低教学精力与时间投入基础上提升教学成效的行为，从而使学生在英语学习中具有更多可以开展自主学习与自主探索的机会，掌握更多自身感兴趣的英语知识与英语能力。

③实现评价主体与评价方式的多元化。在英语课堂教学评价过程中，实现评价主体与评价方式的多元化有利于确保评价工作的全面性与有效性。在评价主体的多元化方面，初中英语课堂教学评价主体应当包括专家、管理者、教师、学生等，其中尤其要重视学生对评价工作的参与，通过尊重学生的主体地位、发挥学生的主观能动性来调动学生参与教学评价的积极性以及参与英语学习的兴趣。

在评价方式的多元化方面，初中英语课堂评价有必要实现教师评价、学生自评与学生互评的结合。教师评价作为初中英语课堂评价中的传统方式，主要以评语为表现形式。这种方式对于学生认识到自身问题具有重要意义。在这种评价方式的优化中，教师需要发挥出学生意见和建议的依据作用，从而让教师评价在指导学生对自身英语素质作出完善的同时使学生乐于接受评价结果。学生自评要求学生对自身学习方法、学习态度与学习成效作出反思。由于学生是英语学习的主体，学生要比教师更加了解自身的学习状态。在学生自评过程中，教师要引导学生对自身的进步给予肯定，并找出自身学习中存在的问题。学生互评则可以更好地增进学生彼此之间的了解与合作，并且在学生互评过程中，学生也可以通过找出同学的问题来开展自我反思，从而实现自我完善。

3. 策略：多角度、多内容整合

这里的整合策略是指依据整合课程的理论和教学设计的基本原理，为实现英语学科内和不同学科之间的整合而采取的具体措施。整合课程的教学设计原理包括知识的整合、经验的整合、价值的整合和课程研制的整合。七中育才在七、八年级进行大胆改革，将英语与活动整合、同一学科不同课型之间整合、学科与学科之间整合。为了方便活动的开展，七中育才将教学时间进行整合。此外，七中育才用活动的方式对教学内容进行呈现，通过游戏体验、情境体验、实验探究、专题讲座等方式对教学方式与教学内容进行整合。

（1）以英语课堂为载体，在不同课型中进行文化意识的引导和培养

下面我们以听说课和阅读课两种课型为例加以说明。

【课例1】听说课

以人教版新目标英语七年级上册 Unit 1 为例，在本单元教学中，学生应掌握的目标语言有"How are you？"问句以及对应的回答"I'm fine, thanks. / I'm OK."。待学生对该目标语言熟练掌握后，师生呈现如下一段对话——

（T——Teacher, S——Student）

S：How are you?

T：I'm not so good. I don't feel so happy because I am ill.

引导学生思考：Can we answer like this? 学生可以小组讨论形成结论，由小组代表进行陈述。教师待各小组陈述完毕后进行总结："'How are you?' 是英美人士日常生活的礼节性问候语，询问者并不是真正想了解另一方的真实情况。所以回答时，不管真实情况如何，一般均礼节性地回答为 'I'm fine, thanks. / I'm OK.'。这样的回答在英美文化中才能被人接受，也显得更为得体。"通过学生的亲身语言实践和教师引导，语言得体性的文化意识在初涉英语世界的学生们的心里生根发芽，这必将促使他们后期高效地学习英语。

【课例2】阅读课

以人教版新目标英语九年级 Unit 10 Section A 的阅读文章为例，这篇文章是介绍哥伦比亚和瑞士两个国家的风土人情和风俗习惯的。教师帮助学生梳理完文章脉络后又设置了如下的环节：学生针对"being on time, visiting a friend's house, making plans with friends"三方面话题以小组合作的形式谈谈在中国的情况，最后由小组代表作总结汇报。学生通过此活动不但加深了对文本的理解，而且通过对中外风土人情、传统习俗等的比较加深了对本国文化的理解和对文化差异的尊重。

（2）以项目任务为载体，在英语活动中进行文化的深度浸润

①英语文化环境的构建。每月定期更换的英语黑板报为学生们搭建了展示阶段性英语学习成果的平台，也为全体学生增进对英美文化的了解打开了一扇窗。根据各年级学生英语学习特点的不同，以海报的形式把核心的英语学习要求和必备学习策略张贴在教室后墙，在潜移默化中对学生进行文化的熏陶。学生在这种纲领性的策略的引导下，可以更快地适应不同年级的英语学习要求和节奏，不断规范自己的英语学习行为，形成良好的英语学习品质。

②英语学科活动的开展。七中育才开设了丰富多彩、形式多样的英语活动课程和选修课程。（见图5-12）丰富的英语活动课程和选修课程极

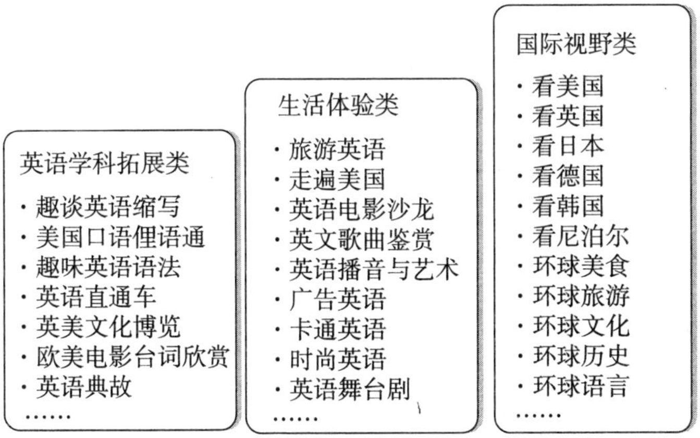

英语学科拓展类
·趣谈英语缩写
·美国口语俚语通
·趣味英语语法
·英语直通车
·英美文化博览
·欧美电影台词欣赏
·英语典故
······

生活体验类
·旅游英语
·走遍美国
·英语电影沙龙
·英文歌曲鉴赏
·英语播音与艺术
·广告英语
·卡通英语
·时尚英语
·英语舞台剧
······

国际视野类
·看美国
·看英国
·看日本
·看德国
·看韩国
·看尼泊尔
·环球美食
·环球旅游
·环球文化
·环球历史
·环球语言
······

图5-12 英语活动课程和选修课程

大地调动了学生学习英语的兴趣，拓展了学生学习英语的广度和深度，丰厚了学生的英语文化积淀和储备。英语教研组将英语活动课程和选修课程分为三类，每一类下分若干个小类。

③英语作业和成果的展示。教师针对各个单元的不同话题安排学生图文并茂地完成与话题相关的项目作业，内容可以是对该话题的自我理解，可以是对该话题的延伸拓展，也可以是各种观点的集结，内容不限，鼓励学生自由发挥。学生的所有项目都将收录在专门的项目作业成果展示集中，人手一本。（见图5－13）这既是学生对自己阶段性英语学习的一次总结，又是自身英语素养、文化积淀的一次精彩展现。

图 5－13　英语作业和成果

（3）以微课为媒介，在信息技术中进行文化的实践

以微课为媒介，将单元文化进行前置学习，为学生提供英语文化学习的有效路径，同时拓宽学生文化学习的渠道。在翻转课堂中，教师将本课时所涉及的文化部分制作成微课视频，供学生在课前学习。在"文化先行，文本跟进"理念的引领下，教师们通过录制微课视频，用数字技术将英语文化以显性的形式对学生进行展示，这使得学生在课堂中对文本剖析的水平得以大幅度提高。

（4）以思维训练为手段，在各类思维的培养中进行文化的升华

①思维导图的绘制。利用思维导图、"知识树"把对学生思维的训练用可视化、结构化的图示呈现出来。思维是抽象的大脑活动。在对学生思维的训练过程中，我们用思维导图、"知识树"的形式将"无形"的活动转化为"有形"的活动，这样更有利于学生思维培养的条理性和系统性。

例如，教师通过思维导图把对巴黎的介绍分为"food, transportation,

language，geography"四个板块，文本结构被思维导图清晰地罗列了出来，学生对文本的理解程度也得以提升。（见图5－14）

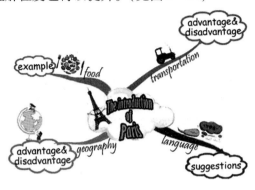

图 5－14　思维导图

②批判性思维的培养。批判性思维是具有目的、自我调校的判断，这一判断形成解释、分析、评价和推论，以及对判断所基的证据、概念、方法、标准或语境的考量的解释。批判性思维本质上是探究的工具。为此，批判性思维是解放教育的力量，是人作为个人和公民的生活中的强力资源。批判性思维并非好的思维的同义词，但却是无处不在的、自我矫正的人类现象。理想的批判性思考者惯于探寻，见多识广，相信理性，思维开放，惯于调整，评价公道，诚对偏见，审慎判断，乐于三思，清醒面对问题，梳理复杂事端，勤查相关信息，合理选择标准，聚焦探究，在主体和条件允许下追查最精确的结果。因此，培养优秀的批判性思考者即是朝此方向努力。它融合发展批判性思维能力与培育这些素养，这些素养持续形成有用的悟性，也是理性和民主社会的基石。批判性思维的思维倾向主要包括求真、思想开放、分析性、系统性、好奇性、明智等方面。在教学中，我们通过教学环节的设置和课堂活动的展开，对学生批判性思维进行了逐层解剖和有意识的培养。

以人教版新目标英语九年级 Unit 9 Section B 中的 Sad but Beautiful 为例，本文是一篇介绍民间二胡演奏家阿炳传奇一生的记叙文。在上课之前，教师已安排四人小组上网查找阿炳的相关信息，每个小组推荐一名代表借助制作的课件介绍阿炳的相关背景知识。其余同学可提问，问题由了解相关信息的同学作答。在阅读过程中，教师在每次阅读前均有阅读策略的渗透，为学生批判性思维的形成搭建支架。阅读完文本后，教师让学生分组讨论对 sad 和 beautiful 的理解，并结合自己对音乐的了解，谈谈还有什么音乐可以称得上悲伤但是优美。通过这样的教学环节的设置，学生运用批判性思维的意识得以增强，对文本进行剖析和建构的能力得以进一步提升。

③创新性思维的培养。培养学生的英语创新思维能力，使之具有更强的学习能力，是教育工作者需要完成的任务。所谓创新性思维，是指人们运用已有知识和经验开拓新领域的思维能力。创新性思维的培养就是使学生提升获取知识的能力、处理加工信息的能力和语言交际能力。创新性思维的培养对教师本身的英语素养和教学经验要求很高，需要教师在教学设置中充分预设各种教学可能，让学生的才能从创新的维度进行有效的输出。

以人教版新目标英语八年级下册 Unit 2 Section B 为例，这是一则有关 Jimmy 把修好的自行车赠送给小孩的故事，这部分给出了四幅图片。（见图 5 – 15）

1c Listen and number the pictures [1–4] in the correct order.

图 5 – 15　课本中的插图

本节课要求学生听录音把四幅图片排序。在正式听录音前，教师安排了如下的活动：学生先自行把四幅图片按自己认定的顺序排好序，预测图片中发生了怎样的故事。学生的学习热情被迅速调动起来。通过不同的排序，学生依次展示不同的故事情节。所编故事创意无限，课堂时不时爆发出学生的笑声。在此之后，教师再安排与教材同步的听力，学生有了之前的心理认知，听时更加专注，听力训练效果很好。

英语深度教学既是每位英语教师的必修课，也是英语课堂纵深发展的必由之路。我们深知，深度教学之路并非坦途，但是我们坚信"千淘万漉虽辛苦，吹尽狂沙始到金"。在深度教学探索之路上，我们步履坚实，勇往直前！

第六章

自我反思的德育实践

学校德育是一项长期的、系统的育人工程，是抓好其他各项教育的前提和基础，是一个学校鲜活生命之所在。同时，德育又是人生道德形成与发展过程中最重要的推动器。

回顾学校十多年的发展之路，从移植成都七中的德育活动，到践行具有自我个性特色的德育实践，七中育才德育人坚持自我反思，形成"让生命精彩"的德育理念，在理念的引导下确立了"打好公民素养的基础底色，增添卓尔不群的个性亮色"的德育目标，在实践中构建"三全"育人环境，坚持参与全员化、教育活动化、活动主题化、主题序列化、实施特色化的"五化"原则，让每一个学生的生命绽放精彩，呈现出丰富、灵动的样态。

一、历史：从继承到创新

回顾七中育才十八年德育的发展历程，从明确德育思路到形成德育理念，从初探德育建设到统筹德育体系，从加强理论学习到全面渗透德育，育才德育人通过其特有的工作精神——反思性实践，构建了立体的学校德育系统。总结学校德育历程，七中育才德育实践大致经历了以下三个阶段。

（一）第一阶段：德育建设初探阶段

新校运行开端，学校理清思路，着手规划德育。学校从理论学习入手，探索青少年思想品德的形成规律和现代社会的发展需求，以做人教育为基础，以立志成才教育为主线，结合七中育才现状逐步形成了德育总体目标，并依据各年级学生的身心发展特点，规划各年级德育的具体目标和内容。在实践过程中，育才德育人发现课堂学习是远远不够的，于是将目光投注到班会、团队会上，希望以此提高德育的有效性。

（二）第二阶段：德育体系形成阶段

这一时期，学校充实、优化德育体系。在办学实践中，学校坚持德育为先，加强德育科研。为适应时代对于人才培养提出的新挑战、新要求，学校努力培养有较强的开放意识和国际胸怀的、有爱国心报国志和一定社会责任感及实践能力的优秀学生。面对德育的高要求，七中育才梳理出以文明礼仪养成教育为基础，以爱国主义、集体主义教育为核心，以立志成才教育为主线，以心理健康教育为特色，以道德法纪教育为重点，基于学生的道德体验发展学生的道德责任感和道德实践能力的、富于实效的、开放的、序列的学校道德体系。

同时，学校努力形成德育特色——使心理健康教育、科技创新教育、安全教育、法制教育在四川省产生积极影响；建设一支高水平、在四川省有较大影响的班主任队伍；使学校全员育人的观念深入人心，并得到制度保障。

（三）第三阶段：德育系统优化阶段

根据《国家中长期教育改革和发展规划纲要（2010—2020年）》的精神，七中育才学校领导班子提出"七中育才要构建活力德育"，要优化学校"双色"德育课程，彰显"让生命精彩"的德育理念，拓展学生发展空间，把社会主义核心价值体系融入德育全过程，把德育渗透于教育教学的各个环节，贯穿于学校教育、家庭教育和社会教育的各方面，构建"三位一体"的德育体系。

由于班主任是德育的骨干力量，学校提出加强对班主任的专业培训，注重培训内容的丰富性以及培训方式的多样化和创新性。学校为了保障德育实施的质量，提出"三全五化"的德育原则。"三全"原则，即德育工作的全员、全程、全方位，以保障德育渗透到各个学科之中，全面提高育人水平；"五化"原则，即参与全员化、教育活动化、活动主题化、主题序列化、实施特色化。

二、目标：为学生发展"增色"

七中育才在构建富有个性特色的学校德育体系的过程中，经过不断反思形成学校的德育理念，在德育理念的引领下，结合初中生特别是本校生源的特点，逐步形成了学校德育的育人目标和工作目标。

（一）德育理念：让生命精彩

"让生命精彩"的德育理念是七中育才德育建设的灵魂。七中育才建校时的办学理念是以成都七中"三体"教育思想为指导，秉承"启迪有方"的优良传统，为师生发展拓展广阔空间，追求最适宜学生的教育；学生文化是健康、高雅、聪慧、大气；人才培养目标是培养身心健康、基础扎实、具有科学素养和人文素养、富于个性特长的可持续发展的优秀毕业生。经过育才德育人数年的探索与研究，七中育才形成了特有的德育理念——"让生命精彩"，它指引学校德育工作科学、和谐地开展。

（二）德育目标：打好"底色"，增添"亮色"

德育是育人的工程，七中育才根据"让生命精彩"的德育理念设计育人目标，并为保证育人目标达成而设计了工作目标，此二维目标为德育活动的实施明晰了方向。

1. 育人目标

在多年的办学实践中，学校坚持走"文化养校"之路，明确了"卓尔不群，大器天下"的价值诉求。在"让生命精彩"这一德育理念下，七中育才确立了为学生"打好公民素养的基础底色，增添卓尔不群的个性亮色"的育人目标。（见图6-1）

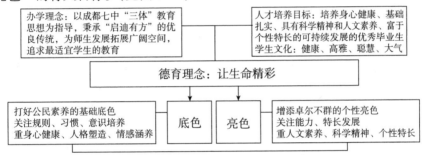

图6-1 七中育才德育框架

"让生命精彩"体现为为学生发展增色。增色分为两条主线：一是为学生发展打好健康的底色，二是为学生发展增添个性化的亮色。打好底色就是打好学生做人的基础，让学生明白做人最基本的道理。增添亮色就是关注学生的能力，发展学生的个性特长。为学生的发展增添个性化亮色的主要方式，则是给予每个学生更多机会，搭建更大舞台，创造个性化的空间，尽可能地挖掘其潜力才能，充分发挥每个学生的兴趣爱好，为他们综合发展增添亮色。

2. 工作目标

围绕育人目标，学校积极规划德育工作，具体如下。首先，构建以《公民道德建设实施纲要》和《中共中央国务院关于进一步加强和改进未成年人思想道德建设的若干意见》为主导，以爱国主义教育为主线，以学生的道德体验为基础，以发展学生的道德责任感和道德实践能力为核心，以提高道德的实效性为价值取向的开放性学校德育体系，精心设计、组织和实施系列有序的道德实践活动并形成多类物化成果。其次，形成鲜明的德育特色，争取心理健康教育、科技创新教育、安全教育、法制教育在四川省产生积极影响。再次，建立一支水平高、在四川省有较大影响的班主任队伍。最后，使学校全员育人的观念深入人心，并得到制度保障。

三、思路：反思与选择

在学校德育发展和改革过程中，育才德育人需要反思德育发展方向以及德育发展"瓶颈"等问题，结合学校的具体情况选择合适的解决办法，促进学校德育发展。

（一）理念：回归生命

七中育才以成都市第 35 中学为前身，以成都七中为依托，初期学校发展低起点与追求高标准之间形成巨大落差，面对如此情况，七中育才复制、移植成都七中德育活动，而这种模仿性的改革并不能从根本上解决德育建设的实质性问题。育才德育人不断反思德育工作，将理论探索和德育实践相结合，将视线回归生命原点，寻找德育理念。

1. 理念形成的背景

叶澜（2000）教授曾这样定义教育："教育是直面人的生命，通过人的生命，为了人的生命质量的提高而进行的社会活动，是以人为本的社会中最体现生命关怀的一种事业。"学校德育亦是如此。同时，生命是人的存在形式，为此，教育或德育应以人的生命质量的提高、生命价值和意义的提升为目的。

（1）生命具有道德性

人是社会的人。人不能脱离社会而存在，人的生命存在也不是孤立的、单子式的存在，而是相互依赖、彼此依存的关系性存在。而道德是社会交往的前提，没有道德的维系，人与人之间的交往是脆弱的、不能长久的。因此，生命不仅是一种关系性存在，而且还是一种道德性关系存在。

（2）生命是道德的源头

生命是人活于世上进行一切活动和价值追求的基础，任何人都不能离开生命去谈人存在的价值和意义。同理，道德亦不能离开生命而独存，它不可能成为空中楼阁、无中生有的东西。生命与道德是息息相关的，没有生命，就没有道德可言。生命是道德的载体，任何道德规范的制定应以人的生命存在为基本依据，无视生命存在的规范是不道德的。

（3）德育影响生命发展方向

人的生命与道德是一种双向度的互利关系。道德是人类的一种精神活动，不仅来源于实践，而且又要回归实践，指导和支配人的实践行为，从这个意义上说，道德是人在实践活动中不断超越自然肉身的存在，成为一种德性的价值存在，并在潜移默化中影响着人的生命发展方向，使生命存在呈现不同样态。

2. 回归生命的德育

育才德育人遵循学生生命成长的规律，逐步让生命回归本真。一方面，学校把学生视为完整的生命体，不仅关注学生认知的发展，还关注他们的情感层面与精神层面，以及作为生命个体的全部内容和全部过程；另一方面，学校尊重学生的个性差异。教育要将精神成长的主动权交还给个体，充分理解个体之间的差异，让每个个体在宽松的环境中发展，并尽可能给每个个体提供足够的时间和空间，最大限度地发挥他们的生命潜力。（周培植，2011）以此为思路，学校以"让生命精彩"为努力方向，既设计德育活动，关注学生的全面发展，提高学生的整体素养，又为学生的个性化发展提供舞台，激发学生的生命活力。

（二）原则："三全五化"

在德育实践过程中，育才德育人发现德育活动总是出现"散""碎""浅"的问题，通过对此问题的反思，初步地构建起了"以做人教育为基础，以爱国主义、集体主义教育为核心，以立志成才教育为主线，以系列德育活动为载体"的学校德育工作体系，并构建七中育才的德育课程体系，选择整合方式，提出了"三全五化"的德育原则。

1. "三全"

要实现七中育才的培养目标，培养"卓尔不群"的育才学子，就必须坚持德育为先，加强学生的道德修养。德育渗透于学校工作的方方面面，是人人都要参与、人人都与之发生联系的工作，因此学校依托"底色＋亮色"的德育模式，强化育人意识，建立"全员、全程、全方位"的"三全"育人环境。

全员育人是主体概念。学校的一切事务都要服务于学生的成人成才。每一位教职工都要关注、关爱、关心每一个学生，破除只管教书的观念，把教书工作和育人工作联系到一起。全体学生应努力做好自我教育。

全程育人是时间概念。学校的所有活动都包含德育因素，德育要贯穿学生发展的每一个阶段。

全方位育人是空间概念。学校要充分利用德育活动、学生组织、校园文化、社会实践等，对学生施以全面的道德影响。

2. "五化"

传统德育以课堂教学的方式培养学生的道德认知，但是这种形式的德育很难实现其真正价值。相较于传统教学活动，"成功的主题活动犹如生活中的浪花、记忆中的亮点，在学生的生命发展历程中会留下鲜明的痕迹，在关键时期还能成为学生发展阶段转换的敏锐出发点"（叶澜，2006）。随着课程改革的深化，七中育才提出了"五化"育人原则。

参与全员化。体验能够调动学生的积极性，在发现、感悟中触及学生心灵，而只有参与才能体验，为此七中育才面向全体学生，根据学生特点设计德育活动，保证学生人人都能参与。

教育活动化。鲁洁、王逢贤（2000）教授认为，"一个完整的德育过程，应该是体验者的认知活动、体验活动与践行活动的结合"，"人对道德价值的学习以情感—体验型为重要的学习方式"。在活动中学生能够更好地体验德育内容，自身能力也在活动中得到发展，因此德育应以活动的形式实施。

活动主题化。德育活动的肆意安排可能会使德育目标与内容偏离，而且也会使德育内容出现不必要的重复。七中育才设置了安全教育、法制教育、习惯教育、礼仪教育等数个主题，将德育活动分门别类。

主题序列化。初中生正处于青春期，德性培养不可能一蹴而就。一方面，不同年龄阶段的初中生的道德能力和心理发展水平是有差异的，不能要求每个年级的学生都具备同一层级的道德素养；另一方面，德育本身也有其深度和广度，需要以多角度、序列化的活动为载体。

实施特色化。育才德育人努力寻找德育实施的适宜方式，保障学生的"最优发展""差异发展"。

（三）方略：系统优化

育才德育人经过十几年的辛勤探索，将系统理论和系统方法引入德育科研，使单一研究向综合研究转化，局部研究向整体研究转化，静态研究向动态研究转化，取得了一系列的科研成果。德育系统优化成为实现德育目标的抓手，成为德育建设的努力方向。

系统，作为日常概念，是指同类事物按一定关系组成的整体，作为科学术语，是指由若干相互联系、相互作用的要素组成，处在一定的环境中，为达到目的而存在的有机结合体。我们首先需要先找到德育要素，再去分析它们是通过怎样的联系和作用而构成系统的。在查阅大量文献资料后，七中育才以德育目标、内容、途径、方式、管理、评价作为要素，并通过分析它们之间的联系和作用来构建德育系统。

德育目标是德育的出发点和归宿，而德育目标的梳理是需要不断细化和深入的。根据德育总目标，结合学生情况，七中育才梳理出年级目标、主题目标、活动目标，并在实践中检验目标的合理性。德育内容的设置需要依托德育目标循序渐进地展开，德育活动的安排也要做到层次清晰。德育途径是指对学生实施德育影响的渠道，途径应与内容相对应，尽量使用多种途径，并注意区分途径主次，使其相互配合。德育实施方式是实现德育目标的手段，方式的选择根据德育内容而定，可将多种方式优选组合。德育管理就是要健全学校管理体制，稳步提高教师素质，健全德育规章制度。德育评价包括他评和自评两个部分，都需要根据德育内容和德育实施方式选择具体的评价方式，评价标准应尽量做到明确具体，同时评价人也需要掌握正确的评价方法。

经过上述分析可发现，德育系统的建立和完善是一项复杂的工程，需要不断地探索、尝试、检验。现阶段七中育才的德育系统正在优化中，我们在肯定德育成效的同时还看到学校德育系统有很大的改善空间。不断优化德育系统是实现学校德育发展目标的有效途径。

四、课程："底色＋亮色"的育人课程

七中育才一直把德育作为学校工作的重中之重，而德育课程建设是德育工作的重点，它反映了学校的德育理念。七中育才根据学校实际，在反思性实践的推动下，把握课程建设的原则，形成课程建设的特色，在实践中发现问题、解决问题，脚步坚实地开展学校德育课程建设。

（一）反思——七中育才德育课程建设缘起

反思性实践是七中育才德育工作的推动器。七中育才一路走来，从举步维艰到大胆创新，锐意进取、斗志昂扬的育才德育人在不断反思中突破自我，实现创新，明确理念定位，推动德育课程建设。"反思"这一育才人的优良传统，为学校德育发展不断注入生机与活力。

1. 历史沿革，使命使然

1997 年，七中育才依托百年名校成都七中的高位发展，从薄弱的 35 中起步，以"志存高远，追求卓越"的精神气度，"卓尔不群，大器天下"的担当情怀，励精图治、踏实工作、稳步发展，现已成长为成都市、四川省乃至全国有显著影响力的名校。回顾七中育才的发展历史，强大发展力的源泉就蕴含在学校文化中，体现在全体育才师生的精神和价值追求里。无论是学校管理、教师发展、学生成长还是课程、课堂、德育建设，在反思与批判中前行，在优化与创新中提升质量，成为学校发展的常态路径。

在传承成都七中优良的德育活动的基础上，七中育才根据本校学生的实际情况，丰富了活动内容。近年来，经过多次讨论梳理，学校在 2012 年搭建了"让生命精彩"理念下的七中育才德育框架。在学校跨越式发展的历程中，"反思性实践"——这一育才人特有的工作精神，促使育才德育人不断寻找更好的工作方法。

2. 理念引领，全面育人

现在社会越来越认识到学生全面发展的重要性，但是全面发展并不等同于平均发展，"片面追求一致和统一，漠视差异和个性，就会导致乏味

和单调，教育也就丧失了生命活力"（程向阳，2006）。"知识社会最理想的状况是人人都有知识创新意识和能力，只有这样才能人人从事创造性的劳动。"（石中英，2001）而创造性正是源于人的个性和差异性。因此在七中育才的发展过程中，学校一开始就明确提出"为师生发展拓展广阔空间，追求最适宜学生的教育"。"最适宜"指向尊重学生差异，关注学生差异发展，为学生的差异发展提供充分的滋养。要在实践中实现办学目标，必须有大量丰富优质的合乎学校文化指向的德育活动来支持，必须有完善的可运行的机制来保障，而德育课程建设可以提供这样的支持与保障。

围绕学校理念进行学校德育工作顶层设计，学校经过梳理后所搭建的德育框架和德育课程是在核心德育工作团队的共同努力下，在专家的悉心指导下，在全体班主任反复讨论修改后逐步呈现的结果。在七中育才教育土壤上建构的德育体系和德育课程，是本土的、发展的。

3. 课程推进，质量保障

德育课程改革是德育发展的动力。21世纪德育改革已走过十年历程，取得了显著成就，主要体现在：德育课程向生活延伸，构建生活化的德育基本理论；以生为本的活动型教学成为重要的德育课堂形态；学生的学习方式呈现多样化。七中育才紧跟国家德育课程改革的发展趋势，将德育课程研究聚焦于以下三个方面。

（1）学校德育课程建设系统化

围绕学校的德育理念——"让生命精彩"，学校构建了"底色 + 亮色"的德育课程体系，构建了"三全"育人环境（全员育人、全程育人、全方位育人），在德育课程实施过程中遵循"五化"原则（参与全员化，教育活动化，活动主题化，主题序列化，实施特色化）。

（2）德育课程群建设

德育课程群包括"直接课程"和"间接课程"。"直接课程"是指如政治课、团队活动等直接对学生进行价值或者规范的宣讲的德育形式。"间接课程"是指传递学科课程中既有的爱国主义、科学精神、唯物主义教育内涵的德育形式。这些课程承担着不同任务，在内容上有着不同特点，"直接课程"可以提高学生的认知素养和能力，但在高效的同时略显仓促；"间接课程"在这方面可以做到很好的补充，扩大了渗透范围和深度。两种课程相互衔接为了共同的教育目标组合形成德育课程群。

（3）德育课程特色化

学校德育活动的特点是主题化和体验化。围绕"底色＋亮色"的育人课程，学校开设了"规则培育""法制教育""安全教育""人生规划""人文素养提升""社会责任担当"等主题课程。每一个主题活动都力求学生积极参与、亲身体验，帮助学生将知识与实践连接形成能力，认识与创造连接促进生成，自我与外界连接明晰存在。

（二）适宜——七中育才德育课程建设原则

要实现学生全面发展、实现学生差异化发展，学校办学理念中的"适宜"二字最能明晰地体现学校的思考。

1. 提供可能，共促成长——形成适宜的德育理念

为了让学生全面地发展、差异化地发展，学校明确了"让生命精彩"的德育理念。让每个育才学子作为一个公民，在七中育才打好公民素养的基础"底色"，明理守纪、诚信友善；尊重每个学生的个性差异，为育才学子增添卓尔不群的个性"亮色"，促进人文素养、科学精神、个性特长的全面发展。七中育才德育课程的搭建就是为学生最优化、差异化发展搭建平台，让学生获得优秀的、优质的、丰富的、富于选择的教育资源，在全面发展的过程中，提升自我素养和个人能力。

"底色＋亮色"的德育课程体系是由一系列德育隐性课程和德育显性课程组成的。课程门类众多，既全面又有可选择性，充分体现七中育才"适宜"的德育理念。

2. 隐显并行，分类梳理——建设适宜的课程内容

学校建设的德育课程，包括隐性课程和显性课程。隐性课程含有显著的学校整体建设发展印记，学校文化、环境布置、先进设备、各级制度、管理措施等通过各种方式作用于学生的德性培养。显性课程是指学校主题鲜明、内容独立、方式明确的德育活动。两种课程彼此协同，以不同方式在不同层面对学生产生影响。

在七中育才一系列的德育活动中，一部分活动指向学生基础素养、基本能力等的培养，一部分课程关注学生个性发展、能力特长的培养。我们把前部分归纳为"底色"系列课程，把后部分归纳为"亮色"系列课程。

"底色"系列课程的总体目标是：从基础着手，聚焦学生习惯、规则、情感、价值观的培养，让学生养成良好习惯，树立规则意识，健全人格，健全心理，建立良好的自我概念和正确的价值观。

"底色"系列课程的具体内容如下。"规则培育"课程，包含新生入学教育、诚信考试教育、集体活动规则教育、参与规则制定、军训体验课程等。让学生懂规则，明确行事规范，有社会公德；让学生参与小组、班级、社团、学校的规则制定，达到内化要求和自我修正的教育效果，培养学生参与管理、主动管理的自觉意识。"法制教育"课程，包含法治大讲堂、法制专题讲座、看法说法等。"安全教育"课程，包含安全疏散演练、安全系列教育等。"情感培育"课程，包含爱国主义教育、重大传统节日系列教育、纪念日课程（如教师节感恩课程）、毕业典礼、入学典礼等。以情感滋养人生，以情感回报社会，用最温暖的感受传递正能量，丰富学生的内心，成就健全人格。"健康教育"课程，包括运动锻炼和心理健康教育。"劳动服务与生命生活教育"课程，包含学校"值周班"实践课程、家庭劳动课程（"我来当家"课程）、社会实践服务课程、志愿者团队建设课程。

"亮色"系列课程的总体目标是：尊重学生个性特点，让学生在实践体验活动中发现兴趣、发展个性、培养能力，成就卓越个体，锻造卓越团队，提高学生的实践能力、管理能力、创新能力、可持续发展能力。

"亮色"系列课程的具体内容如下。"人生规划"系列课程，包含"四学会"实践课程（学会做人、学会健体、学会学习、学会合作）、青春期教育、立志成才教育。"人文素养提升"课程，包含"文史探究"课程、"大家讲坛"。"社会责任担当"课程，包含志愿者及团队活动等。"特长培养"课程，包含"科技活动月"实践课程、"艺术"实践课程、"运动"实践课程。其中，"科技活动月"实践课程以"大家引领、课堂推进""动手操作、体验科技""全员参与、智慧比拼"为目标和抓手，邀请科学家、科学教师举办讲座，设置科技体验区，创设集体、个体参与的多个项目；"艺术"实践课程包括灵动育才（学生个体自选参加项目）、书画育才（学生美术书法作品展）、唱响育才（七年级合唱比赛）、舞动育才（八年级集体舞比赛）；"运动"实践课程包含春秋两季运动会、排球活动月、篮球班级联赛、趣味运动会等。"能力提升"课程，包含学生社团建设课程（艺术社团、体育社团、综合社团等十余个）、领导力实践课程（学校团队会工作实践）、国际理解教育课程（游学课程、交流课程、看世界系列课程）、"卓越"系列评价（卓越团队、卓越之星系列评比）、升旗仪式大课堂实践课程。

3. "主题""体验"，凸显特色——选择适宜的教育路径

七中育才分主题构建德育课程。围绕"打好公民素养的基础底色"和"增添卓尔不群的个性亮色"，学校开发出了"底色"培养系列课程和"亮色"培养系列课程。"底色"课程关注规则、习惯、意识的培养，注重学生的身心健康、人格塑造、情感涵养，分设"规则教育""感恩教育""健康教育""劳动服务与生命生活教育""法制教育""安全教育"等主题。"亮色"课程关注能力、特长的发展，注重培养学生的人文素养、科学精神、个性特长，分设"特长培养""能力提升""人生规划""人文素养提升""社会责任担当"等主题。

根据这些主题，学校选择与育才学子最契合的内容，经过有机组合和精心安排使七中育才德育课程特色鲜明。比如"规则培育"主题下，我们设有新生入学教育，通过视频《迈好初中第一步》，让学生直观地了解如何做清洁、如何做课前准备、如何上课以及明确仪表发饰的标准等。

美国课程专家泰勒在他著名的《课程与教学的基本原理》一书中这样分析道："学习经验是指学生与环境中外部条件的相互作用。学生的学习取决于他自己做了些什么，而不是教师做了些什么。也就是说，学习经验才是学生实际认识到的或意识到的课程。而学生的学习经验是在学生对所从事的学习活动的反思中形成的，是指学生体验到的意义，而不是要再现的事实或要演示的行为。"（张华，2002）因此，七中育才将"体验"视为学生在课程学习中必经的途径。遵循教育科学研究理论，七中育才德育课程的设计尽力凸显以"体验"为主的学习方式。每一个课程的设计都包含大量的参与操作和实践反思。

比如"人文素养提升"主题下我们开展了"文史探究"活动——让学生走进博物馆，实地考察，聆听讲解，了解中华灿烂文化；开展文史知识竞赛，寓教于乐，让学生在竞赛中丰富自己的文史知识。表6-1为"文史探究"活动中学生要走访的地点以及所要了解的文史知识。

表6-1 文史探究活动之走进博物馆

分 队	地 点	提供选择的项目
1	武侯祠 锦里	四川名人、蜀锦、蜀绣、盖碗茶、转糖人、四川小吃、川剧、清音、相声等
2	川剧博物馆 春熙路	四川名人、川戏、盖碗茶、四川小吃、川菜等
3	水井坊博物馆 川大博物馆	四川名人、川酒、汉代画像砖、西南少数民族文物、唐代佛教石刻、历代名纸、四川陶瓷、明清书画等
4	四川博物馆 杜甫草堂	四川名人、佛教艺术、青铜玉器、蜀绣、盖碗茶、转糖人、汉代画像砖、扇面、四川小吃等
5	宽窄巷子	四川名人、蜀锦、蜀绣、盖碗茶、转糖人、四川小吃、川剧、清音、相声等

（三）整合——七中育才德育课程建设特点

在德育课程建设的过程中，为提高德育课程的质量和有效性，七中育才在综合分析学校德育工作经验、学生状况、师资状况、资源状况等方面后，整合各方面要素，努力通过以下途径实现德育课程最优化。

1. 时段整合，长短相宜

在适宜的时间、以适宜的时间长度来保证课程实施，能起到保质增效的效果。七中育才德育课程时段整合包括两种方式。一是课程长度整合，课程中包括全程课程、短周期课程、全程课程与短周期课程相结合的课程。二是课程实施时间整合，保证在合适的时间做合适的事，达到保质增效。

例如"阅读习惯培育"课程中，学生三年全程参加书香阅读计划。学校编制了三个年级的《书香成长手册》系列教材，在教材中各学科教师向学生推荐"文学类""自然类""社会类"书籍，学生在阅读过程中记录、点评、分享、感悟。在每年的9月份，学校用一个月的时间进行"经典诵读"主题课程教育，以读经典、诵经典、写阅读格言等形式举办班级、年级、学校分项比赛。这两种方式共同组合成七中育才的"阅读习惯培育"

课程。

2. 参与整合，分层选择

只有参与才能体验，在课程设计中让学生全员参与是基本的原则，但在实际情境中，因为大班额授课，一门课程很难同时满足全班五十多名学生独特的发展要求。七中育才以"学生全员参与和选择参与相结合"的方式，为不同学生提供不同的发展平台。

如学校"特长培养"课程中的"艺术"实践课程，根据学生年龄和学段特点设置了人人必须参与的"七年级合唱"比赛以及"八年级集体舞"比赛，同时根据不同艺术门类设置了学生自主选择参与的"育才好声音""育才达人秀""育才钢琴演奏会""班级才艺大比拼"等项目。

3. 资源整合，全面育人

学生素养、能力的提升，单凭学校的力量、班主任团队的力量是远远不够的。七中育才在德育课程建设中，有意识地整合学校资源、家校资源、社会资源，通过整合来自不同渠道的资源，力图构建起丰富、丰满的课程育人模式，让学生得到更加全面的滋养。学校"特长培养"课程中的"科技活动月"实践课程就是典型的例子。

整合校内学科资源：班主任统筹推进，科技教师负责"智慧大比拼""科技小论文""科技小制作小发明""科技创意秀"等项目，物理、化学、生物、地理等学科教师利用周一升旗仪式开展"科学大讲坛"活动，美术教师指导创作"科幻画"，艺术教师指导"微电影"制作，语文教师指导"科幻小小说"创作。

整合家长资源：每个班开设"科学家进校园"系列讲座活动，通过各班家长邀请四川科技界的精英走进教室，近距离为学生上科普课，普及科学知识，介绍前沿科学。多维度、专业化的讲座，有效地解决了学校科技教师匮乏的难题。

整合社会资源：学校通过各种渠道邀请科技大家到校，从而引进高端科技课程。例如，邀请诺贝尔奖获得者美国物理学家戴维·格娄斯到校给学生讲座，邀请英特尔公司优秀工程师们到学校为学生开设科技课程，利用各种资源协助学生完成"科技体验区"的建设，引导学生参加高规格科技大赛等。

4. 评价整合，综合推进

七中育才在德育课程推进过程中通过过程记录性评价、成果展示性评价、结果评比性评价等方式，整合对德育课程实施的评价，给学生以判断、反思、学习、提升的多重机会。

目前学校已经编制完"新生入学""艺体生入学""科技活动月""书香阅读""四学会""文史探究""军训""心晴"等课程使用手册，以过程记录的方式督促每个学生完成对应课程，并根据完成情况做出相应评价。学校还计划编制"我来当家"系列、"艺术"实践课程等主题课程手册。课程手册不仅能有效帮助学校了解学生课程进展情况，而且能帮助学生通过自我过程记录、同伴对比分享、学校同步监测形成自我判断。

每次学校大型主题活动中，都有成果展示性评价。学生通过对主题课程的学习探究，形成一定的感悟总结、研究报告、阶段成果，并将这些成果物化，张贴在教室内外墙，供大家相互借鉴学习。学校则对班级成果展示进行评比。

每学期学校都有相应的评价课程，上学期期末为"我是最……的人"，下学期期末为"育才卓越学子——艺术、体育、科创、实践之星"。学生通过推荐、自荐等方式进行评比，学校表彰在各项德育活动和学习活动中表现优秀的学生。

5. 空间整合，教育延伸

教育的目的是培养人，人受教育的场所绝非只有学校，因此需要整合拓展学生受教育的空间，把有限的学校教育延伸到无限的社会环境中去，让学校、家庭、社会都成为学生学习成长的园地。随着课程的空间变化，让学生在不同的环境中经历不同的课程，面向生活，获得不同的人生体验，使学生的成长更加符合社会发展的需要。

例如，七中育才的"劳动服务与生命生活教育"课程，包含在学校实施的"值周班"实践课程、在家庭实施的"我来当家"课程、在社区实施的"进社区"爱心课程。同时学校组建的志愿者团队也在不断提升品质，拓展工作空间。学生走进了社会，当义工、献爱心，在此过程中加深对他人、对社会的理解和认识，增进情感交流，形成社会认同感和归属感。

（四）发展——七中育才德育课程建设突破

由于理论水平、全局视野、实践能力等方面的局限，七中育才德育课程的建设工作不免面临或大或小的问题，而这些问题将成为七中育才德育课程建设的突破口。

1. 学校德育课程建设的困境

德育课程目标如何分类梳理？七中育才根据德育理念，设计出总的德育目标，即为学生"打好公民素养的基础底色，增添卓尔不群的个性亮色"。随着德育课程建设的推进，学校发现仅仅确定总目标是明显不够的，需要建立子目标，并根据主题、学生年段梳理出不同维度的目标。怎样科学地划分这些目标，建立层次分明、类别清晰的德育课程目标体系，成为横在育才德育人面前的一大难题。

学科课程与德育课程如何有效整合？七中育才始终把德育工作放在学校建设的重要位置，强调每位教师都要肩负对学生进行德育的责任。但是在实际教学工作中，教师们对如何实现学科课程与德育课程的有机整合研究不足，这也是育才德育人不断探索想要解决的问题。

德育课程建设如何进行有效性评价？德育课程评价是德育课程建设的一个重要环节，在强调素质教育的今天，德育课程评价方式由一元走向多元。"量化"评价方面的研究学者们编制了许多系统全面的评价标准与细则，"质性"评价方面也出现了多种方法，这些途径与方法体现了德育课程评价对客观性的追求，把全面真实地反映学生的知识、能力和情感态度与价值观作为评价的基本任务。七中育才也在不断思考与尝试，希望可以找到真正检验学生对德育内容的体悟和内化程度的评价方式。

2. 学校德育课程建设的突破

在梳理德育课程目标方面，七中育才贯彻"以生为本"的思想。横向上提出"底色＋亮色"的德育目标，"底色"指向学生的基本素养和能力，"亮色"指向学生的个性特长和能力特长，并将"底色"和"亮色"目标分别细化为数个子目标，以此设计组织主题德育活动；纵向上分析学校各年级学生的特征，划分每个年级的德育目标。以法制教育为例，七年级重在帮助学生学会辨别日常行为是否合法，八年级则以了解法律演进历史、培养爱国情感为主。同时，学校每月都有主题活动，要求学生全员参与和分层选择，为各年级学生提供丰富的、可选择的活动，为学生的个性发展提供舞台。

在整合学科课程和德育课程方面，七中育才从三方面抓起。一是将

"一岗双责"落实到位。七中育才坚持每一位学科教师都是育人者，都肩负着对学生进行德育的重任。二是在学科知识教学中渗透德育。对于文科，学科中的德育内容较为明显，教师将学科内容讲深讲透，体现蕴含的德育内容；对于理科，教师要结合学科特点，发挥学科在提高学生科学精神与严谨态度方面的特殊作用；另外，体育学科在培养学生的勇气、毅力、自我控制能力等方面起重要作用，音乐和美术则对学生情操的陶冶效果显著。三是在教学过程中渗透德育，知识导入、教学方法、课堂氛围的营造等都可成为德育渗透的途径。

在评价德育课程建设方面，七中育才"回归生命"的理念决定了德育课程建设评价方式的设计：在关注"量化"方式的同时更关注"质性"的方式，在关注结果的同时更关注过程。七中育才在加快优化原有评价机制的同时，在德育课程推进过程中通过过程记录性评价、成果展示性评价、结果评比性评价等方式，整合对德育课程实施的评价，建立多元德育评价体系，给学生以反思的多重机会。

现阶段的七中育才德育课程建设还存在许多有待解决的问题，例如，如何实现课程自动化管理，如何实现德育课程的科学性分类，如何保证课程评价中形成性、过程性评价的科学性、有效性等。追求最好"发展"、遵循"卓越"精神是育才人不断创造辉煌的动力，七中育才德育课程建设也将在反思中逐步完善，在反思中坚定前行。

五、方式：落实"三全五化"，探寻文化路径

在构建学校德育框架、丰富德育课程体系后，探索合适的德育实施方式就成为摆在每一位德育工作者面前的一项重要任务。育才德育人通过对实践的不断反思，构建"三全"育人环境，提出在实践中坚持参与全员化、教育活动化、活动主题化、主题序列化、实施特色化的"五化"原则，剖析德育实施的文化路径，让学生在参与、感悟、体验、交流中收获与成长，从而逐渐建立起正确的人生观、价值观，形成"健康、高雅、聪慧、大气"的育才学生特有气质。

（一）构建"三全"环境

在推进素质教育、践行《中华人民共和国义务教育法》的今天，党中央、国务院把学校的德育工作提到前所未有的高度，将其摆在了学校教育的首要位置。学校是对未成年人进行思想品德教育的主阵地，课堂是对未成年人进行思想品德教育的主渠道。对学生的思想品德教育应贯穿在学校教育教学的各个环节中。

我国的传统德育一直是以学科式的德育课程（如思想品德课）和德育活动课程进行的，随着课程改革的深化，整合性的德育课程观要求德育学科课程、德育活动课程、隐性课程三种课程形态必须互为补充、有机统一。在学科课堂教学中渗透德育是学校隐性德育课程的重要组成部分。目前西方许多国家的德育课程形态就是这种隐性课程，他们没有设置单独的德育课和"班主任"这个工作岗位，而是将德育课程的目标融入各学科教学之中，使各学科都负担着德育的任务，实现学科的教育性。学科知识中有许多值得挖掘和能够挖掘的德育资源，学科教学的过程和环节中有许多值得关注和把握的德育契机。

基于此，学校提出"全员育人、全程育人、全方位育人"的方针，指出每一位学科教师都是育人者，都要肩负起德育的重任，要求其牢固树立教书育人、服务育人的意识，把"一岗双责"落到实处，全方位提升育人的水平。

1. 在学科知识中渗透德育

语文、英语、历史、地理等学科本身就有许多品德教育的内容，将学科内容讲深讲透，就能启发学生的思想。在语文和英语教学中，师生共同分析文章的篇章结构、事物或人物描写，就能使学生懂得和分辨善恶、美丑、是非；在历史教学中，对历史事件和人物的分析、阐述，对历史发展规律的揭示，就能使学生受到爱国主义、革命传统理想以及世界观、人生观的教育；地理课本中也有丰富的国情教育资源，可以对学生进行爱国主义教育。

数学、物理、化学、生物等学科在提高学生科学精神与科学态度，培养学生辩证的思维、严谨的做事态度，提升学生的审美情趣和审美能力等方面有特殊的作用。

至于体育教学，可以在团队意识、合作意识、纪律、勇敢、刚毅、坚强、进取等方面使学生受到潜移默化的影响；音乐、美术教学，无论就其形式，还是其内容，都可以使学生在体验美、感受美的过程中陶冶情操、净化心灵。

例如，学校的法制教育依托思想政治学科进行，同时在历史、生物、地理等其他学科教学中进行有机渗透，在学科思想、学科精神中融入规则意识、契约精神等教育，培养学生的法治思维和法治意识。（见表6-2）

表6-2　历史、生物、地理三门学科中法制教育的渗透情况

学科	年段	与法制教育相关的教学内容	法制教育目标
历史	七年级	国家的产生和社会变革	发现法制的历史意义和对社会发展的推进作用
	八年级	社会主义道路的探索	
		建设中国特色社会主义	
		社会生活	
	九年级	古代欧洲文明	
生物	七年级	绿色开花植物的生活史	认知法制对维护生物圈稳定性的重要意义
		我国的植物资源及保护	
		植物对生物圈的重要意义	
		人类在生物圈中的义务	
		健康的生活	
	八年级	动物资源及其保护	
		动物在生物圈中的作用	
		生态系统及其稳定性	
		人与环境	
		生物技术	

续表

学科	年段	与法制教育相关的教学内容	法制教育目标
地理	八年级	中国的疆域和行政区划	明确法制对保护环境的重要意义
		中国的人口	
		民族平等、少数民族自治权	
		中国的自然灾害	
		土地资源	
		水资源保护与利用	
		因地制宜发展农业	

2. 在教学过程中渗透德育

（1）在知识导入中渗透德育

知识导入的深度直接决定知识在学生心中的价值高度。七中育才教师在对《就英法联军远征中国给巴特勒上尉的信》这一课进行课堂引入时，展示圆明园复原图和圆明园焚烧中以及被焚烧后的图片，让学生感受圆明园的美，同时激起学生对侵略者的愤怒之情，为学生了解雨果的博大胸怀和高尚人格做了铺垫。

（2）在教学方法中渗透德育

学校英语教学中，学生口语练习使用最多的方法是小组合作（两人或四人合作），教师在课堂中使用较多的是小组讨论。小组合作和小组讨论的教法有助于学生合作精神和团队意识的养成。教学中的小品表演可以通过特定的角色体验收到特定的教育效果，教学中的辩论可以让学生自己教育自己。

（3）在课堂练习中渗透德育

这是两道语文课堂中的语言实际应用练习题。

甲乙两班的同学为争"文明礼仪"流动红旗发生了激烈的争执，而且越争越激烈，你想劝劝他们，于是你说：＿＿＿＿＿＿＿＿＿＿。

读九年级的小明在完成作业后想看世界杯足球比赛，却遭到了父母的阻止，他要怎样说才能得到父母的同意？

第一题的较好答案是：你们珍惜（视）荣誉是对的，然而通过争执获得"文明礼仪"流动红旗本身是不文明的。第二题的较好答案是：爸爸、妈妈，你们提醒我抓紧时间是对的，但劳逸结合更有助于提高学习效率，看完足球，我会抓紧时间学习，用优异成绩来回报你们。

这些练习题不仅训练了学生的语言表达能力，也渗透了体谅他人、以理服人以及说话、做事要文明的道理。

（4）在课堂气氛中渗透德育

学生长期生活在团结友爱的课堂中，耳濡目染，将习得关心他人、乐于合作、乐于分享的品质；相反，学生长期生活在师生关系紧张、同学相互戒备、充满敌意的课堂气氛中，形成的将是自私、狭隘、相互不信任、相互不合作、相互攻击等破坏性品质。七中育才教师在训练学生一题多解时，学生每想出一种解法就冠以该学生的名字写在黑板上，让学生在课堂上介绍自己的解法，犹如做学术报告，说得好，大家鼓掌欢迎，介绍者连声道谢，课堂气氛和谐互信、友善融洽。

（5）在评价中渗透德育

这是教师在教学中最常用的渗透方法。给学生的创新以肯定，给学生的进步以鼓励，给学生的不足以提醒。

（6）在媒体辅导中渗透德育

电教媒体的使用不仅增大课堂容量，提高课堂效率，也能进行德育渗透。七中育才教师在讲解数学课《正方形》时，结合教学内容，让学生通过几何图形的美感受生活中的美，使学生热爱美好的生活。

（7）在板书中渗透德育

以下是《皇帝的新装》的板书（见图6-2），一方面它归纳了全文的内容和人物形象，另一方面也揭示了小说的主题。

图6-2　《皇帝的新装》板书

（8）在教师的行为规范中渗透德育

进行道德教育的教师本身就应该是道德的践行者，不然道德传授就是虚伪的说教，也就是常说的行胜于言。学生从老师工整的板书中悟到了严谨，从老师带病上课晕倒在讲台的行为中懂得了敬业，从老师拖着伤腿、哑着嗓子坚持上班中体会到了责任。

（二）遵循"五化"原则

七中育才围绕课程改革新理念，针对学校德育工作的诸多弊端，特别是认知与实践感悟相脱节的问题，创设德育活动的"五化"原则，在实践中坚持落实，以此为突破口，增强德育工作的针对性和实效性。

1. 参与全员化，强调每个人都重要

七中育才的德育理念就是让每个育才学子的生命精彩，在学校感到幸福，享受高品质的校园生活。为此，七中育才实行"全员参与"和"选择参与"并行的德育参与方式，为学生的"差异发展"提供保障。只有参与才能体验，在课程设计中让学生全员参与是基本的原则，学校根据学生年龄和学段特点设计了人人必须参与的活动，同时根据学情不同设计了学生可以自主选择的活动，为其搭建合适的成长平台，让每一个学生在这个平台上都能找到自己的位置，发挥个人的优势。（见表6-3）这一做法收到了显著成效。

表6-3 2013年部分德育活动参与人数统计表

时　间	项　目	参与人次
2月	"我当三天家"	2050
3月	艺术节集体舞比赛	1130
3月	艺术节合唱比赛	723
4月	"语言艺术节"演讲赛、辩论赛	2011
5月	"四学会"实践探究活动	715
5月	"文史探究"实践探究活动	1120
6月	七中育才"卓越学子、卓越团队"表彰	1638
9月	感恩课程"回母校看恩师"	821
9月	感恩课程"我为老师画张像"	715

续表

时　　间	项　　目	参与人次
10 月	秋季运动会开幕式表演	1536
10 月	秋季运动会集体项目比赛	1260
10 月	秋季运动会个体项目比赛	1548
11 月	排球活动月	612
12 月	科技活动月"纸桥过车""筷子承重""最炫科技风""科技动手做""科技小论文""科技小发明""科幻画""科幻小小说"	4625

2. 教育活动化，关注不同年段学生的特点

人的能力和个性是在活动中形成的。青少年是在与一定范围的客观环境（包括人物）进行交互作用的物质实践活动中认识客观环境（包括科学文化知识）的，也是在活动中改造自身、促进自身发展的。在信息技术高速发展的今天，单纯的说教已经不能满足教育的需求，不能充分发挥教育的作用。很多时候，学生对老师将要说的话已经了然于心，对老师的说教已经心生厌烦。因此，选择有效的、多样的教育形式，才能既满足整体学生的发展需要，又兼顾学生个体的发展需要，使学生的发展丰富、多元。

比如，党的十八大提出了社会主义核心价值观，并且把法治确立为社会主义核心价值观的基本要素之一。这鲜明体现了推进中国特色社会主义伟大事业的价值目标，深刻反映了完善和发展中国特色社会主义制度的价值共识，充分表达了建设中国特色社会主义意识形态的法治要求，意义重大，影响深远。但如何把法治观念、守法意识传递给初中生呢？在政治课上进行讲授，形式单一，班主任理论说教，远离学生的生活，不易被接受。经过考虑，七中育才把每年11月设定为专门的法制教育专题活动月，编制了系列法制教育内容，以主题突出、活动集中、多渠道融合的方式凸显法制教育，达成教育目标。

根据法制教育主题设计多项活动（见表6-4），让学生了解法制离我们并不遥远，在生动活泼的活动中形成法治观念，树立守法意识。

表6-4 法制教育专题活动月活动规划

时间	主题	活动内容	具体安排	活动形式
11月	法制教育	司法进校园	学校法律顾问进行法律讲座	讲座
			警校共育良好环境	讲座
			庭审直播间	现场活动
		家校共育	普法宣传进家庭	短信、告家长书
		法制大讲堂	"119"宣传日	升旗仪式宣讲
			诚信的力量	
			法制主题班会	
		班会赛课	班主任法制专题赛课	赛课

同样是法制教育，班主任会根据不同年级的学生特点，选择不同的素材和方式。七年级的班主任多从学生生活小事入手：由骑车讨论交通安全的问题，由学生之间互开玩笑引申到造谣、传谣的危害。八年级的班主任从"法"的起源讲到"法"的演变，让学生认识到个人需要法律保护，国家需要法律才会长治久安。班会赛课则解决了学生认知和行为不一致的问题，教会学生从自己做起，勤学、修德、明辨、笃实，积极践行社会主义核心价值观，并身体力行将其推广到全社会去，努力在实现中国梦的伟大实践中创造自己的精彩人生。

3. 活动主题化，清晰教育内容

在实际的德育工作中，育才德育人发现：不论是从成都七中继承的活动，还是丰富之后形成的活动，都不可避免地存在"散""碎""浅"三大问题。"散"：活动设置较为随意，呈散点状分布；"碎"：活动碎片化，活动之间的相互关系缺少梳理；"浅"：活动的目标设置较为浅表，缺少对学生的科学分析，甚至缺少目标。在反思德育活动"散""碎""浅"状况的基础上，七中育才对德育活动进行主题式改进，清晰教育内容，不为活动而活动，力求将"散""碎""浅"的德育活动一个个串起来，明确每一项活动的教育意义和价值诉求。

例如，七中育才不断总结经验，固化每个年段的活动主题，调整活动内容，凸显活动价值。（见表6-5）

表6-5　德育活动主题化

划分标准	主题内容
按年级	七年级活动主题：礼仪常规教育、劳动教育
	八年级活动主题：青春期教育、国防军事教育
	九年级活动主题：心理健康教育、立志成才教育
按时段	1月：个人、集体单项奖评选
	2月：社会实践"我当三天家"
	3月：球类运动会
	4月：实践探究"四学会""文史探究"
	5月：校园艺术节
	6月：卓越系列评价
	7、8月：职业体验
	9月：感恩传承
	10月：综合运动会、国防军事教育
	11、12月：科技活动月
	结合每周升旗仪式或特殊节日，适时开展主题活动
	重大节日，开展纪念、宣传、庆祝活动
	考试周，进行诚信教育
	每周一，升旗仪式，德育主题大讲堂
	每周一个班，劳动服务与生命生活教育
重要节点	新生入学教育
	九年级毕业典礼
	5.25心理关护周
	法制教育
	国际交流

4. 主题序列化，提供丰富层次

德育活动主题序列化，就是要提高德育的有效性，明晰德育主线，聚焦德育目标，让目标"小"而"实"。主题序列化要遵循以下六个原则。

第一，整体性原则。坚持道德与情感的统一，德育与智育的统一，外化与内化的统一，显性与隐性的统一，认知与行为的统一，学校与家庭及社会的统一。第二，实践性原则。强调"德育生活化，主题序列化"，以"做"为特色，以"活动"为载体，由"远、大、空"转变为"近、小、实"，由抽象、空洞转变为具体、实际，把德育融入生活，引导学生在做中感悟人生，在活动中接受教育。第三，阶段性原则。根据不同阶段（年级）学生身心发展水平，提出相应的德育序列，保证德育序列螺旋式递进。第四，差异性原则。根据各层次学生个体的年龄特征、个性特点和当前的思想实际，设置德育序列。第五，传统美德与时代精神相结合原则。设置德育序列既要传承五千年积淀下来的中华民族优秀传统美德，也要渗透当代和谐社会建设的思想观念和现代意识等时代精神。第六，体验性原则。注重把成功和幸福带给每一个学生，培养有理想、有道德、有文化、有纪律、有成功感的幸福新人，让每一个学生都有成功的体验是德育工作的重要目标。

比如，"底色"系列课程中的"感恩教育"课程包含重大传统节日系列教育、教师节感恩课程、毕业典礼、入学典礼等。关于重大传统节日的系列活动，七中育才已经把它开发为弘扬中国传统文化系列教育活动，包括："过传统中国年"春节活动，"我当三天家"寒假特色活动，"欢度元宵，感恩家人"元宵节活动，"祭祖思源，亲近自然"清明节活动，"粽叶飘香话端午"端午节活动，"扬少年壮志，展青春风采"国庆诗歌朗诵比赛，"百善孝为先"重阳节活动……

每一项主题实践活动又由一系列子活动构成。以清明节"祭祖思源，亲近自然"主题实践课程为例，该主题活动下设"扫墓祭祖""绘制族谱""了解习俗""积累诗词""躬耕田亩""踏青郊游"六项子活动，让学生在这一系列活动中缅怀先祖，感受春季新生。

5. 实施特色化，选择适宜的方式

"明确主题、重视体验、保持高位、坚持创新"是七中育才德育课程建设和实施时必须考虑的方面。七中育才创新实践、追求卓越，通过理论学习、实践操作，努力为学生的最优发展提供保障。

七中育才明确德育活动主题，学校根据各个年级学生身心发展特点，固化各个年级德育活动主题——七年级以礼仪常规教育、劳动教育为活动主题，八年级以青春期教育、国防军事教育为活动主题，九年级以心理健康教育、立志成才教育为活动主题。七中育才重视体验，学校八年级每年四月要停课三天进行"文史探究"活动，学生根据自己的兴趣组成四人小组外出进行实践调查，学校提供十个相对集中的环境，并提供多项研究内容供学生选择，学生可以自主选择实践地点探究成都地域文化、了解历史风俗。七中育才重视优质，学校把每周一的升旗仪式打造成德育公开课，使其成为全校师生喜爱、期盼并乐于参与的德育课堂。七中育才重视创新，学校每年都为四月的大型德育课程"四学会"留出空间，让各年级不停改进，德育课程手册每年不重样，年年修改，力求做到最好。

（三）德育实施的文化路径

学校德育的实施是个系统工程，涉及学校工作的方方面面，而文化建设也是学校德育的重要途径。落实"文化养校"的思路，加强文化建设，不仅是学校育人的需要，也是时代的需要，社会的需要。

1. 德育实施的学校文化路径

鉴于学校文化建设的特有价值，七中育才从文化管理这一角度积极探索和建构学校德育实施的文化路径。

（1）建设先进的学校文化

学校文化体现为学校的组织文化、课程文化、教师文化、学生文化等。七中育才在党的教育方针的指导下，在传承成都七中"三体"教育思想的基础上，结合学校发展，构建了独具特色的育才文化。

一是具有浓郁文化的办学价值取向："最适宜的教育一定是最好的教育，可选择的教育一定是优质的教育，能给予学生广阔的发展空间的教育一定是富有魅力的教育"；二是有自己风格的管理价值取向的组织文化："共同创造、共同承担、共同分享"；三是形成了以学生发展为本，关注个性、体现多元化的"基础课程与拓展课程相结合，必修课程与选修课程相结合，显性课程与隐性课程相结合"的课程文化；四是形成了"敬业合作、德高艺精"的教师文化；五是形成了"健康、高雅、聪慧、大气"的学生文化。

先进的学校文化作为学校的灵魂促动着学校的可持续发展，七中育才进入了良性循环发展阶段。

（2）营造浓厚的校园文化氛围

营造健康优美的校园文化环境。七中育才因地制宜设计和规划现有的校园环境，从净化、绿化、美化入手整治校容校貌。积极创设各种文化设施，开辟阅报栏、黑板报、新书推荐栏、图书室等文化教育阵地；展出学生书画作品，建立校园网，创办"七中育才在线"和《七中育才报》《卓尔》《晨曦》等，使学生随时随地得到感染和熏陶。

开展丰富多彩的校园文化生活。为了让学生和谐发展，七中育才积极开展各种健康有益的文化课外活动，丰富学生的业余生活。学校十分重视艺术特长生的培养，与成都七中合作组建了学生管乐团、男子排球队。学校竭力为学生搭建发展平台，以广大学生的兴趣爱好为纽带，组织成立了女子合唱团、晨曦文学社、主持人协会、舞蹈协会、书法协会、美术协会、学生戏剧社等学生社团，让全校学生自主参与，丰富了第二堂课内容。通过"周一名曲鉴赏""周五艺术鉴赏"、每天中午的"音乐鉴赏"和每年一度的校园艺术节以及全校性的文艺演出，使广大学生的艺术素质得到普遍提高。这些活动引导校园活动向健康、高雅的方向发展。

大兴读书之风。为帮助学生实现"读书人生、文化人生、成功人生、幸福人生"的追求，学校积极倡导"好读书""读好书"。现在，学校各班级中建有图书角，在校园中建有流动图书架，一大批经过精挑细选的名家名篇补充了学生的知识，拓宽了学生的视野，丰富了学生的精神享受。看课外读物成为师生茶余饭后信手拈来之事，师生甘之如饴，形成了浓厚的读书氛围。

（3）开展校园文化教育

运用学生喜闻乐见的形式进行教育。组织学生观看爱国主义教育片，组织开展读书宣传活动，组织退队暨新团员宣誓仪式，举办各种知识竞赛、演讲会及班级主页设计、班旗设计等活动，使学生从中受到直观熏陶和潜移默化的教育。特别是学校强调以学生发展为本，让学生真正成为校园文化建设的主体，在校园环境、人文环境等建设活动中让学生全员、全程、全方位自主参与，促进学生的自我发展。

抓好学生日常行为规范教育和法制教育。通过制定规章制度，把学生的操行评定与评选优秀团干部、优秀团员、优秀学生挂钩，用评选先进刺激学生健康发展。聘请法制副校长，开展法制专题讲座，注重法制教育，增强学生的法律意识。

2. 德育实施的班级文化路径

七中育才通过班风建设、教室设计、开展各种文化活动以及教师的言传身教使学生在潜移默化中受到熏陶与感染，并形成积极的道德情感，从而将道德认识内化、升华为道德信念和道德理想。学校每学年开学都要开展教室美化大赛、班徽班旗设计大赛等，将教室布置得美观、整洁。在班级中增设了励志榜、班级外墙展示、流动图书站，这些使学生在班级中就能受到文化的熏陶。丰富的班级活动增强了班级的凝聚力和集体荣誉感。

3. 德育实施的学生文化路径

健全各级学生组织，强化学生自我教育。七中育才高度重视学生综合素质的培养，积极培养并发挥学生的组织管理能力。学校先后建立健全了包括校学生会、校团委、学生社团和志愿者协会等学生组织。学生会、校团委连续荣获了成都市先进团委、成都市优秀少先队集体称号。少年团校的定期培训培养了大量高素质的团员后备力量，文学社、心语社、学生电视台等社团的学生参与面广，社团管理方案具体、明确。活跃、进取的学生成为学校德育工作的一道亮丽风景线。

4. 整合家庭、社区等资源的德育实施路径

七中育才一直十分重视家庭、社区等资源对学校德育工作的促进作用，广泛开展学生家庭情况调查，进行不定期家访，了解学生的成长环境，收集家长意见和建议，定期开展班主任专题教育研讨，用开家长会、家访、个别谈话、家校通等方式发现学生积极因素，动员家长利用好学生的积极因素因势利导，培养学生的进取心、自尊心、自信心。

学校还创造性地开设了"家长讲坛"，邀请一些有成就、专业素质高的家长走进学校，为学生讲解成长和成才的经历，同教师一起交流教育经验。

学校还充分利用社会资源和国际资源，聘请心理学专家、法制副校长、教育专家，如知名作家刘冰、科学家钱积惠以及前世界青年访问交流协会亚利桑那州主席、美国昂科互动剧院院长兼执行总导演托尼·特拉帕索夫妇和西安交通大学教授蒋季成等来校为家长和学生举办讲座，引导家长为学生的全面发展创造宽松、和谐的家庭环境，使家长能够有意识地、主动地、科学地进行家庭教育，从而大大地提高了家庭教育的水平。

同时，七中育才还利用课外时间带领学生到社区参观，开展社区实践

活动，使家庭、社区的教育资源真正变成德育资源。

六、成效：在反思中实现升级

七中育才求真务实，以"回归生命"为出发点，创新德育方法和手段，以"底色＋亮色"德育课程为载体，实实在在地以学生的发展为本，促进学校德育发展。

（一）优化了德育系统

确立学校德育的主题式框架和工作思路，建立相对稳定有效的运行机制，形成学校德育特色，是体现学校德育走向成熟的重要标志，也是学校德育走向成功的重要保证。

1. 德育目标越发明确

要增强德育工作的科学性、针对性和实效性，就必须明确德育目标和内容。生命是德育的起点，七中育才着眼于回归生命的德育，以"让生命精彩"为德育理念，据此设计了"打好公民素养的基础底色，增添卓尔不群的个性亮色"的德育目标，并将其细化为数个子目标，与各年级学生的身心发展特点相结合，设计了年级目标。

2. 德育内容越发分明

学校设置"底色＋亮色"的德育课程，在"底色"和"亮色"课程下设置系列课程，制订了详细的德育工作计划。系列德育课程分别体现了爱国主义教育、行为养成教育、法制教育、文明礼仪教育等多个主题。通过活动的有效开展，德育工作计划落到了实处。

3. 德育途径越发宽广

学校拓宽德育实施途径，通过学科教育、班主任工作和学生自发组织、劳动实践活动、校园文化和心理辅导等多个途径对学生产生道德影响，形成"无缝衔接"的德育工作网络。

4. 德育方法越发多样

七中育才注重通过实际训练的方式培养学生，经常组织系列主题活动。"全员参与""分层选择"相结合，保证全部学生能够参与其中，使学生在活动中体验，在体验中领悟德育内容。善用语言说理和形象感染的方式育人。在七中育才，人人都有德育责任。构建"三全"育人环境，在学科和教学过程中渗透德育，并为学生树立道德榜样。

5. 德育管理越发完善

在校长的指导下，七中育才完善各岗位职责和评比办法。明确德育工作内容和要求，加强对各层级工作人员的指导、管理和督察，特别是加强了对班主任的专业培训，关注培训内容的丰富性、方式的多样化和创新性。

6. 德育评价越发系统

为处理好德育实践与德育评价的关系，学校在关注"量化"评价的同时注重"质性"评价，逐渐形成发展性评价、多元性评价和个性化评价相结合的综合评价体系，并通过《个人素质单项最佳奖评选办法》《班级单项最佳奖评选办法》《第二课堂优秀学生评选办法》《年级之星评选办法》《校园形象大使评选办法》等标准进行评价，使德育评价实效性进一步增强。

（二）形成了德育合力

在育才德育人的努力下，学校不断创新德育工作，三管齐下，以学校为龙头、家庭为基础、社区为平台，构建了"三位一体"的德育体系，充分发挥"学校、家庭、社区"的德育合力。

1. 学校发挥主导作用

七中育才学校内人人育人、时时育人。每个教师都承担德育责任，认真落实"一岗双责"，不断学习先进德育理论，构建"一体两翼三维"（一体：以回归生命为核心；两翼：打好底色、增添亮色；三维：学校、家庭、社区）的德育网络，实施的方法遵循"三全五化"原则，引导、整合家庭与社区的资源，不断提高育人质量。

2. 家庭发挥基础作用

学校定期召开家长会，向家长展示良好的育人环境，努力和家长沟通以争取家长对学校的理解与支持。在学校的指导下，许多家长树立了正确的教育观念，重视孩子品德发展，掌握了一些教育规律与方法，以身立教，创造了良好的家庭氛围。同时，家长积极响应每个班开设的"科学家进校园"及"家长论坛"系列讲座活动。家长自己或者通过自身资源邀请四川科技界的精英走进教室，近距离为学生上科普课，为学生的德性发展贡献自己的力量。

3. 社区提供平台支持

社区为学校提供德育活动实施场地。学生与社区接触，在社区实践中认清自己肩负的责任，学会自我教育。社区为学生提供服务平台，使学生通过服务他人来培养正确的价值观和态度，并使他们在克服困难的过程中养成坚毅和豁达的品格。

（三）促进了学生的自主发展

一切教育活动都应以调动学生的积极性和主动性为出发点。学生的自主探索、积极思考、自主创新只有通过主动参与才能实现，因此，七中育才提供更多机会使学生可以发挥主体作用。

学生积极参与德育活动。学校教育活动呈现出内容丰富、参与度广、重视实践体验的特质，学生全面参与，整体素养得以提升，赢得了家长、社会的赞誉；学校尊重差异，鼓励差异发展；课程多样、评价多元，让学生在成就自我的过程中做最好的自己。

学生组织在德育方面的作用也越发明显。学生会、校团委策划健康有益、生动活泼的活动吸引学生，促进学生自我教育和自我管理能力的发展。社团呈现蓬勃发展的势头。学生社团是学生根据爱好而自发组织的团体。学生以兴趣为纽带，组织成立了女子合唱团、晨曦文学社、主持人协会、舞蹈协会、书法协会、美术协会、学生戏剧社等社团，不仅丰富了第二课堂，同时也满足了自我认识、自我教育、自我改善的内在需求。同时，志愿者人数不断增加，服务质量也得到优化，学生对"助人"与"自助"的认识更加深刻。

七中育才不断优化德育体系，从 1999 年至今获得多项德育荣誉称号。（见表 6 - 6）

表6-6 七中育才获得的德育荣誉称号（节选）

年	月	奖励内容	颁奖单位
2014	1	荣获成都魅力校园十佳奖	成都电视台
2014	2	获得2013年锦江区中小学艺术教育环境布置专项检查评比活动一等奖	成都市锦江区教育局
2014	3	荣获"运动成都"2014年成都市中学生篮球锦标赛初中男子甲组一等奖	成都市体育局、成都市教育局
2014	4	荣获"运动成都"2014年成都市中学生排球锦标赛城区男子初中组第二名	成都市体育局、成都市教育局
2014	4	荣获"运动成都"2014年成都市中学生排球锦标赛体育道德风尚奖	成都市体育局、成都市教育局
2014	5	荣获锦江区"体彩杯"第十九届乒乓球活动月中学组综合团体一等奖	成都市锦江区旅游局、成都市锦江区教育局
2014	5	荣获锦江区"体彩杯"第十九届乒乓球活动月中学组团体总分第二名	成都市锦江区旅游局、成都市锦江区教育局
2014	5	荣获2015年"体彩杯"锦江区全民健身运动会棋类比赛暨区中小学生棋类比赛中国象棋中学组团体第一名	成都市锦江区旅游局、成都市锦江区教育局
2014	11	获得2014年锦江区中小学生运动会30人×50米迎面接力（初中组）第六名	成都市锦江区旅游局、成都市锦江区教育局
2015	4	七中育才携手成都市慢性疾病医院（成都市干部疗养院）开展"关爱老人·情暖夕阳"志愿服务并得到肯定	成都市慢性疾病医院
2015	4	获得"中国体育彩票超级大乐透杯"2015年成都市中小学生武术套路锦标赛暨成都市第十三届运动会青少年武术套路锦标赛资格赛体育道德风尚奖	成都市体育局、成都市教育局

[第七章]

聚焦于研究力的
教师队伍建设

教师是立校之本，一个学校科学发展的核心说到底就是教师。教师在学习、反思和探究的过程中，不断地接受新知识，丰富专业内涵，提高专业水平，从而达至专业成熟的境界，而这一过程包含了教师职业生涯中提升其能力的所有活动。教师专业发展强调教师的终身学习和成长，不仅包括知识、技能的获得与情感的发展，还涉及学校、社会等更广阔情景的道德与政治因素。提升教师专业水平的过程涵盖职前培训、新任教师培训和在职培训，直至教师职业生涯结束。

一直以来，七中育才学校和教师们执着追求"管理精细、事业精进、生命精彩"的共同愿景，坚持"科研立校""科研强校"。七中育才以校本为基础，以教师发展学苑为主阵地，以教师培训和社团活动为抓手，围绕提高课程改革的时效性和提高教育教学质量两项基本任务，聚焦于研究力的教师队伍建设，着眼于教师学术力和教学力的提升，在努力探索多样化的教研方式的同时，搭建有利的平台，以期提高教师素养，促进教师的专业发展。

一、历史：教研文化的形成

成都七中是教育部重点建设的全国示范性高中样板学校之一。一直以来，七中育才坚持以成都七中为自己的"智力大背景"，从办学思想到教学实践，从学校管理到教师队伍建设，从学科教学到德育活动，从课堂教学到教育科研，依托七中，借鉴七中，在学习七中的同时，进行了卓有成效的再创造。

（一）教研文化的发展历程

七中育才教研文化的发展紧紧依托成都七中，其发展阶段呈现出明显的三段式：经验育才—制度育才—文化育才。三个发展时期充分体现出七中育才教研文化从依赖到独立的发展特点。

1. 阶段一：经验育才期

该阶段七中育才以经验借鉴为主，暂未形成具有学校特色的教研文化。其发展特点为基本照搬沿用成都七中已有的思想、理念、备课以及教研的方式和内容，备课组长以及教研组长均由成都七中教师担任。

2. 阶段二：制度育才期

该阶段在经验借鉴的基础上，七中育才注重自己的制度建设，以制度的精细达到管理的精细，其核心是强调团队的力量。随着大多数七中教师返回七中，七中育才着力培养并使用本校的优秀教师作为备课组长和教研组长，并重视其在备课组和教研组中的决定作用；与此同时，学校明确提出"只有团队优胜，这个团队才是优胜的团队"的宗旨，反对脱离团队的"单干户"。因此，在这一时期，学校更强调备课组和教研组的学术权威，教师的个人意见或建议只能退居其次。

3. 阶段三：文化育才期

在不断发展的过程中，七中育才逐渐形成了自己的文化，即以"卓越文化"为核心的学校文化体系。"卓尔不群，大器天下"是七中育才在办学、育人、教师发展上共同的价值追求。同时，该时期也体现出了与上一个发展时期不同的特点，即个人魅力与团队价值相结合。在总结上一阶段的经验教训之后，七中育才开始思考个人在团队中的价值，逐渐开始在个人教学魅力与团队卓越追求之间寻找平衡点。这一时期涌现了不少优秀的个人和优秀的教研团队，同时，形成了民主协商、学术争鸣的教研文化。

（二）教研文化内涵

七中育才的教研文化首先来源于"卓尔不群，大器天下"的学校文化核心价值。从发展历程来看，七中育才的教研文化发展经历了"经验育才""制度育才""文化育才"三个时期，呈现出从个人到团队再到个人与团队相结合的基本过程。学校在追求卓越的同时，力求建设团队式的教研文化，并在团队中尽力挖掘教师个体的潜力，充分展现教师个性。由此可以看出，七中育才的教研文化内涵可以归结为：卓越、团队、个性。

（三）教研实践

百年大计，教育为本；教育大计，教师为本。学校的发展，最根本、最关键的是教师队伍的锤炼。因此，在促进教师队伍建设方面，七中育才开展了一系列的教研实践活动。

策略制定上，七中育才坚持"请进来，走出去"的策略，尊重先进的思想理念与学习成果，锻造了一支"德高艺精、乐业爱生"且具有较大影响力的研究型教师队伍。

制度管理上，创建教师发展学苑，为教师整体素质的提升搭建高质量的平台；实行教育教学导师制和教学质量监督制度，同时定期评选"教学新星"，从教师培养质量入手，通过人性化的制度对教师队伍建设进行有效监督。

评价机制上，采用学分的累积办法，评价教师在教研活动以及学术研究上的参与程度，促进教师高品质的专业化成长。

二、目标：建设具有双重魅力的教师团队

随着教研文化的沉淀，七中育才的教师文化——"敬业合作、德高艺精"成了教师团队建设的风向标。七中育才对教师团队的建设有其独特的

目标——建设一支兼具人格与学术双重魅力的教师团队。

（一）人格先行

对学生事无巨细、亲力亲为地奉献是教师人格魅力的体现，但教师的责任并不仅在于此。若要引导学生成为一个具有社会责任感和时代使命感的"贤能人才"，教师还应在人格魅力的锤炼这条路上走得更远。

1. 预见未来是成为人格魅力之师的时代要求

时代对人才的要求始终处于更新变化之中，当一个教师能够着眼于未来时，他就会用未来的眼光去审视时代所需人才应该具备的素质，将学生放置在一个长远的规划中进行培养，避免用狭隘的眼光、陈腐的观念对学生加以评判，也就不会为学生套上所谓的"成长的枷锁"。

2. 言而有信是成为人格魅力之师的基本原则

言而有信是人立身之本，也是教师威严所在。教师的一言一行均会成为学生模仿的对象。以身作则是对学生产生潜移默化影响最为直接的方式。能对自己言行加以自律的人更易被人信任。因此，言而有信是教师具有人格魅力的基本原则。

3. 宽容待人是成为人格魅力之师的必要条件

学高为师，身正为范。作为教师，除了将知识以合适的途径传授给学生之外，还应成为学生的道德楷模。教师若能以宽容的姿态处理教学和学生生活、学习的问题，会让学生在学习过程中感到轻松、愉悦。这种潜移默化的处世态度会造就出"大气"的学生，这与七中育才的培养目标是相契合的。因此，宽容待人是教师成为人格魅力之师的必要条件。

4. 热情进取是成为人格魅力之师的内在要求

"志存高远，追求卓越"是七中育才教师的群体文化特质，要具有这样的特质，高度的工作热情和积极进取的精神是教师必不可少的。教书育人是一项充满新奇和挑战的工作，但教师如若处理不当，也会觉得枯燥无味。在看似一成不变的教学中发掘学生的个性和潜力，都需要教师以一种积极向上的工作热情加以探索。

（二）学术加身

"尊重学生，知识渊博，教学得法"是一位优秀教师的标准，但要做到这三点，仅靠平时积累的教学知识远远不够，如若不想在教书育人的过程中出现知识匮乏的窘态，有效地提高自身的学术能力势在必行。与人格魅力同行，学术魅力是一位教师成为优秀教师的又一重要元素，也是当下师德要求的基本内涵。

1. 教育之思是成为学术魅力之师的先行条件

教师作为独立的个体，掌握已有的教育思想是基本要求，更为重要的是能内化为自身的教育思想。拥有独到的教育见解是进行学术科研的基础条件之一。不同的时代具有不同的育人理念，教师需要跟随时代的步伐，结合学生个性发展的实际，更新自己的教育思想，让自己的教育之思落地生根、开花结果。

2. 教育之智是成为学术魅力之师的内在要求

教育智慧是教育知识积累到一定的程度加以内化后外显的结果。每位优秀的教师都应该具有自身独特的教育智慧，它来源于普遍的教育知识，却表现出独特的教育效果。不同的教师所展现出的具有差异性的育人风格就是受教育智慧的影响。智慧彰显个性，教师要具备学术研究所需的独立人格，在具有敏锐观察力的同时，还应拥有与他人相异的教育之智。

3. 教学之术是成为学术魅力之师的必要手段

教学技术是把教育思想、教育智慧和书本知识转化为学生的知识和能力的中介。要让学生获得知识，需要使用恰当的教学技术。教师如若能因地、因时、因人地采用合适的教学之术，则有助于学生更好地掌握学科知识，获得必要的学科能力。除此之外，教学技术也是教师育人思想与智慧的外在表现形式，它直接与教师的独特个性相连接，是教师彰显其教学功底最为直接的方式。因此，要成为具有学术魅力的教师必然需要锤炼自己的教学之术。

三、思路：整体提升与差异发展

一直以来，七中育才在先进教育思想的引领和前卫教育专家的指导下，强化教学改革和教育科研，使教师团队始终站在教育改革的前沿。如何才能锻造出一支"德高艺精、乐业爱生"的教师队伍呢？如何才能使教师成就学校呢？如何才能既让团队成长又让每一位教师找到自身价值呢？七中育才根据本校教师专业成长的建设目标，结合学校教师的群体文化特质，提出了整体提升与差异发展的建设思路。

（一）整体提升

七中育才致力于建设具有人格和学术双重魅力的教师队伍。从目标的设定来看，七中育才要求教师专业成长从数量上要覆盖整个教师团队，从质量上应促进教师的学科素养与人文素养齐发展，学科专业成长与人格修养共提升。为实现这一目标，七中育才将培养思路首先定位于"整体提升"。

1. 纵向上实现教师队伍的整体成长

教师的专业成长并非是从同一起点开始，从教龄和教学经验上看，部分教师赢在了专业成长的"起跑线"上，但这并不影响学校教师团队的整体提升。七中育才为真正实现教师的专业成长，促进学校教师素质的整体提升，在充分考虑教师的年龄以及经验的同时，根据教师在专业发展程度上的表现，如是否能灵活运用教育教学原理和方法，是否形成了课堂特色、教育教学风格，将学校教师分为合格教师、特色教师、核心教师三类。不同层次的教师将被给予不同的培养方式和培训内容，意在从教师实际情况出发，最终使不同类别层次的教师共同赢在专业成长的"终点"。

在教师分层的基础上，七中育才发掘了校本培训的资源，让特色教师、核心教师成为"育才讲师"，即"师徒结对"。这样的培训方式使得青年教师在形式活泼、内容丰富、具有针对性的培训中成长、成熟。与此同时，特色教师、核心教师在担任校本培训的"育才讲师"的过程中，强化了自身的探索实践，不断地优化自身的工作。对于学校而言，提出"育才讲师"的培训方式，以经历丰富的教师带经验欠缺的青年教师，形成了一种以培代研的研训新思路，既促进了三类教师的整体发展，又充分利用了学校教师专业培训的现成资源，可谓一举两得。

2. 横向上促进教师个体的全面发展

七中育才在重视教师队伍素质整体提升的同时，还倾力于教师个体的全方位发展，意在培养具有学科素养、专业能力和综合人文素养的优秀教师。为此，学校组织成立了教师发展学苑，下设四个分苑：教育百草苑、教育科研苑、网络空间苑和人文阳光苑。四个分苑分别负责教师心理教育能力和教师专业素养提升，负责教师科研能力现状调查及教科研专业知识发展，提高教师信息技术素养和推动网络教育教学的研究，负责教师人文素养的提升。从运行模式来看，四个分苑为教师设计了不同类别的活动；从主要职责来看，四个分苑承担着提升教师的专业素养、科研素养、网络运用能力以及人文素养等工作；从范围来看，四个分苑进行的是从工作到生活整体式的设计。教师在学苑安排的课程和活动中进行选择，不仅能从中提升自身的专业能力，还能通过选择与自身爱好相符的活动、课程，提升自己的生活质量和品位。教师发展学苑作为教师实现专业成长的平台，其课程的设置和活动的设计均围绕教师成长的必要方面，有效实现了教师个体的全面发展。

（二）差异发展

如何才能既让团队成长又让每一个人都找到自身价值呢？如果说团队的发展是整体性的提升，那么个体的成长则是差异性的发展。为使教师实现个体的价值，七中育才在教师专业成长中始终秉持教师个性化培养、阶梯式进步、差异化发展的理念，着力于教师培训课程的设置和个性化发展条件的创设。

1. 纵向上实行教师分层和课程分类

教师的专业成长并不都在同一起点，为使每位教师都能获得与能力相对应的发展，七中育才对教师进行了专业化的层级分类，总共将教师分为三层：合格教师、特色教师和核心教师。不同层级的教师会获得不同类型和层次的课程培训。课程设置建立在教师实际情况的基础上，因此，具有相应的针对性；又由于是对教师进行分层之后的培养，因此具有梯度性；

同类教师之间具有相似性，而与高一层次的教师类型相比，则在培养方式上具有较大的差异性。教师分层与课程分类并不能作为教师发展水平高低的衡量标准，分层与分类的目的在于在现实情况下有差异地促进教师向更高层次发展。

2. 横向上提供个性化发展条件

在教师发展学苑下设的四个分苑中，网络空间苑和人文阳光苑所设置的活动内容均具有个性特色。教师可根据自己的个性爱好选择相应的活动，在参与的过程中丰富业余生活和充分发展个性。除已有的活动设置之外，教师还可根据自身的特长申请开设其他活动，这便为教师的个性展示提供了高质量的平台。

在活动设置上考虑教师个性发展的同时，学苑在管理模式上也注重教师能力的提升。学苑分苑长由一线教师通过自荐和推荐的方式产生，分苑的发展与分苑长的个性特征紧密相连，教师可在任职的过程中充分发挥个性中的优势，在学苑发展的平台上实现自我提升。

整体提升与差异发展是不可分割的促进教师专业成长的两种方式。在团队中促进教师的个性化发展，在个性化发展的过程中实现团队素养的整体提升，两种方式相辅相成、合二为一，最终都将指向教师队伍建设目标的达成。

四、课程：分类培训课程体系

七中育才按照教师个性化培养、阶梯式进步、差异化发展的培养思路，实行教师分层培养，开发分类培训课程体系，有差异地促进教师教学科研水平和教学能力的整体提升；建立教师专业成长档案，记录教师个性化成长历程，使其个性得以张扬、特长得以发挥、特色得以彰显。

（一）教师专业化层级分类

为了促进教师更快、更好地发展，实现其既定的职业人生规划，为了促进教师团队的专业化、特色化成长，七中育才按照教师个性化培养、阶梯式进步、差异化发展的培养思路，将学校教师分为三大类：合格教师、特色教师和核心教师。（见图 7－1）

图 7 - 1　教师专业化层级分类示意图

合格教师——能运用教育教学基本原理和方法，正常开展教育教学工作的教师。

特色教师——能灵活地运用教育教学原理和方法，形成课堂特色、教育教学风格的教师。

核心教师——能创造性地运用教育教学原理和方法，教学具有鲜明的特色，具有一定的学科思想、学科精神、学术力和影响力的教师。

（二）分类培训课程体系

基于三类教师的定位，七中育才初步形成了具有育才特色的教师培训课程体系，其特点为：打好职业素养底色，为教师的专业成长、职业生命提供最基本的可能与保障；涂抹教学改革亮色，对教师个体与群体的教学改革起到引领与指导作用；丰实个体生命本色，对教师个体生命的丰实起到引领与提升的作用。分类培训课程体系根据三类教师的特点，在课程目标、课程实施以及课程内容上均有不同体现。（见表 7 - 1）

表 7 - 1　分类培训课程表

课程对象	分层课程	课程目标	课程实施	课程内容
合格教师	基础课程	能运用教育教学基本原理和方法，正常开展教育教学工作	参与式培训	通识课程 学科课程 实践课程
特色教师	特色课程	能灵活地运用教育教学原理和方法，形成课堂特色、教育教学风格	探索实践、总结梳理	搭建区、市研讨及展示平台； 领衔课程研究，锤炼学科课堂、课型特色； 教科室、教研组重点跟踪培养； 有计划地对课型、课堂特色进行梳理总结

续表

课程对象	分层课程	课程目标	课程实施	课程内容
核心教师	学术力课程	能创造性地运用教育教学原理和方法，教学有鲜明的特色，具有一定的学科思想、学科精神、学术力和影响力	研究性实践、总结性著述	主讲"育才讲坛"或开设区级及以上学术讲座； 主持区"名师工作室"； 主持市级及以上课题研究； 学校督导组重点跟踪培养，专家倾力指导； 借助团队对教育思想进行梳理总结

由上表可知，七中育才对三个层次类别的教师设置了不同类型的培训课程，并根据合格教师专业发展的实际需要，将合格教师的培训课程又细化为 14 大门类、30 多门课程。（见表 7 - 2）

表 7 - 2　合格教师培训课程一览表

通识课程	育才文化解读	团队文化解读、卓越文化解读
	个人规划设计	方法指导、案例分享等
	深度教学理论及实践学习	深度教学的要素与特征、深度学习教学改革项目实践策略、深度教学设计、深度教学课例分享等
	教育教学法规学习	
	学习理论的学习	建构主义、行为主义等
学科课程	新课标解读	分学科指导、交流汇报等
	新教材研究培训	分学科指导、交流汇报等
	中考试题研究	年度考纲学习、近三年中考命题解读等
实践课程	课堂实践指导	教学活动设计、现代信息技术运用、主问题设计与实践等
	课堂教学艺术	提问和追问的艺术、应对突发问题的艺术、表扬和批评的艺术等
	课题研究	如何选题、如何开题、研究进程、报告撰写等
	教学技能课程	

续表

其他	名家教学艺术思想研究	
	团队凝聚课程	教师社团

在此基础上，七中育才还针对不同的教师类型通过国家级、省级、市级、区级和校本等多途径、分层次的培养途径，充分实现教师的专业化成长。经过培训，教师在科研与教学方面都取得了相应的成绩。（见表7-3）

表7-3　近三年七中育才课题获奖情况表

名　　称	级　　别	参研人员
教师网上跟岗研修，网班助推教育均衡	教育部课程改革教学研究成果一等奖	张军、杨光荣、丁世明、何刚、鄢正清、詹滢
协作互助，多元共生——基于实践共同体的"教师发展学苑"实践研究	四川省第五届普教教学成果获奖名单一等奖	张军、杨光荣、周利、陈开文、杨静
以网络多媒体示范班扩展优质教育资源的实践探索	省政府第四届教学成果二等奖	张军、杨光荣、丁世明、何刚
课堂教学研究与教师专业发展的新平台——以网络示范班扩展优质教育资源研究	2014年基础教育国家级教学成果奖二等奖	张军、杨光荣、丁世明、周利、叶玲、杨静
基于物理学科思想方法的问题教学研究	锦江区小专题研究成果一等奖	杨静、李勇、袁波、周明莉、曹笑、曾维富
信息技术基于"小专题活动"为主体的课堂教学方式的研究	锦江区小专题研究成果一等奖	宣耀文、雷健康、余小叶
"导学稿"对提高学习的有效性的研究	锦江区小专题研究成果一等奖	陈蓓、刘永兵、张焱、杜发伦、彭震、毛学军
新课标理念下的八年级英语创新性作业设计研究	锦江区小专题研究成果一等奖	梁娟、程瑜、朱采琼、李媛

名　　称	级　　别	参研人员
初中作文序列教学	锦江区阶段成果奖	刘尚、邓艳、谭庆玲、杨严
心理健康教育校本课程的开发与实践研究	锦江区小专题研究成果三等奖	吕江蓉、周玲

（三）多元评价激励机制

学校建立健全了以"教师发展学苑管理办法"和"教研积分管理办法"为主体的多元评价激励机制，以期能对教师的分类培训结果进行有效评估，使教师自我成长内驱力得到有力激发，促进教师终身学习，获得高品质的专业化成长。

评价方式主要采用学分制。学分分为必修学分和选修学分两类，不同类型的教师每学期应完成的学分不同，其标准如表7-4所示。

表7-4　分类培训课程学分分布表

类别	总分		通识基础课程	素养提升课程	学科专业课程	实践拓展课程
	必修	选修	必修	选修	必修	选修
合格教师	100	100	50	70	50	30
特色教师	100	100	40	60	60	40
核心教师	100	100	30	40	70	60

注：①表中分值均为教师必须完成的最低学分。

②每类课程每一学时（每一项内容）最高学分为4分。

此外，学校还将不同类型教师参加的各个级别的培训、教师在各级各类刊物上发表的文章以及课题、论文获奖情况和荣誉称号等都按照不同的级别折合成相应的学分。多方结合、多途径、分层次的评价方式，满足了教师培养目标的针对性、差异性和阶梯性。

五、路径：教师发展学苑

教师，既指一种社会角色，又是这一角色的承担者。广义的教师泛指传授知识、经验的人；狭义的教师是指受过专门教育和训练，在教学过程中向学生传递人类科学文化知识和技能，对学生进行思想道德教育，培养学生高尚的审美情趣，把受教育者培养成为社会所需人才的专业人员。教师的工作是育人，其一言一行对学生成长的影响非常大。

教师和学生同作为学校教育的主体，学生在德智上的发展是教育首当其冲努力的方向，但作为影响学生发展的重要因素之一，教师专业水平的发展理应成为学生成长的助推力。七中育才致力于建设具有研究力的教师队伍，其目标在于拥有具有双重魅力的教师团队。如何才能既提升教师团队的整体素质，又体现出具有差异的教师个性化的发展？对此，七中育才提出了基于实践共同体的教师发展学苑这一具有学校特色的发展模式。

（一）形成背景：源于三个问题

通过对教师发展实际情况的观察和对教师专业培训的相关经验总结，结合学校的实际情况，七中育才根据既定目标和发展思路，提出了具有育才特色的教师专业发展模式：建立基于实践共同体的教师发展学苑。教师发展学苑的提出，可有效地解决以下三个教师发展面临的主要问题。

1. 教师的"作坊式"教学与集体攻关问题

"作坊式"教学是教师单打独斗、封闭式的教学，教师之间不相往来，将自己的课堂教学视为自己的领地。而现代教学是开放式教学，教师的单打独斗俨然已经失去了优势，唯有教师共同参与、协作互助，才能有效地促进教师和学生的共同发展。

2. 教师的"个体式"发展与协作互助问题

"个体式"发展是指教师完全依靠自己的力量，失去了同伴和群体的帮助，难以超越个人的局限，从而形成的一种狭隘的发展。新课程的综合化特征，需要教师与更多的人在更大的空间、用更加平等的方式从事工作，教师之间将更加紧密地团结在一起。新课程增强了教育者之间的互动关系，引发教师集体行为的变化，教师必须改变相互之间彼此孤立的状况，学会与他人协作。

3. 教师的差异发展与群体发展问题

差异发展是指教师的个性发展，其中包括教学风格和教学特色；而群体发展则强调共同的发展、整体的进步。教师专业发展以学校为依托，其发展需紧密联系学校发展实际，发掘优势，创造性地探索有自己特色的发展道路。教师作为学校的一员，其个体专业发展是学校品牌提升的重要组成部分。因此，教师应在学校发展的平台上进行定位，发挥特点，积极发展，在同伴互动中相互促进，在互动共荣中实现自我价值的提升。教师的差异发展和群体发展相辅相成、互动共生。

教师发展学苑的建设是在重新理解教育的过程中，对教师教育改革与基础教育发展在思想与实践上的新探索，是实现教师教育专业化、终身化和一体化的新途径。

（二）教师实践共同体

教师实践共同体是教师基于共同的目标和兴趣组织的、旨在通过合作对话与分享性活动促进教师专业成长的教师团体。"教师实践共同体打破了以往教育者与学习者之间的界限，以共同体的形式将教师聚集在一起，为教师之间的相互交流提供平台……在这个共同体中，所有人地位平等，从而有利于真正形成一种平等合作的对话关系。"（张平，朱鹏，2009）"共享价值观、和谐的同侪关系、教师合作以及去行政化、等级化，是一个群体被当作教师专业学习共同体的核心标准。"（王晓芳，2014）教师实践共同体自20世纪80年代中期以来已成为了教师专业发展的新模式，其发展到今天已相对成熟。作为致力于整体提升与差异发展的教师队伍建设的学校，七中育才对教师实践共同体的理解有其深刻之处。开发具有校本特色的教师发展学苑，其基础首先是建立在对教师实践共同体特征的理解上。

1. 教师实践共同体的本质特征

教师实践共同体建立在对"实践共同体"的理解基础之上，因此，拥有实践共同体具有的基本特征。1887年德国著名社会学家和哲学家滕尼斯在其著作《共同体与社会》中使用"共同体"一词，被公认为是共同体概念进入社会学领域的开端。此时共同体的使用强调人与人之间的紧密关系、共同的精神意识及对共同体的归属感和认同感。随着生产力的发展，人类学家尝试用"实践"来界定共同体。温格（2004）在《情境学习：合法的边缘性参与》一书中提出，"'实践共同体'意味着在一个活动系统中的参与，参与者共享他们对该活动的理解，这种理解与他们所进行的行动、该行动在他们生活中的意义以及对所在共同体的意义有关"。随后，温格对实践共同体进行了深入的、系统的阐述。他认为，一个实践共同体包括了一系列个体共享的、相互明确的实践和信念以及对长时间追求共同利益的理解。总结实践共同体的发展历程可以看出，它的提出最初源于人类学家对非正式学习的关注与研究，共识的领域、共同关注该领域的人以及这些人们为有效获得该领域知识而发展的共同体实践是实践共同体的三个基本要素。而此时，实践共同体的特征除最开始存在的归属感、联结性之外，还拥有共同的历史文化遗产，表现出成员之间的相互依存等特征。作为对实践共同体的理解和引申，教师实践共同体呈现出以下五大特征。

一是自愿性。教师实践共同体是教师自愿参与的群体，只将氛围与情感作为维系共同体成员的纽带。教师之所以加入共同体，并非出于约束或强迫，而完全是因为教师实践共同体能够给教师带来快乐感和幸福感。教师可以因追求快乐与幸福自由地加入教师实践共同体，也可以因失望与不满而自由地退出教师实践共同体。加入教师实践共同体之后，教师个人需要遵守某些游戏规则，但这种游戏规则绝不会以"团队精神"为理由强迫教师做他们不愿意做的事情。在教师实践共同体中，教师之间可以自由地交流知识、信息和经验，共同探讨在教育生活中遇到的困惑和难题。"教师共同体的运行充分体现了'教师赋权'的精神和要求，最大限度地尊重了教师的兴趣、意志和主体性，它能够自我定向、自我控制、自我适应、自我演化，对任何形式的行政控制都保持着高度的警惕。"（周成海 等，2015）

二是联结性。传统的教师组织通常具有一种松散的结构，教师各自为战，自生自灭。联结性意味着教师实践共同体的成员之间打破了孤立和疏离，彼此之间进行密切的交往、互动、对话、协商、合作与分享，构成了一个联系紧密的有机体。它能够让教师走出封闭的小圈子，获得更多样、更广阔、更丰富的专业资源。在教师实践共同体中，互相观摩、合作研究、故事分享、座谈研讨等活动都可以增强共同体的联结性。

三是归属感。归属感是教师实践共同体的情感特征。正如萨乔万尼所言，共同体会使一群个体的"我"转型为集体的"我们"。在教师实践共同体中，成员具有共同的兴趣、喜好、专长与目标，他们对共同体高度认可。对于他们来说，在共同体中有一种家的感觉，教师之间不仅是相识的同事，更是友好的伙伴，他们彼此信任、相互尊重、平等相待、密切合作，共同追求共同体的目标。

四是发展性。任何组织的建立都有其自身的目标。教师实践共同体的建立旨在使生活于其中的每一位教师都能够从与同伴的交流、合作、反思中获得或多或少的灵感与智慧，以便改进自己的教育教学行为，使自身的专业水平得到提高。

五是引领性。教师所加入的教师实践共同体虽然不比形式严密的组织机构，但依然需要"专业引领"，而能够提供"引领"的"专业人员"最好从民间诞生，是从教育田野里诞生的"草根英雄"。教师实践共同体需要维护自由精神，需要时刻警惕共同体内部的霸权与专制倾向。如果缺乏必要的"民间精英"及其"专业引领"，任何教师实践共同体将逐渐蜕化为没有主题、没有精神追求的乌合之众。由此可见，在教师实践共同体中，专业知识丰富、见解深刻、能力突出的"民间精英"的"专业引领"是十分必要的。

2. 教师发展学苑的特性及功能定位

作为教师专业发展的主阵地，教师发展学苑具有浓厚的校本特色，除此之外，学苑的建立与发展也有扎实的理论根基，即对教师实践共同体的研究。共同体是教师发展学苑建立的基础，结合共同体的发展方式、组织形式以及基本特征，七中育才对教师发展学苑的特性作出了如下界定：

一是共同的文化历史传统，包括共同的目标、经过协商而产生的实践模式与价值理念；

二是相互依赖的系统，包括目标相互依赖、资源相互依赖、角色相互依赖、评价相互依赖；

三是老手与新手携手进步，新手成为共同体的一部分；

四是实践性反思，包括实践基础上的反思、反思中的实践和协作交往中的反思。

教师发展学苑建立在教师实践共同体基础之上，因此，其具有共同体所具有的基本属性。作为教师整体发展的组织，其自身的发展特性决定了该组织所应具备的功能属性。结合七中育才教师专业发展的目标，教师发展学苑的功能可作如下定位：

一是保障与维持功能——为每个教师提供学习与发展的平台和机会，

保证每个教师的持续发展；

二是竞争与合作功能——通过评价机制，促进教师之间形成良好的竞争关系，并通过实践共同体，在竞争中合作，在合作中竞争；

三是激励与调节功能——激励每个教师在实践中反思，在反思中实践，从而不断调节自己，促进自身不断成长；

四是平衡与整合功能——兼顾每个教师的需求、意愿和利益，同时将每个教师个体纳入教师成长共同体之中，实现共同发展的目标。

（三）教师发展学苑

教师发展学苑是兼具专业性和特色性的教师专业发展平台。其建立在教师实践共同体基础之上，具有清晰的发展思路以及发展阶段，具备明确的组织架构和实践模式，具有可行的管理机制与评价方式。

1. 教师发展学苑的基本思路

（1）以共同愿景为导向

教师是七中育才持续勃发出活力的源泉，同时也是学校服务的目标。为教师的成长保驾护航，让学校成为教师的精神家园，确保教师收获事业与生活的精彩是七中育才的基本责任。七中育才所期盼的教师应是兼具学科专业知识和人文内涵的双重魅力教师，是能在课堂上游刃有余、开合自如、挥洒灵动、让人如沐春风的教师，是能通过自身优良的人格魅力感染学生的教师。"管理精细、事业精进、生命精彩"成为学校和教师们追求的共同愿景。

为此，一方面，学校强化制度建设，建立相对完善的教学质量保障体系，在保障学生近期目标顺利实现的同时，通过严格的教师管理、教研管理和督导考评等措施，保障教研组、年级组、备课组、结对组等各类教师专业团组实现合作共进，以此精心呵护教师在课堂教学和班主任工作上的专业成长。另一方面，学校完善激励机制，在形成"共同创造、共同承担、共同分享"的管理价值取向和学校"和悦"文化上狠下功夫，加大培训力度，以期促进教师解放，发掘和激发教师最大的创造潜能与自主发展的激情。教师的精神品质、人文情怀、眼界修养以及成功感和幸福感等若获得极大的改变，将有力地保障学校教育教学质量的持续提升。

2007 年，七中育才教师发展学苑正式成立。学苑设置了教育百草苑、教育科研苑、网络空间苑、人文阳光苑四个分苑。四个分苑的设置呼应了学校和教师所追求的"管理精细、事业精进、生命精彩"的共同愿景。学苑对不同层次教师分层设标，由教师自主进行选修与必修的安排。作为学校行政推进教师实践共同体建设的有力补充，教师发展学苑突出了教师自主发展、全员参与、自主管理的特质。

教师发展学苑的建成，标志着学校教师实践共同体建设进入了新时期，标志着学校教师发展走上了良性循环的快车道——从关注教师的专业发展，成就学校基本的教学质量保障，到对教师进行生命关怀，成就教师的专业发展与眼界、修为、情趣、精神世界的扩展与提升；从学校要求教师发展，到教师发展进入自觉、自愿、自主选择的发展新时期。"快乐工作，享受成功，精彩生活"成了七中育才全体教师追求的目标。

（2）以文化改造为生长点

教师的整体性提升并非个体教师专业成长之和，而应是整个教师团队的全方位发展。因此，七中育才在建设教师发展学苑的基本思路上除以共同愿景为导向外，还将教师文化改造作为其生长点，其主要表现为以下两个方面。

①从个人主义文化到合作文化。教师作为一种社会职业，从产生的那一天起便表现出极大的个体性特征。教师们在中国传统文化"独善其身""文人相轻"等理念的熏陶下，受现行教育科层制的制约，个人主义文化一直占据着教师专业发展的核心位置。在个人主义文化中，教师羞于与同事合作并接受同事的批评，教师之间没有合作共事的要求与习惯，而更要求尊重专业自主权、承认个体实践性知识的价值和实现专业的自我发展。因此，个人主义文化下的教师专业发展将教师置于一个相对封闭的工作模式中，使教师几乎没有机会去共享教学经验，阻碍了知识与信息的流通与共享，不利于教师专业知识的积累与再生，也导致了教师必需的批判性和反思性能力的培养存在局限性。同时，个人主义文化使教师难以获得来自外界的感情支撑，职业孤独现象明显。正是由于此类问题的存在，在愈加强调教师专业发展中"主体性""人性化"要素的今天，教师必须要走出个人主义文化的桎梏，形成合作文化。随着教育理念的更新，在教师专业发展中强调教师个体之间的相互合作、协作已成共识，并强调从"专业个人主义"转向"学习共同体"，强调群体内成员之间内在的精神链接，强调共同理想、合作文化的形成。

②从人为合作文化到自然合作文化。人为合作文化是现阶段教师专业发展中最主要的合作形式，它往往是学校行政命令的派生物，而非教师个体自愿自发的合作形式。这种合作方式，由于教师个体的参与积极性不高，难以形成良好的能量流动，其自身的生命力会有所下降，难以达到持续发展的目的。相比较而言，自然合作则是另一种完全不同的合作文化，它往往被用于表达一种在自然状态下形成的合作文化，这种合作并非学校行政命令的产物，而是教师个体之间基于需要、信赖和支持而形成的一个协作关系。教师发展学苑追求的是自然合作文化，意在为教师营造一个资源共享、精神互通、个性自由表达、身心愉悦的生存空间，使教师在协作和共享中找寻自己职业生活的本真意义，达到实现自我、超越自我、提升自我的目的。

（3）以教师自我发展的内在需求与学校发展为契合点

教师专业发展影响着学校的发展，这是所有学校管理者的共识。教师专业发展问题的解决不是一蹴而就的，需要管理者集中学校的整体优势分析出薄弱环节，需汇集管理技术、信息科技进行资源整合，需借助外援对教师专业发展中的现实问题进行解读。因此，教师发展学苑更应成为学校教师专业发展的倡导者、促进者和引领者。一方面，学校应为教师创设教育教学的良好环境，给予教师一定的物质待遇，满足教师最基本的生存需要。另一方面，需合理缓解教师的压力，消除其工作中的困惑，满足教师被爱与尊重的需要；帮助教师查找裹足不前的原因，让他们在实践中不断积累，满足其认知、审美的需要；更为重要的是真诚地把教师当作学校的主人，在推进学校发展的过程中促进教师专业成长，满足他们自我实现的需要。

（4）以教师的实践问题为基础

教师自身在日常教育教学工作中应如何发展？教师的专业发展需具有什么知识基础？为什么教师学了教育学、心理学，却还是不会教书？教师如何提高自我专业发展的意识和能力？这些问题是探讨的焦点。

教师发展学苑开展的活动内容并不完全固定，可根据教师发展与学校工作的实际需要不断地动态生成。教师的专业发展是一个动态的生成过程，随着课程的变化、教育对象的不同以及社会的发展而变化。根据学校发展的实际情况，四个分苑，又可动态生成很多小分苑。学苑的开放与多元为教师的发展提供了广阔的思维创造空间。

（5）以实践参与中的身份认同为标志

教师发展学苑强调教师在学校中的主体地位。教师作为学校的主人，通过专业发展，参与学校对自身的管理。因此，这是一个教师自主发展、全员参与、自主管理的学苑。每学期初，教师发展学苑都会为教师提供本学期的活动清单，教师则根据自身的情况，确定参与内容和参与方式。教师通过对自我的管理，以主人翁的身份参与到教师发展学苑的每项活动中，这无疑是对教师身份的认同。

（6）开辟新的教育空间和形式

随着教育技术的不断发展，七中育才始终与时俱进，为教师们的专业成长开发新的教育空间和形式。如七中育才申报了锦江区第一批素质教育基地项目——办好网班、云班、国际英才班等资优生培养基地。近年来，学校着眼于科学发展观，进一步明确办学理念，借着锦江区深入推进素质教育的春风，学校结合自身传统优势项目，提出了自己努力的方向——侧重资优生的培养，也因此申报了锦江区第一批资优生培养素质教育基地项目。

2. 教师发展学苑的探索与发展

基于学校对教师专业成长的培养目标，教师发展学苑的建立经历了长时间的探索，并在模式转变的基础上实现了长足发展。

（1）教师发展学苑的探索

学校应该是师生共同经历生命成长的场所。没有教师生命质量的提升，就很难有教育质量的提高；没有教师的主动发展，就很难有学生的主动发展；没有教师的创新意识，就很难有学生的创造精神。可见，学生的发展与教师自身的成长有着密不可分的关系。因此，七中育才追求的育人，是"育己"后的"育人"。2007年7月，七中育才在校本培训方面创造性地创建了"教师发展学苑"，致力于为教师在职业道德素养、教育教学能力、教育研究能力等方面的进一步发展提供一个更广阔的空间，搭建一个更高的平台。学校希望每一位育才教师在"学苑"这个共同体中得到专业的成长、思想的提升、品位的提高。

（2）教师发展学苑的模式演变

教师发展学苑在摸索中前进，期间经历了组织、内容、形式和时间等多方面的改变，最终形成了相对稳定的学苑模式。

①组织的改变。在成立教师发展学苑之前，教师的专业培训都是教研

组一力承担，对教师生活的关怀都是由工会承办。而学苑成立之后，对教师的专业培训和生活关怀除了教研组、工会外又多了一个组织。教师发展学苑下设四个分苑——教育百草苑、教育科研苑、网络空间苑、人文阳光苑，在分苑之下，又可动态生成很多小分苑，如墨香流韵苑、品味经典苑、巧手慧心苑等。"苑"的设置和每一阶段开展的活动并不完全固定，可根据教师的发展与学校工作的实际需要不断地动态生成。"学苑"这个共同体的组织特性具有较强的"民间色彩""民主色彩"，而且每位教师在这个组织的四个分苑中总能找到适合自己发展或展示的平台，故教师们对"学苑"的认同感更强。组织的改变，让教师们多了一个集体，多了一份关爱。

②内容的改变。由于时间、人力、组织等因素的限制，教研组的培训更多侧重于学科知识与素养等方面，但对课题研究、小专题研究、教育教学技能培训等方面则几乎是空白。教师发展学苑的建立，使得教师专业培训的范围更广，内容更充实，逐步实现着教师的业务发展与教师生活、生命状态的共同提升。

学苑的培训工作强调教师作为主体人的一般发展与作为职业人的专业化发展相结合，既有专业知识的培训，又有人文素养的提升。以往的教师培训主要是教学技能培训，教师是被动参与的，而教师发展学苑则兼具教育教学技能培训和大量与教师生活密切相关且能提升教师情趣爱好、生活质量的培训，它强调教师的自主参与。以下是七中育才 2015 学年上学期教师发展学苑工作清单。（见表 7-5）

通过这些内容丰富、形式多样的培训，教师们获得了更为丰富、扎实的专业引领以及更为广阔的发展空间和更高的成长平台。

③形式和时间的改变。由于组织的改变，教师的专业发展和培训不仅在内容上有变化，在时间和形式上也有相应的改变。时间上除了以前一周一次的教研活动，还有周三教师发展学苑的培训或讲座及偶尔周末进行的丰富业余生活的骑游活动等；形式上除了讲座，还有座谈、沙龙、户外活动等。

表 7-5 七中育才 2015 学年上学期教师发展学苑工作清单

时段	必 修				选 修			
	主题	学分	参与者	责任人	主题	学分	参与者	责任人
三月	深度教学之导学策略（李松林）	15分	全体	总苑	团队协作拓展	10分	青年教师	教育百草苑
	深度教学之教材研读（一）	15分	青年教师	教育科研苑	小专题交流	10分	全体	教育科研苑
	在《卓尔报》《育才苑》《育才科研》上发表文章	15分	全体	施琪	登录成都市七中育才中学资源网上传资料及网上学习	10分	全体	人文阳光苑
	市级及以上论文获奖	20分	全体		教学技能培训（一）	10分	青年教师	网络空间苑
四月	深度教学之中考试题研究	15分	全体	总苑	登录成都市七中育才中学资源网上传资料及网上学习	10分	全体	教育百草苑
	深度教学之教材研读（二）	15分	青年教师	教育百草苑	登录成都市七中育才中学资源网上传资料及网上学习	10分	青年教师	教育科研苑
	校级及以上会议交流、专题讲座	30分	全体	施琪	社团活动：羽协	10分	全体	人文阳光苑
	省级及以上核心期刊上发表文章	40分	全体		教学技能培训（二）	10分	青年教师	网络空间苑

续表

时段	必 修				选 修			
	主题	学分	参与者	责任人	主题	学分	参与者	责任人
五月	深度教学之实践交流（一）：任务设计	15分	全体	总苑	社团活动：书虫	10分	全体	教育百草苑
	心理按摩课程	15分	全体	人文阳光苑	登录成都市七中育才中学资源网上传资料及网上学习	10分	全体	教育科研苑
	国家、省、市、区级示范课、赛课	30分	全体	施琪	社团活动：健身操	10分	全体	人文阳光苑
	登录成都市七中育才中学资源网上传资料及网上学习	15分	青年教师	教育百草苑	教学技能大赛	10分	青年教师	教育百草苑
六月	深度教学之实践交流（二）：方法引导	15分	青年教师	人文阳光苑	社团活动：英雄联盟	10分	全体	网络空间苑
	小专题结题报告写作指导	15分	青年教师	教育科研苑	登录成都市七中育才中学资源网上传资料及网上学习	10分	全体	教育科研苑
	区级课题	30分	全体		社团活动：美食家联盟	10分	全体	网络空间苑

续表

时段	必　修				选　修			
	主题	学分	参与者	责任人	主题	学分	参与者	责任人
六月	市级课题	50分	全体	教育科研苑	登录成都市七中育才中学资源网上传资料及网上学习	10分	全体	教育科研苑
	省级课题	60分						

注：①成都市七中育才中学资源网地址：http：//zy. cdjjdu. nt/cdqzyczy。

　　②学分：每位青年教师达到必修100分、选修100分，其他教师达到必修80分，选修80分。

　　③教师的活动情况与教研组评优、继续教育达标等密切相关。

3. 教师发展学苑的组织架构

教师发展学苑由总苑长牵头，开设四个分苑：教育百草苑、教育科研苑、网络空间苑、人文阳光苑。分苑长由自荐和推荐产生的一线教师担任，他们分别负责各个苑活动的设计、策划、组织和实施等工作。根据学校发展的实际情况，分苑下又动态生成很多小分苑。（见图7-2）

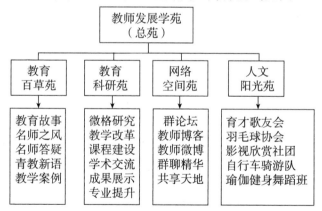

图7-2　教师发展学苑组织架构图

（1）教育百草苑——教师心理教育能力与专业素养的提升

教育百草苑负责策划、组织教师的基本技能培训，如普通话、书法、听说备课、白板使用、课件制作、试卷编制等，使教师的基本素质能够得到长期持久的培养；负责策划、组织教师心理健康知识的培训，帮助教师获得心理教育的能力，促进其将自身的优秀素质转化为学生的素质，从而有效地培养学生的心理素质，提高学生的心理机能，开发学生的个性心理潜能；负责青年教师成长的相关工作，使老教师的教育教学经验能够成为青年教师成长的源头活水，促进教师专业素养达到成熟，形成培养教师专业化的模式和机制。

（2）教育科研苑——教师科研能力现状调查及教科研专业知识发展

教育科研苑主要负责开展学术、科研探讨活动；策划、组织教师个人的教育教学理念的撰写与个人书籍的出版等；策划校本教材的研发，使教师的教育教学工作能够真正体现出教学思想；策划、组织教师的论文、教育故事的撰写、评比工作；协助学校学科带头人和教学能手确定课题，进行小课题带题研修。

（3）网络空间苑——提高教师信息技术素养，推动网络教育教学的研究

网络空间苑主要负责搜集整理、共享交流在日常教学生活中不经意又充满智慧之光的小故事、小经验，以及上课的片段或教学设计中让人感动的瞬间；共享教学和班主任工作资料；推出名师，培养名师；展示教师的教育思想、教育理念为大家的生活服务，让彼此增进了解，互相帮助，增进感情。如在QQ群、博客中，大家可以就汽车、房产、股票、医疗、育儿、旅游、美食、化妆美容、购物等方面进行交流，也可以借此发布各类求助信息，通过回帖得到帮助等。

（4）人文阳光苑——教师人文素养提升

人文阳光苑负责策划、组织教师开展文体活动。在学校目前已有的活动小组（足球队、篮球队、乒乓球队、合唱队、舞蹈队、毽球队）的基础上，还成立了育才歌友会、羽毛球协会、影视欣赏社团、自行车骑游队、瑜伽健身舞蹈班……教师的课余生活真正形成了"谁持彩练当空舞"的多彩意境。从"优秀"走向"优雅"，育才教师在专业发展和成长的道路上将走得更远。

4. 教师发展学苑的实践模式——"自主式"择训

为了体现个性化需要，教师发展学苑采取"自主式"择训，使教师们真正做到学有所用。"自主式"择训，是指教师们结合自身发展和岗位需要，按照统一提供的培训备选课程，自主选择适合自己的培训项目的一种

新的培训方式。"自主式"择训满足了不同层次、不同类型的教师进行个性化、多样化学习的需要。

教师发展学苑为每位教师提供了《教师发展学苑活动指南》，教师认真阅读后，明确参与方式。每学期开学时，教师发展学苑会根据学校的实际情况，提供本期活动清单，教师则根据自身专业发展的基本要求和实际情况，选择课程，确定自己的参与内容和参与方式。

除了学苑可提供的课程之外，教师还可以根据自己在教育、教学、教研、生活等方面的特长向学苑提出开设课程的申请，如开办个人讲座、组织沙龙活动、创建教师民间团体等。

采用"自主式"择训的方式，较好地克服了培训方式中内容不够丰富、方式不够灵活、效果不够明显的问题。自主选择培训课程，实现了对培训的普遍需要和个人特殊需要的有机结合，有效地避免了传统培训方式"一刀切"的现象，达到了"需要什么学什么，缺少什么补什么"的效果，激发了教师学习的内在动力；自我创建培训课程，为教师搭建了发展和展示的平台，最大限度地利用了校内资源，调动了教师自我发展的积极性和主动性，拓展了教师自我培养的空间。

5. 教师发展学苑的运行机制

根据七中育才对教师培养的基本目标以及教师发展学苑的组织架构和实践模式，学苑制订了一套具有育才特色的运行机制，其运行方式以及管理机制都充分体现出教师培养的自主选择性和合作交流的和谐关系。

（1）运行方式——从自主选择到综合评价

教师发展学苑的运行程序可总结为下面几个环节。（见图7-3）

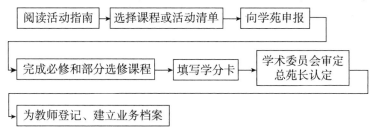

图7-3 教师发展学苑运行方式示意图

每学期初，教师发展学苑为教师提供本期的活动清单，教师根据自己的情况，确定参与内容和参与方式。学苑采用学分制，对教师的参与情况进行评价。学分分为必修学分和选修学分，不同类型的教师需要完成的学分各不相同。

　　教师发展学苑为每位教师建立业务档案。教师每参加完一项活动，就可以填写积分卡，登记建档，形成"随时完成、随时登记、随时建档"的动态管理模式（见表7-6）。这样的方式更加关注教师的成长过程，在过程中实施综合性评价，有利于教师在成长的同时不断进行反思、总结，从而促进教师素质的全面提升。

表7-6　教师发展学苑学员发展积分卡

发展过程积分卡　　　　　　　　　　　　　　　　　　2011—2012 学年

序号	时间	地点	分苑	主题	积分	主持人签字	分苑长签字	备　注
1								
2								
3								

发展成果积分卡　　　　　　　　　　　　　　　　　　2007—2008 学年

序号	获奖项目	获奖名称	获奖等级	获奖时间	颁奖单位	积分	备　注
1							
2							
3							

积分细则：

　　①教师发展学苑学员发展积分卡分为发展过程积分和发展成果积分两部分。其中，发展过程积分是指参加各种形式的学习、研究等活动的表现。

　　②发展过程积分每次活动具体积分办法解释权归当次活动主持人和分苑长。学员积分由每次活动主持人和分苑长审核签字生效。

　　③发展成果积分。发表文章、会议交流、上研究展示课等按级别积分，校、区、市、省、国家级分别为10、15、20、25、30分。

　　④积分奖励。每学期举行一次积分评比，学分完成情况将纳入教师的目标考核，作为评先、晋级、调资和职评的依据。

　　（2）管理机制——自主管理

　　教师发展学苑不是纯粹的学校行政机构，而是实行教师自主管理。发展学苑由总苑长牵头。为了便于学苑活动的开展，学校还成立了以下组织。

教师发展学苑指导小组——全面协调、统筹、服务各项教师发展活动，包括制度、经费、场地的保障等。其成员主要由学校行政领导组成。

教师发展学苑学术委员会——参与和制定教师发展学苑各项重大决策，为教师发展学苑开展的活动提供决策意见。该委员会主要由学校优秀教师和骨干教师组成。

教师发展学苑顾问委员会——为教师发展学苑的建设和发展提供咨询和建议，并参与学苑的一些大型研讨和教育活动，对教师的专业化发展提供指导性的建议和意见。委员会成员主要由学校校长和知名教育专家组成。

（3）评价机制——学分制评价

教师发展学苑采用学分制对教师参与情况进行评价。学分分为必修学分和选修学分，不同类型的教师应完成的学分不同。（见表7-7）

表7-7　教师发展学苑学分一览表

类别	总分		教学百草苑		教育科研苑		网络空间苑		人文阳光苑
	必修	选修	必修	选修	必修	选修	必修	选修	选修
A 组	50	20	20	自愿	20	自愿	10	自愿	自愿
B 组	60	30	30	自愿	20	自愿	10	自愿	自愿
C 组	90	30	50	自愿	20	自愿	20	自愿	自愿
D 组		30		自愿		自愿		自愿	自愿

注：表中分值均为教师必须完成的最低学分。

A 组（50 岁以上老教师）：必修 50 分，选修 20 分；

B 组（在七中育才工作 3 年以上，50 岁以下的教师）：必修 60 分，选修 30 分；

C 组（新分配进入七中育才工作未满 3 年的大学生和新调入七中育才工作未满 2 年的教师）：必修 90 分，选修 30 分；

D 组（职员）：选修 30 分。

6. 教师发展学苑的发展成效与反思

自 2007 年教师发展学苑运行以来，学苑一直在实践中前行，获得了一些成绩，同时也有很多不足需要加以改进。

（1）教师发展学苑的显著成绩

教师发展学苑结合"整体提升与差异发展"的教师队伍培养思路，在名师培养和优质教师队伍打造等方面颇有成效。

①教师发展学苑促进了名师的挖掘、培养。随着教师发展学苑工作的开展，学校涌现出了一大批高素质的优秀教师，他们的教育教学水平较同行有大幅度提升。学校现有特级教师3人，市学科带头人6人，市优秀青年教师10人，省市教育学会理事及中心组成人员9人，高级教师72人。仅近几年，就有30余位教师获得了全国青年教师赛课一等奖，居全省市学校第一。每年学校受邀进行国家级、省级、市级的献课、讲座的教师多达上百人次。除此之外，学校的课题研究在近几年也取得了较大的进步，获得国家级、省级课题成果一等奖若干。

②教师实践共同体促进了青年教师的自我成长。近三年来，七中育才新分配及新引进教师共42人，其中22人参与班主任工作，42人参与九年级教学工作。在三年的成长期内，新教师们不断进步，其中9人获赛课大赛一等奖，5人获赛课大赛二、三等奖，9人论文获国家级、省市级一等奖，15人论文获国家级、省市级二、三等奖，4人获青年优秀教师称号，6人获优秀青年班主任称号，18人获校级以上"教学新星"的称号，33人获校级及以上其他奖励。这些获奖的青年教师占全校青年教师总人数的43%。由此可见，青年教师的成长十分迅速。

③打造了一支"会教学、教好学"的教师队伍。在教师发展学苑这个共同体中，教师们在各个方面都得到了长足发展。七中育才打造了一批全面发展的具有高素质的优秀教师。从近三年的中考成绩来看，本校分别以87.6%、85.7%、86.5%的重点率遥遥领先于其他同类学校，获区教育局奖励的教师多达80人，占全校教师总人数的40%。近三年来，经数学教师指导参与全国数学竞赛并获一等奖的学生有72人，获二、三等奖的学生有200多人；以唯一一所初中学校身份参加的高中物理竞赛——全国物理泛珠三角高中物理竞赛中，经物理教师的精心指导，近三年来获一等奖的学生有5人，获二、三等奖的学生有45人；此外，在教师指导下参加的省市各类文体活动中，管弦乐队曾到各个国家参与演出，3次获得金奖，校篮球队获得市级前三名，校排球队连年获得市级冠军，校心理社编排的心理剧获全国一等奖，学生合唱团多次获市级一等奖，计算机大赛获一等奖的有近百人。

（2）关于教师发展学苑的反思

①各学苑活动设计仍需进一步调整和完善。教师发展学苑现设四个分苑，功能明确，涵盖面广，但仍然存在缺陷，如各分苑长的活动设计和思

考带有较强的主观性和个人色彩，不能更好、更全面地满足教师发展的各种需求，使教师全方位发展服务的功能受限。

②分层管理模式仍需强化。在教师发展学苑的管理模式上，对各级各类教师成长目标的设定和实现目标期间的过程管理应有针对性。目前实际沿用的以教龄和校龄作为分类标准，虽操作方便但不够科学合理，不足以满足全体教师的需要和推动教师的发展。

③部分中老年教师的发展出现高原现象。教师发展学苑的开设能有效地促进青年教师的成长，但就其管理和运行方式而言，仍不能有效解决极少数已经取得高级职称的教师安于现状、不思进取的问题。

④对社会资源的利用仍不足。教师发展学苑已在部分分苑逐步引进各类社会资源，并将其加入到教师培训中，如白板培训、诗歌讲座等，但涉及的内容不够广阔，资源利用形式也较单一，特别是网络空间苑的建设。随着时代的发展，社会对教师综合素养的要求不断提高，这使得网络空间苑的功能变得日趋重要，仅靠学校组织机构和人员调配难以保障该苑高效运行和提供高质量的服务。

六、成效：在差异中实现整体提升

七中育才在重视学生发展的同时为教师的专业成长提供了高质量的平台。以建设具有人格与学术双重魅力的教师队伍为目标，将整体提升与差异发展作为培养思路，结合学校教师实际情况设置分类培养课程体系，在教师发展学苑这样一个促进教师专业成长的主阵地中，育才教师专业发展体现出了从差异中实现整体提升的显著成效。

（一）形成了一套有活力的教师专业发展制度

七中育才具有校本特色的教师培养模式，为不同类别和层次的教师开辟了自主选择的路径，从新教师到名师，从专业发展的内环到外环，通过实践到反思再到实践的过程，形成了一套多层次、全方位、有活力的教师专业发展制度。

1. 实现了教师的分层培养

七中育才教师组成复杂，包括老中青三代风格完全不同的教师。为促进所有教师的专业发展，教师发展学苑根据教师的不同学历、资历和教育能力，实行分层培养。

（1）新教师的培养

七中育才将新教师划分为两种，分别是应届毕业工作未满3年的新分配教师和有经验但在七中育才工作未满2年的新引进教师。针对新教师缺乏经验的现状，学校设计了一系列的培养方案。一是每周一次，一般每学期10~12次的新教师培训，培训内容包括电子白板培训、普通话培训、班主任培训等常规教学培训；二是实施"师徒结对活动"，为每一位新教师配一位经验丰富的老教师，在老教师的带领下，不断熟悉教学常规；三是制订一份新教师三年成长规划，每个期末通过学期工作总结来自评本学期工作情况；四是建立新教师业务成长档案，狠抓教学常规，通过"备课与上课、听课与评课、作业与辅导"等专题实习，鼓励教师做一个教学实践的反思者。

（2）青年教师的培养

七中育才共有教师200多人，其中，30岁到45岁的青年教师占了一大部分。他们不仅综合素质较高，而且年轻具有活力。为使他们突破自身发展的瓶颈，在教学上升格，学校对他们进行了"升格培养"。根据青年教师积极进取的特点，学校开展了"文化沙龙""网络论坛"等活动。

（3）名师培养

虽然七中育才不缺乏个性鲜明的名师，但是学校也把对具有现代教育思想观念和个性化教学风格的教师的培养作为提升学校教育品质的核心内容。

2. 铺设了专业发展的 "三环路"

教师专业发展，尤其是在职教师的专业成长过程如若内容丰富、范围广阔，其实质上可构成一门隐性课程，这门课程将对学生也产生潜移默化的影响，无论是对基础教育课程改革的顺利推进，还是对学生的健康成长，都将具有重要的现实意义。为此，七中育才对教师有计划、有步骤地实行了全方位的培训，为教师专业发展铺设了"三环路"，以实现教师学术力发展的真正突破。

（1）外环——历练教学基本功

七中育才针对全校教师特别是青年教师，组织开展了各种教学基本功培训，主要包括五个方面。

①规范教案编写，确保课前准备完善。教师发展学苑除规范教案的相关编写细节之外，还邀请教务处主任开设了"如何编写教案"的专题讲座。

②清晰备课环节，确保课前准备有效。教师发展学苑针对"如何备课"开展了一系列的讲座。

③锤炼上课语言，确保课堂教学精讲。为提升教师的语言能力，教师发展学苑诚邀学校中语言表达丰富、课堂效果好、学生欢迎的教师为大家讲授和示范教师课堂教学语言。

④培训现代技术，辅助优化课堂教学。教务处和教育百草苑邀请专家分几轮对教师进行了培训，包括：全体教师集体培训、教研组分组培训、新教师专题培训。

⑤微格评课，精雕教学每个环节。教师发展学苑采用微格评课的方式帮助教师诊断课堂，通过录像定格、回放，对教师的某些具有代表性的教学情境，用教育教学理论作出有针对性的具体评价与诊断，以此来促进教师教学水平的提升。

（2）中环——锤炼教学实践力

教师发展学苑为了全面提升教师专业发展的水平，以多种方式和途径加强教师的教学实践力，主要方式如下。

①"说课"培训，促教师对有效课堂的理解。说课要求教师不仅能讲出怎样教，还能说出学生应怎样学。说课能让教师们明确深入钻研教材及学生的重要性，并在此基础上理清教学的思路和环节，使得课堂效益得以提升。

②"试题命制"培训，促教师对教学重点的把握。教师发展学苑邀请经验丰富的教师对其他教师进行"试题命制"培训。根据分步骤完善试题的方式，从实际出发，站在理论的高度，经过一系列常规的教学培训，提高教师对教学重点内容的理解力。

③通过带题研修，促教师科研水平的提高。教育科研苑邀请课题研究专家、教研组长、备课组长及参与课题研究的教师作"如何做好学校课题研究"的系列讲座。讲座分享了研究案例，鼓励教师们从课堂教学中、教材中、教学内容中、日常工作中去寻找困惑，挖掘问题，恰当归因，形成课题。

④通过见习班主任，促教师教育管理能力的提升。教师发展学苑建立

了见习班主任制度，以此来提高青年教师管理班级、组织活动等相关的能力。

⑤建立教师博客，促教师沟通能力的提升。网络空间苑提出"让教育充满思想，让生命承载希望"的理念，以教师个人博客和班级博客的形式展现教师们的教育思想和人格魅力。

⑥创办《育才苑》，促进教师理论水平的提升。教师发展学苑创办了一份特别的刊物——《育才苑》。在这本期刊中，学校加大了教育科研的力度，深化了课堂有效性的研究，使教师体验到课堂是生命的交往和对话，不断拓展教师思想内层的深度和广度，从而让育才教师在自我研读、自我总结中内化能力，提升学术水平。

（3）内环——提升教育感染力

七中育才所期盼的教师不仅是一个有着丰富学科知识的教书匠，更应该是一个有着丰厚人文内涵、先进教育思想且能通过自己优良的人格魅力去感染学生的教育者。为此，教师发展学苑开展了一系列丰富多彩的活动，以达到通过提升教师人文素养促进其学术力提高的目的。如普通话比赛、教师版育才讲坛、教师节摄影展、衣巧衫靓添风采活动等。人文阳光苑还成立了教师活动协会，如教师羽毛球协会、自行车骑游队、卡拉OK歌友会、影视欣赏社团等。这些活动有力地丰富了教师们的人文情怀，有效地保障了教师学术力的提升。

（二）构架了专业发展的"三维空间"

教师发展学苑为教师发展搭建了一个立体的三维空间：学习空间、实践空间及展示空间。三维空间的搭建拓宽了教师们的视野和知识面，提升了教师专业发展的能力。

1. 学习空间——调整式学习

如何更好地为教师开辟学习空间，使教师学术力得到持之以恒的发展，一直是教师发展学苑在反思的问题。只要教师处于发展变化之中，学苑的活动就不能一成不变。为此，每一学年，教师发展学苑各分苑都会在充分地调查、了解教师的实际需求后作出动态的调整。如：针对新教师开展的电子白板培训、班主任培训、教学常规培训等；针对全校教师的"如何做好小专题"的培训，每月开展的学科活动月，邀请教学论专家和学科教学专家进行的讲座沙龙，每周一次的教师讲坛以及定期向教师推荐学习书目并定期组织读书汇报和"中国梦"党员专题知识学习等。这些不同形式和内容的学习，都有效地引导了教师自觉践行学习型人生。

2. 实践空间——多样化实践

教师成长的基础是教师的教育实践。常规的课堂教学实践包括：每学期一堂发现教学展示课、青年教师公开赛课，每节课制作一个电子教学课件，每学期一篇教育叙事故事，每学期一篇数字故事，研修一本教育实践或教育理论著作。教师发展学苑运行后，学校开设了更为丰富多样的选修课、活动课，如育才讲坛、演讲与口才、戏剧欣赏、看法说法、物理小制作、广告英语、奥运英语、动感英语、历史探谜、趣味数学、趣味心理学、科创发明、探索生命、电子制作、空模和海模、棋类、艺术体操及舞蹈、美术和书法、硬笔书法、合唱团、十字绣、女工制作、中国文化之旅、国学鉴赏、文学影像沙龙等。多样化的活动课为教师们开辟了广阔的实践空间。

3. 展示空间——交流性展示

教师发展学苑成立以来，学苑在不断地思考——如何让教师能够展示学术力提升带来的成果？为此，教师发展学苑的做法是：在交流中反思，在学习中提高。通过文章发表、书籍出版彰显教师已有的学术力，进而促成教师学术力的再提升。

教师发展学苑创办了七中育才的教师杂志《育才苑》。除此之外，学苑还组织教师编写出不少具有价值的书籍，如《教师发展学苑活动指南》《教师成长指南》以及教师教育故事系列之《爱你让我如此幸福》《阳光下的歌谣》《课堂教学改革与创新》等。

（三）营造了一种协商、合作的教师文化

精彩生活是教师发展的最终目的。教师发展学苑是一个教师自主发展、全员参与、自主管理的学苑。在学苑中，教师们自主设计了四个分苑。教育百草苑主要帮助教师提高和扩展教育教学的基本技能；教育科研苑重在开展学术、科研活动，提高教师的学术能力；网络空间苑则既是教师们虚拟的交流平台，又是其学习网络技能的地方；人文阳光苑围绕阅

读、书法、音乐等鉴赏活动，让教师关注人文艺术，提升自身的人文修养，同时组织教师开展文体活动，保障教师们的身心健康。每个分苑的苑长都是由一线教师通过自荐或推荐的方式产生的，因此，不管是从管理还是活动设计上，教师发展学苑都体现出了协商、合作的教师文化。

一个学校的教师，是共同工作的一群人的集合，更应该是一个拥有共同精神内核的集体。教师在其中应该有共同的追求、相互的认同甚至相似的生命状态，这样的集体才是理想的、有活力的、强大的共同体。基于教师实践共同体的教师发展学苑，无疑促使七中育才成为了这样一个集体。

参 考 文 献

白月桥.1999.素质教育课程体系构建的基本原则［J］.首都师范大学学报（社会科学版）（2）：16.

柏格森.1989.创造进化论［M］.王珍丽，等，译.长沙：湖南人民出版社：4.

波兰尼.2000.个人知识：迈向后批判哲学［M］.许泽民，译.贵阳：贵州人民出版社：192.

波斯纳.2007.课程分析［M］.仇光鹏，等，译.上海：华东师范大学出版社：78.

蔡春.2009.语文教学刍议［J］.中国教育学刊（10）：33－35.

程向阳.2006.学生差异资源的教育教学价值初探［J］.教育研究（2）：60－63.

杜威.2010.我们如何思维［M］.伍中友，译.北京：新华出版社：114.

郭元祥.2009.知识的性质、结构与深度教学［J］.课程·教材·教法（11）：17－20.

赫钦斯.1980.现代西方资产阶级教育思想流派论著选：普通教育［M］.华东师范大学教育系，杭州大学教育系，编译.北京：人民教育出版社：201.

黄甫全.2001.试论信息技术与课程整合的实质及基本原理［J］.教育研究（9）：58－59.

黄贵.2005.试论交互式课堂教学模式［J］.池州师专学报（2）：124－129.

鞠建峰.2007.打造优势学科群构筑高校创新体系［J］.淮阴师范学院教育科学论坛（3）：18.

李白桦，刘德山，孙美乔.2010.信息技术教学论课程群建设研究［J］.辽宁师范大学学报（社会科学版）（5）：62.

李方.2001.一般教学模式与学科教学模式［J］.课程·教材·教法（5）：21－26.

李李.2007.高中作文教学序列的研究［D］.上海：华东师范大学：19.

李庭芗.1983.英语教学法［M］.北京：高等教育出版社：33.

龙春阳.2010.课程群建设：高校课程教学改革的路径选择［J］.现代教育科学（3）：139.

鲁洁，王逢贤.2000.德育新论［M］.南京：江苏教育出版社：93－94.

任佳.2011."4R"理论在高教英语教学中的应用研究［J］.湖北经济学院学报（人文社会科学版）（10）：189－190.

邵巧治.2012.尊重写作本相 夯实写作基础：对台湾地区中小学课程纲要中语文写作能力规定解读［J］.福建基础教育研究（6）：16－17.

石中英.2001.知识转型与教育变革［M］.北京：教育科学出版社：7.

苏霍姆林斯基.1984.给教师的建议［M］.杜殿坤，编译.北京：教育科学出版社：494.

王伟廉.1997.高校课程体系现代化的基本特征［J］.上海高教研究（4）：7－10.

王晓芳.2014.什么样的"共同体"可以称作教师专业学习共同体［J］.教师教育研究（4）：16－17.

温格.2004.情境学习：合法的边缘性参与［M］.王文静，译.上海：华东师范大学出版社：45.

夏正江.2007.简析文化回应性教学［J］.全球教育展望（3）：43.

谢地坤.2003.走向精神科学之路［M］.南京：江苏人民出版社：76.

叶澜.2006."新基础教育"论：关于当代中国学校变革的探究与认识［M］.北京：教育科学出版社：319.

叶澜.2000.教育理论与学校实践［M］.北京：高等教育出版社：136.

叶黎明.2012.写作教学内容新论［M］.上海：上海教育出版社：5.

于桂菊.2012.如何实施农村中学作文教学序列化研究［J］.中国科教创新导刊（4）：46.

张华.2002.课程与教学论［M］.上海：上海教育出版社：103.

张华.2001.综合实践活动课程：理念与框架［J］.教育发展研究（1）：44－47.

张华龙.2008.体悟教育研究［D］.兰州：西北师范大学：35.

张平，朱鹏.2009.教师实践共同体：教师专业发展新视角［J］.教师教育研究（2）：57.

赵金祥.2006.课程模块化教学和考核方法的探讨［J］.浙江交通职业技术学院学报（1）：26－27.

钟启泉，崔允漷，张华.2001.为了中华民族的复兴 为了每位学生的发展：《基础教育课程改革纲要（试行）》解读［M］.上海：华东师范大学出版社：4.

周成海，衣庆泳.2015.专业共同体：教师发展的组织基础［J］.教育科学（1）：49.

朱汝葵.2011.学科教学论课程群建设与立体化教学相结合提高教学质量的探索：以化学教学论为例［J］.高教论坛（2）：28.

附件：项目成员单位的组成

首席专家：裴娣娜
核心成员：

（1）来自 15 所高校及科研单位：

刘志军　张红霞　王振存（河南大学）；

项贤明（中国人民大学）；

劳凯声　孟繁华　张景斌　林培英　张　菁　吴晗清（首都师范大学）；

鲍东明　郑　葳　郭　华　桑国元　梁　威　綦春霞　刘夏蓓
李春密　王　蕾　俞子恩　王鸣迪（北京师范大学）；

王祖浩（华东师范大学）；

宋乃庆（西南大学）；

李松林（四川师范大学）；

郝京华（南京师范大学）；

邬志辉　秦玉友（东北师范大学）；

杨旭东（中国传媒大学）；

戴忠信（华北电力大学）；

李伟健　周跃良　张维忠　钱旭升　李润洲　李　伟　周国华
周晓燕　潘　涌　王国均　童志斌　朱　哲　杨光伟　唐恒钧
陈碧芬　陈秉初　黄　晓　林新事　蔡志良　郑流爱　李云星
陈伟强　张丽霞　夏洪文　龚　伟（浙江师范大学）；

刘　力（浙江大学）；

孙智昌　郑庆贤　杨　清（中国教育科学研究院）；

王　漫　许　艳（北京教育学院）。

（2）来自 16 个省市教育行政部门：

韩　平　方红峰　任学宝（浙江省）；

李　奕　桑锦龙　杨德军　马　可　李　政　江　峰　黄晓玲（北京市）；

陆云泉　吴颖惠　李艳莹（北京市海淀区）；

肖　汶　王　彪　王月胜　陆志望（北京市朝阳区）；

冯洪荣　周玉玲（北京市东城区）；

李永生　李东梅　白丰莲　刁致力（北京市门头沟区）；

吴海乐　贺　慧（成都市锦江区）；

刘子科　荆　华　孙岩梅　徐文虹　齐　华　石明晶（郑州市二七区）；

李开海　熊　瑛　谢桂华（四川阿坝藏族羌族自治州理县）；

张力鸣（宁波市）；

王幸平（嘉兴市）；

贺晓敏　丁初效　李建忠　鲍国潮　范信子（绍兴市）；

金毅伟（湖州市）；

戴冠福（台州市）；

朱福金（衢州市）；

范寿仁（丽水市）。

（3）中小学校长（来自100所中小学）：

来自北京（21所）：

王殿军　刘沪　郭　涵　尹　超　刘　畅　景小霞　窦桂梅　王　群
袁　靖　田树林　张德庆　曲建华　刘国雄　蒋立红　赵　欣　刘　飞
陈立华　齐振军　祖雪媛　付晓洁　于冬云

来自上海（1所）：

张志敏

来自成都（8所）：

胡文武　何伦忠　阳　波　赵万华　刘　娟　秦　梅　张　璇　蒲春燕

来自郑州二七区（7所）：

李　琳　郭军英　张艳丽　冯　华　张卫东　贾　勇　王任峰

来自浙江省（48所）：

其中，42所省高中课改实验基地校（第二届）成员：

叶翠微　吴金炉　周　斌　申屠永庆　尚　可　邱　锋　周千红　吴国平
李永培　袁湛江　杨亢尔　孙国虎　陆炳荣　卢　明　赵其刚　黄丽君
陆国民　朱建民　周国平　何通海　周生民　傅美华　王新伟　邓加富
张增明　戴一仁　刘定华　孙亦器　潘自强　程卫东　朱　雯　杨　军
张惠民　洪仙瑜　郑志湖　陈才琦　潘建中　李树河　叶文杰　黄发锐
刘习渊　方　军

6所绍兴市柯桥区项目校成员：

李华琴　魏让尧　章国华　金明东　濮朝阳　傅海炎

来自四川理县（15所）：

高志全　周　强　曾　林　代祝康　王　平　张世龙　张静秋　郭　勇
杨步卫　周德瑞　赵兴文　宛永平　王　建　陈　蓉　王学军

这是一个由15所高校和科研单位、16个教育行政部门、100所中小学的核心骨干组成的跨校际、跨学科的优势互补的学术团队。

后 记

　　"我国基础教育未来发展新特征研究"，这个课题探索的是中国基础教育的未来之路。

　　这本书是为研究初中阶段学校的发展问题而写。七中育才作为四川省初中教育的一面旗帜，代表了四川省基础教育的一流水平。七中育才走的是自主办学道路，1997年至今，学校经历过从薄弱学校到名校，再到而今"教育均衡"下面临诸多发展问题的曲折之路。七中育才的办学历程恰恰是世纪转折间中国基础教育尤其是初中教育的缩影。育才的问题、育才的思路、育才的方法、育才的道路正是中国基础教育尤其是初中教育的问题、思路、方法和道路。

　　本着这样的初衷，本书贯穿"问题—思路"这一核心，且紧紧围绕"成都七中育才学校课程建设与学校发展的创新探索"这一主题，梳理、提炼七中育才的实践与经验、问题与办法。

　　本书承载七中育才十八年的求索。

　　十八年来，七中育才经历了从弱至强，从无藉藉名至声名远播的过程。在这个过程中，七中育才经历了"生源"和"规模"的变化，但不管二者怎么变，几代育才人始终坚持一个不变的追求——品质！在追求品质的道路上，从起步发展阶段单纯追求"学业质量"的较为单一的目标和指标逐渐变为"德育为先""全面发展""长远发展"等更高远的目标和指标，这是一个学校从立身定位到追求品质品位的蜕变。同时，逐渐厘清学生成长、教师成功、学校成就这三者间的关系，并以"文化养校"进行引领。在成书的过程中，学校决策层与中间管理层及教师层面进行过多次、多种形式的沟通与交流，以便更好地总结和概括学校的发展之路。我们发现，七中育才每个阶段的发展时间大约是三年。

　　起步发展阶段（1997—2000年）——稳健发展阶段（2000—2004年）——优化发展阶段（2004年起）——调整过渡阶段（2006—2009年）——特色发展阶段（2009年至今）。

　　经历七中育才十八年完整成长路的教师在学校不足五分之一，执笔者中仅有一个人经历了这样一个完整的过程。所以，对学校发展历程的梳理对于我们认识自己所在的这所学校、认识我们的工作和事业是大有裨益的。

　　本书记录了七中育才团队的智慧。

　　这本书就像是为七中育才做的一篇 "传记"， 近三十万字的篇幅， 像是一个人为自己做的大传。 因此， "真实" 是本书的第一前提。 构思及写作本书的过程中， 我们充分发挥了团队文化的优势。 七中育才是一个大团队， 我们在 "校长层决策—管理层执行—教师层商讨" 中走了几个来回， 如此才能保证记录一个最真实、 最完整的七中育才。 同时， 作为 "我国基础教育未来发展新特征研究" 这个课题的成果性书籍， "价值" 应该是这本书的目标与意义。所以， 在构思及写作本书的过程中， 各个部门间彼此协商、 献计献策、 借智借力， 力图梳理、 提炼出我们最有价值的思考与实践， 并以反思和交流的态度将之奉献出来——无论这样的思考与实践是阳光还是黑子， 它都是育才的太阳，它都曾温暖着前行中的我们。

　　《卓尔不群， 大器天下——四川省成都七中育才学校课程建设与学校发展研究》 的主要执笔者如下： 第一章， 王源源； 第二章， 李霄羽； 第三、 四、七章， 叶玲； 第五章， 陈开文； 第六章， 黄悦、 陈向蓉。 笔者统筹把握整个书稿的写作过程。 我们所有执笔者都深知： 我们记录的不仅仅是我们个人对七中育才的认识与理解， 我们记录的是全部的育才， 是育才的全部与全体——育才是大家的育才。

　　本书承蒙多位专家的关爱与指导。

　　这不是一本盖棺定论的 "传记"， 它是一个正在发展中的学校的 "传记"。 如果说， 对于一线教师而言我们更看重 "前行"， 那么， 在构思与写作这本书的过程中， 我们则更需要 "顾后" 与 "瞻前"。 这样的反思自省与深思远虑对于我们认识自己的昨天、 坚定自己的明天、 坚守自己的今天是非常重要的。 幸运的是， 在这个过程中， 我们得到了北京师范大学裴娣娜教授、四川师范大学李松林教授、 锦江区教师进修学校贺慧副校长等专家的关爱与指导。 在此， 深表谢意！

　　《管子》 云： "一年之计， 莫如树谷； 十年之计， 莫如树木； 终身之计， 莫如树人。" 十八年于 "树人" 之功业而言确显短暂， 十八年的七中育才更像一棵细嫩的小树， 但十八年不断成长的历程让我们有理由相信： 大爱会让七中育才深深扎根， 岁月会使七中育才智慧丰盈， 求索会令七中育才青葱茁壮、 硕果累累！ 在回顾与展望中， 我们幸福地期待着下一个十八年！

何伦忠

2015 年 12 月 8 日

出版人　所广一
责任编辑　杨建伟
版式设计　宗沅雅轩　杨玲玲
责任校对　张　珍　金　霞
责任印制　叶小峰

图书在版编目（CIP）数据

卓尔不群，大器天下：四川省成都七中育才学校课
程建设与学校发展研究／何伦忠等著．—北京：教育
科学出版社，2015.12（2016.5 重印）
（"追梦者的探索：读懂学校的变革性实践"系列
论丛／裴娣娜主编）
ISBN 978 - 7 - 5191 - 0184 - 8

Ⅰ．①卓…　Ⅱ．①何…Ⅲ．①中学—课程建设—教学
研究—成都市②中学—学校管理—研究—成都市 Ⅳ.
①G632.3②G637

中国版本图书馆 CIP 数据核字（2015）第 299031 号

卓尔不群，大器天下——四川省成都七中育才学校课程建设与学校发展研究
ZHUO'ER-BUQUN, DAQI-TIANXIA——SICHUAN SHENG CHENGDU QIZHONG YUCAI XUEXIAO
KECHENG JIANSHE YU XUEXIAO FAZHAN YANJIU

出版发行	**教育科学出版社**		
社　　址	北京·朝阳区安慧北里安园甲 9 号	市场部电话	010 - 64989009
邮　　编	100101	编辑部电话	010 - 64981151
传　　真	010 - 64891796	网　　址	http://www.esph.com.cn
经　　销	各地新华书店		
制　　作	北京博祥图文设计中心		
印　　刷	保定市中画美凯印刷有限公司		
开　　本	169 毫米×239 毫米　16 开	版　　次	2015 年 12 月第 1 版
印　　张	16.75	印　　次	2016 年 5 月第 2 次印刷
字　　数	280 千	定　　价	42.00 元

如有印装质量问题，请到所购图书销售部门联系调换。